순례자의 노트

말씀으로 말씀을 이해하고 말씀으로 기도하며
하나님의 성품을 발견하는 살아있는 말씀묵상

장성환 지음

*일러두기

이 책은 매일 묵상하고 기도하길 원하는 그리스도인을 위한 52주(1년) 영성 훈련 교재입니다.

이 책의 묵상을 위해 사용한 구약과 신약의 구절은 한국디아코니아연구소의 허락을 받아 <헤른후트 기도서> 제 283판의 주간 본문에서 가져온 것입니다. (헤른후트 기도서 한국어판은 2009년부터 한국디아코니아연구소에서 번역 출간되고 있습니다.)

이 책의 본문에 '말씀으로 드리는 고백 기도'는 저자가 두 구절의 말씀을 묵상하고 작성한 기도문입니다. 올해의 기도문 중 일부는 본문의 두 구절의 말씀을 묵상했을 때 함께 기억하고 싶은 성경의 다른 한 구절을 찾아 그 내용을 구체적으로 적용한 것입니다.

이 책에서 사용한 성경본문은 대한성서공회의 허락을 받아 사용한 <성경전서 개역개정판> 4판입니다.

이 책의 (1인)가정예배를 위해 선택한 본문 주제는 성경에 나타난 '말씀 속에 나타난 하나님의 약속'입니다.

목차

일러두기   2

들어가는 말   4

순례자의 노트에 관하여

1. 하나님 중심의 말씀 묵상   6
   말씀으로 말씀을 이해하기
2. 하나님 중심의 기도 생활   9
   하나님을 알고 나를 아는 기도

활용법

<순례자의 노트> 이렇게 사용하세요   14

헤른후트 기도서와 순례자의 노트   16

묵상과 기도

1월	21	7월	187
2월	49	8월	217
3월	75	9월	245
4월	103	10월	273
5월	131	11월	301
6월	161	12월	329

들어가는 말

우리는 여전히 불확실하고 예측할 수 없는 시대를 살아가고 있습니다. 격변하는 세계 속에서 긴장과 불안은 우리 곁을 떠나지 않고, 지구 곳곳에서는 전쟁과 갈등이 끊이지 않습니다. 인간의 이기심과 무분별한 탐욕이 초래한 환경 파괴는 많은 생물들의 멸종을 불러왔고, 인류의 생존마저 위협하고 있습니다. 세계 질서는 빠르게 재편되고, 각국은 자신들의 이익을 좇아 갈등을 심화시키며 분열의 골은 더욱 깊어지고 있습니다. 이러한 혼란과 죄악의 구조 속에서 그리스도인들은 신앙을 지키기 위해 이전보다 더 큰 싸움을 요구받고 있습니다.

그러나 이런 암울한 현실 속에서도 하나님의 말씀은 우리에게 빛이 됩니다. 하나님께서는 변함없이 교회를 통해 세상을 향한 소망을 선포하시며, 말씀으로 길을 밝히시고, 성도들을 진리 가운데로 인도하십니다. 바로 이를 위한 하나님의 선물이 <순례자의 노트>입니다. <순례자의 노트>는 세상의 혼란 속에서 그리스도인이 본래의 정체성을 회복하고, 말씀 안에서 올바르게 분별하며, 믿음으로 살아갈 수 있도록 돕는 도구입니다. 상처 입은 영혼을 위로하고 회복시키며, 거짓이 난무하는 시대 속에서 진리와 경건의 길을 걸을 수 있도록 안내합니다. <순례자의 노트>는 이 교회의 쇠퇴가 심화되는 현실에서 건강한 공동체를 이루는 가장 중요한 길이 오직 하나님의 말씀 위에 서는 것임을 다시금 일깨웁니다.

<순례자의 노트>는 기독교 역사를 통해 형성된 영성 훈련의 지혜를 따르고 있습니다. 초대 교회에서 시작된 영성의 전통은 중세 수도원의 묵상, 종교개혁의 말씀 회복, 그리고 근대 경건 운동과 부흥 운동에 이르기까지 하나님의 사람들에 의해 지속적으로 이어져 왔습니다. 이들이 고난과 위기의 시대를 지나며 체득했던 영적 훈련과 경건의 원칙들이 오늘날 우리에게도 여전히 강력한 유산으로 남아 있습니다. <순례자의 노트>는 그러한 유산을 토대로, 하나님

을 경험하며 진리를 따라 살아가려는 모든 성도들에게 꼭 필요한 지침과 영적 통찰을 제공합니다.

　2025년 <순례자의 노트>가 새롭게 선택된 말씀과 깊은 묵상의 내용을 담아 다시 독자들에게 다가갑니다. 올해로 다섯 번째 발행되는 이 책은 말씀을 통해 말씀을 해석하고, 말씀 속에서 하나님의 성품을 발견하며, 깊은 기도의 자리로 나아가도록 돕는 안내자가 되어 줄 것입니다. <순례자의 노트>는 말씀이 단순히 개인적 위안이나 자의적 해석의 도구로 전락하지 않도록 경계하며, 하나님 중심의 묵상과 기도로 우리를 이끌어 갑니다. 나의 욕망이 아닌 하나님의 뜻에서 시작되는 능동적이고 주체적인 신앙생활로 우리를 인도하여, 점점 더 세속화되는 오늘의 시대 속에서 그리스도인들이 거룩함을 회복하고 말씀의 능력 안에 살아가게 하는 데 목적이 있습니다.

　이 책이 나오기까지 많은 분들의 도움과 헌신이 있었습니다. 함께 이 여정을 걸어온 창의진교회 성도들에게 먼저 깊은 감사의 마음을 전합니다. 또한 항상 격려와 기도로 부족한 후배 목사에게 힘을 주시는 멘토 목사님들께 감사드립니다. <헤른후트 기도서> 묵상 구절 사용을 흔쾌히 허락해 주신 한국디아코니아연구소 홍주민 목사님께도 깊은 감사를 드립니다. 마지막으로, 편집과 교정 작업에 함께 해 주신 창의진교회 성도님들과 디자인으로 아름다운 책을 만들어 주신 유니꼬디자인의 최윤희 자매님께 감사의 인사를 전합니다. 2025년 <순례자의 노트>가 하나님의 말씀과 기도 가운데 모든 독자들에게 풍성한 은혜를 더해 줄 것을 믿으며, 이 책이 여러분의 영적 여정에 든든한 동반자가 되기를 기도합니다.

장 성 환

순례자의 노트에 관하여

1. 하나님 중심의 말씀 묵상
  - 말씀으로 말씀을 이해하기

  1. 말씀 묵상은 말씀의 의미를 찾는 영적 행위입니다. 하나님의 마음과 뜻을 알기 위해서 말씀을 반복해서 읽고 생각하고 질문하며 답을 찾아가는 일입니다. 그리스도인은 말씀 묵상을 통해 깨달은 것으로 자신의 삶을 해석합니다. 말씀의 은혜로 새로운 힘을 얻고 매일의 삶을 하나님의 뜻에 따라 살아가려고 노력합니다. 하지만 말씀의 의미를 찾는 일이 늘 쉽지만은 않습니다. 성경은 이해하기 어려운 말씀들과 복잡하고 까다로운 말씀들도 많이 포함하고 있기 때문입니다. 말씀의 본뜻을 파악하기 위해서 해석의 도구, 이를테면 주석서나 해설서를 사용할 수도 있습니다. 그러나 말씀을 학문적으로 탐구하고 정확한 뜻을 찾고자 하는 노력이 평범한 신앙인들에게 늘 유효하지는 않습니다. 그러한 노력은 자칫 지식적으로 흐르거나 자기만족에 그치기도 합니다. 우리는 결코 하나님의 위대한 경륜과 뜻을 다 알 수 없기에, 말씀을 대할 때는 늘 겸손한 마음을 가져야 합니다. 하나님은 우리에게 말씀을 '선물'로 주셨습니다. 말씀은 인간의 언어로 우리에게 오신 하나님 자신입니다. 말씀을 묵상한다는 것은 그 하나님 앞에 겸손히 서는 일입니다. 자비로우신 하나님은 말씀 앞에 겸손히 서는 자들에게 당신의 뜻과 마음을 드러내 주십니다.

2. 우리에게는 말씀의 뜻을 발견하고 깨닫기 위한 좋은 방법이 필요합니다. 기독교 역사에서 하나님의 말씀을 잘 해석하고 이해하기 위해 사용된 다양한 방식들이 있었습니다. 그 중 하나가 '말씀으로 말씀을' 이해하는 방법입니다. 말씀으로 말씀을 이해하는 것은 말씀 구절을 성경 안의 다른 말씀 구절을 통해 해석하는 것입니다. 구약의 말씀을 신약의 말씀에 비추어 이해하거나, 말씀에 쓰인 구절이나 단어가 또 다른 말씀의 구절에선 어떻게 쓰였는지를 비교해서 그 의미를 찾는 것입니다. 한 예로 구약의 아브라함의 믿음을 잘 이해하기 위해서는 성경의 다른 말씀들이 그의 믿음을 어떻게 말씀했는지 살펴보는 것이 중요합니다. 예수님이 복음서에서 아브라함의 믿음을 어떻게 말씀하셨는지, 사도 바울이 그의 서신서에서 믿음을 설명할 때 아브라함의 믿음을 어떻게 인용했는지, 히브리서 기자가, 또는 야고보 사도가 아브라함의 믿음에 대해 무엇을 말씀했는지를 들여다보면 우리는 아브라함의 믿음에 대해 좀 더 확실한 이해에 도달하게 됩니다. 신학에서는 이러한 방식을 '성경의 내적 해석' 이라고 합니다. 성경 해석의 가장 오래되고 기본적인 방식입니다. 오랜 성경 해석의 역사에서 다양한 해석 방법이 등장했지만, 구약의 말씀을 해석하기 위해 연관된 신약의 말씀을 살펴보고 신약의 말씀을 이해하려고 할 때 구약이 어떻게 말씀하는가를 살피는 전통은 지금까지도 가장 기본적인 말씀 이해의 방법으로 여겨져 왔습니다. 그리고 이러한 방법은 신학 전문가들만 사용할 수 있는 방법은 아닙니다. 특별한 해석의 도구 없이 매일 말씀을 붙들고 살아가야 하는 평범한 신앙인에게도 유용한 말씀 해석과 묵상의 방법이 될 수 있습니다.

3. <순례자의 노트>는 말씀으로 말씀을 이해하는 방식에 따라 매일 구약의 한 구절과 신약의 한 구절을 읽고 묵상하도록 구성되어 있습니다. 이 책에서 사용되는 구약과 신약의 구절들은 디트리히 본회퍼가 생애 마지막 순간까지 붙들고 있었다고 전해지는 헤른후트 공동체의 성경기도서에서 가져온 것입니다. 헤른후트 기도서는 1731년부터 지금까지 한 해도 빠짐없이 300년 가까이 출간되고 있는 개신교 전통의 훌륭한 성경기도서입니다. 이 기도서를 출간하는 헤른후트 형제단은 1800개의 구약의 말씀 중에 한 개의 구절을 제비뽑기로 결정하고 그 말씀에 대응하는 신약의 말씀을 공동체의 오랜 시간의 기도와 회의를 통해 선택합니다. 우리는 이렇게 선별된 구약과 신약의 각 구절을 반복해서 읽고, 필사하고, 묵상하는 과정을 통해 두 구절이 갖고 있는 본래의 의미가 더 선명하게 드러나는 것을 보게 됩니다. 말씀 속에 담긴 하나님의 마음과 뜻을 더욱 분명하고 풍성하게 이해할 수 있게 됩니다.

4. 말씀으로 말씀을 묵상하는 일은 우리에게 큰 유익을 줍니다. 무엇보다 하나님 중심의 말씀 묵상이 무엇인지 알게 됩니다. 내가 원하는 방식으로 말씀을 파헤치거나 해석하려고 하지 않고 말씀을 말씀 안에서 이해하려고 노력하기 때문에, 우리는 자연스럽게 하나님 중심으로 묵상하게 됩니다. 그 과정에서 우리는 하나님의 뜻과 하나님이 기뻐하시는 것이 무엇인지 깨닫습니다. 말씀이 나를 비추고 감추어진 내면을 드러내 주는 경험을 하게 됩니다. 깨달은 말씀은 우리를 결단하게 해 줍니다. 이 결심은 바로 우

리의 기도가 됩니다. 말씀이 자연스럽게 기도로 연결되는 신비를 경험하게 되는 것입니다. 야고보 사도는 말씀 읽기를 거울에 자신을 비춰보는 것에 비유했습니다.(야고보서 1:23) 마치 거울이 나의 모습을 비춰주듯이, 말씀은 자신을 비춰줍니다. 이것은 말씀을 대하는 우리에게 귀한 가르침을 줍니다. 말씀이신 하나님이 말씀 안에서 당신의 뜻을 드러내시고, 그 말씀 앞에 나의 모습도 드러납니다. 말씀이 나를 채우시는 그 순간은 바로 말씀의 은혜를 경험하는 순간입니다. 나를 깨우시는 하나님의 임재를 경험하는 순간입니다.

2. 하나님 중심의 기도 생활
- 하나님을 알고 나를 아는 기도

1. 그리스도인의 기도는 '하나님'으로부터 시작됩니다. 믿음이 어릴 때는 '나'로부터 기도를 시작했지만, 성숙한 그리스도인은 하나님의 뜻과 하나님의 마음을 먼저 구하며 기도를 시작합니다. 하나님 중심의 기도는 하나님이 내 삶을 어떻게 바라보실까 생각하면서 하나님을 구하는 것입니다. 우리는 중요한 기도의 단계들을 무시하고 내용적으로 빈약한 '나' 중심의 간구로 기도 시간을 채울 때가 많습니다. 하나님의 뜻을 먼저 구하기보다, 하나님께서 우리가 처한 상황과 조건을 속히 바꿔 주시길 구합니다. 하지만 하나님은 우리의 일그러진 본성과 죄악된 상태를 먼저 일깨우길 원하십

니다. 당신을 우리에게 먼저 드러내길 원하십니다. 우리를 변화시키시고, 우리를 통해 당신의 뜻을 이루기 원하십니다. 하나님의 계획이 자신의 삶을 통해 이루어지기를 소망하는 그리스도인이라면, '나' 중심의 기도에서 하나님 중심의 기도로 옮겨가야 합니다. 하나님의 때에 하나님의 방법으로 기도의 열매가 맺히길 기다려야 합니다.

2. 이전 페이지에서 우리는 하나님 중심의 말씀 묵상이 무엇인지 알게 되었습니다. 말씀을 묵상하면서 깨닫게 된 하나님의 뜻과 마음이 있다면, 우리는 그것을 붙들고 기도를 시작하면 됩니다. 말씀에서 드러난 하나님의 성품과 그분의 섭리를 고백하면 그것이 '고백기도'입니다. 이것은 좋은 기도의 시작입니다. 다윗의 시편에서 보듯이, 그는 하나님의 약속과 그분의 본성에 대한 풍부한 이해에 기초해서 기도했습니다. 우리도 다윗처럼 기도할 수 있습니다. 하나님을 고백하며 기도의 문을 여는 것입니다. 이러한 기도가 낯설고, 내가 원하던 기도가 아니어서 불편한 마음이 들 수도 있습니다. 그러나 우리가 말씀으로 고백하며 기도하면, 전혀 생각하지 못했던 하나님의 마음을 알게 됩니다. 말씀이 나의 기도가 되고 나의 생각이 하나님의 뜻으로 바뀌는 경험을 하게 됩니다. 말씀을 묵상하며 하나님의 뜻을 깨닫고, 그 하나님을 고백하며 기도하는 것은 결국 같습니다. 둘 다 하나님의 음성을 듣는 것이고, 하나님과 소통하는 행위이기 때문입니다. 기독교 역사의 신앙 선배들은 이 소통이 삶의 전부가 되기를 원했습니다. 삶 전체가

기도가 되도록 하는 것이 쉬지 말고 기도하라는 사도 바울의 말씀을 실천하는 것이라고 생각했습니다.

3. 말씀으로 드리는 기도에서 한 걸음 더 나아가는 것이 하나님의 성품을 묵상하는 '침묵 기도'입니다. 하나님의 성품을 고백하며 침묵하는 기도는 우리를 더 깊은 기도의 세계로 인도해 줍니다. 나의 의지로 기도하고자 하는 욕망을 멈추고 하나님께 집중할 수 있도록 해 주기 때문입니다. 모세는 홍해를 앞에 두고 두려워 떨던 이스라엘 백성들에게 너희는 가만히 서서 여호와께서 너희를 위해 하시는 일을 보라고 말했습니다. 침묵 기도는 나를 대신해서 싸우실 하나님을 소망하며 나의 모든 생각과 의지를 하나님께 복종하는 시간입니다. 침묵하고 있지만 우리 안에서 거룩한 의지와 욕망이 치열하게 싸우는 시간입니다. 그러기에 침묵 기도는 가장 역동적인 기도의 시간입니다. 잡념과 욕망의 간섭을 물리치고 침묵 가운데 하나님의 성품을 반복하여 고백하면서, 나의 내면이 하나님의 성품으로 충만히 채워지기를 사모하는 시간입니다.

4. 종교 개혁자 장 칼뱅은 하나님을 아는 것이 곧 나를 아는 것이라고 했습니다. 우리는 고백하고 침묵하는 기도를 통해서 하나님을 알고, 우리가 어떤 존재인지 알게 됩니다. 하나님만을 추구하며 기도하면, 놀랍게도

나의 감춰진 욕망과 내면의 미움, 분노 등을 발견하게 됩니다. 그래서 하나님의 성품을 묵상하는 기도는 회개로 이어집니다. 하나님 보다 자신을 앞세웠던 순간들을 회개하고, 완악한 마음으로 말하고 행동했던 것들을 회개합니다. 말씀을 읽고 기도를 해도 공허하고 답답했던 이유가 자신의 완악함과 교만 때문이었다는 것을 깨닫고, 하나님께 용서를 구합니다. 오랜 신앙의 선배들은 날마다 전(全) 일생을 통해 자신의 부끄럽고 아픈 과거를 끌어와 하나님 앞에 내어놓고 회개하는 기도를 했습니다. 자신의 내면에 끈질기게 남아있는 죄의 흔적들과 자신과 하나님 사이를 가로막는 것들을 허무는 기도를 했습니다. 이것이 '일생을 통한' 회개 기도입니다. 이렇게 회개하면 하나님은 우리의 마음 밭을 변화시켜 주십니다. 우리의 마음이 마치 어린아이와 같은 마음이 됩니다. 잊고 있던 은혜가 생각나고, 나를 향한 하나님의 사랑을 깨닫게 됩니다. 하나님이 나를 구원하셨구나, 은혜 주셨구나, 지금까지 돌보아 주셨구나 하며 감사하게 됩니다. 내가 모르는 사이에 하나님은 나를 주님 닮은 사람으로 빚어오고 계셨음을 알게 됩니다. 자신을 예수님께 복 받은 존재라고 인식하게 되면 자연스럽게 '감사기도'가 터져 나옵니다. 하나님을 만났던 순간들과 내게 주셨던 크고 작은 기적들에 감사하면서 오늘 내 삶에도 하나님이 일하심이 드러나기를 소망하며 기도하게 됩니다.

5. 이러한 기도를 통해, 우리는 하나님께서 모든 일을 하나님의 때에 이루실 것을 소망할 수 있습니다. 이미 열매를 거둔 자의 마음으로 내 삶의 문제들을 기도하고, 다른 사람을 위해 중보하며 기도할 수 있습니다. 간곡한 마음으로 기도하지만 믿음으로 기도하기에 평안할 수 있습니다. 우리에겐 많은 기도의 제목이 있습니다. 그러나 하나님 중심으로, 하나님의 뜻이 이루어지길 소망하는 마음으로 기도하면, 내가 무엇을 결심하고 행해야 하는지 성령님께서 알려주십니다. 다시 힘을 낼 수 있도록 도우십니다. 어려움에 처한 사람을 위해 기도했다면, 작은 것이라도 격려하고 도울 수 있도록 하나님이 나를 사용하십니다. 우리는 매일의 삶 속에서 말씀하시는 하나님의 음성에 순종하고 실천하면 됩니다. 예수님 닮은 사람으로 우리를 만들어 가시는 하나님의 계획에 동참하십시오. 주님께서는 말씀의 은혜에서 기도의 신비로 나아가는 복된 여정에 우리를 부르십니다.

순례자의 노트 사용법, 이렇게 사용하세요!

· **시작 기도** - 성령 하나님의 도우심을 구하며 영성 훈련에 임합니다.
　① 말씀을 읽고 묵상할 때 하나님의 성품과 마음을 깨닫게 하소서.
　② 하나님의 뜻과 일치하는 마음으로 기도하게 하소서.
　③ 주님께서 들려주시는 음성에 결단하며 실천하게 하소서.

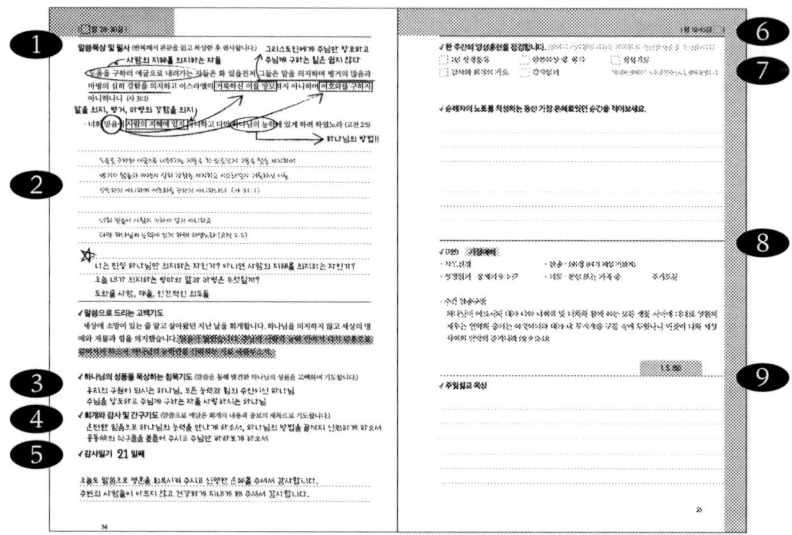

① 말씀 묵상
　① 말씀을 소리 내어 읽습니다. 소리 내어 읽은 후 구약과 신약, 두 구절 간의 연관성을 생각하며 눈과 마음으로 여러 번 묵독합니다.
　② 말씀을 읽을 때는 주석이나 해설에 의존하지 말고 필요하다면 다른 번역의 성경 (새번역 성경, 쉬운 성경, 메시지 성경 등)을 참조합니다.
　③ 말씀 구절 중에 기억하고 싶은 부분을 밑줄로 표시합니다.
　④ 구약과 신약의 구절에서 서로 의미가 같다고 생각하는 단어나 어구를 표시하고, 묵상합니다.
　⑤ 말씀 구절에서 묘사되는 하나님의 성품이나 말씀 중에 주시는 기도의 제목 또는 결심을 여백에 기록합니다.

2 말씀 필사
   ① 말씀을 들려주신 하나님께 감사하는 마음으로 정성껏 필사합니다.
   ② 필사 중에 새롭게 깨닫게 되는 내용이 있다면 여백에 기록합니다.

3 하나님의 성품을 묵상하는 침묵 기도 (5~10분)
   ① 말씀 속에 나타난 하나님의 성품을 붙들고 반복해서 마음으로 고백합니다. 말씀 묵상 중에 발견한 하나님의 성품이 '사랑'이라면 '하나님은 사랑이십니다!' 라는 고백을 반복합니다.
   ② 하나님이 허락하시는 영적 충만함이 느껴질 때까지 침묵 기도를 계속합니다.
   ③ 침묵 기도가 회개와 감사 기도로 자연스럽게 이어지도록 합니다.

4 회개와 감사 및 간구 기도 (5~10분)
   ① 떠오르는 회개의 내용과 지난 삶 가운데 허락하신 은혜를 기억하며 기도합니다.
   ② 개인적인 간구와 중보 기도의 제목을 놓고 기도합니다.

5 감사 일기
   ① 사소한 것이라도 감사한 일들을 간략하게 기록합니다. 저녁 시간이라면 그날 하루 감사했던 일을 기록합니다.

6 1년 성경 통독 스케줄
   ① 이 스케줄에 따라 성경을 읽으면 한 해 동안 성경을 1독 할 수 있습니다.

7 (토요일) 영성 훈련 점검
   ① 월요일부터 금요일까지의 영성 훈련을 스스로 점검합니다. 부족했던 부분을 체크하고 개선할 방법을 간략하게 기록합니다.
   ② 영성 훈련에 어려움이 있다면 목회자나 믿음의 동지에게 도움을 구합니다.
   ③ 지난 한 주 동안 가장 기억에 남는 은혜의 순간을 기록합니다.

8 (1인)가정 예배
   ① 순서에 따라 예배합니다. 가족이 함께 예배한다면 구성원이 말씀을 나누어 봉독하고 매주 번갈아 가며 대표로 기도합니다.
   ② 주간 암송구절을 함께 외웁니다.

9 주일 설교 묵상
   ① 주일에는 성경 통독을 포함한 모든 영성 훈련을 쉬고 예배와 교회 공동체를 위한 헌신의 삶에 집중하고 안식합니다.

헤른후트 기도서와 순례자의 노트

순례자의 노트는 독일 헤른후트 공동체에서 제작한 기도서, 로중(Die Losungen)의 주간 신구약 성경 본문을 바탕으로 하고 있습니다. 이 기도서는 개신교 전통에서 개인 묵상과 기도를 위한 자료로 가장 오랜 역사를 자랑하며, 1731년부터 매년 출간되어 지금까지 전 세계 60여 개 언어로 번역되고 있습니다. 한국에서는 2009년부터 한국디아코니아연구소에 의해 '말씀 그리고 하루'라는 이름으로 출판되고 있으며, 본문 말씀 외에도 연중 말씀, 찬송과 기도문, 주간 및 주일 성경 묵상 본문, 성경 통독 일정 등을 포함하고 있습니다.

1. 헤른후트 공동체

"교회의 기초는 신조가 아니라 경건에 있다. 나에게는 단 한 가지 열망 밖에 없다. 그것은 예수님, 오직 그분 뿐이다."

(니콜라우스 루트비히 폰 진젠도르프)

헤른후트(Herrnhut)는 '하나님의 피난처' 또는 '하나님의 오두막'을 뜻하며, 독일 작센 주에 위치한 작은 마을의 이름입니다. 300여 년 전, 이곳의 백작이었던 니콜라우스 루트비히 폰 진젠도르프는 로마 가톨릭과의 마찰로 박해받던 얀 후스의 후예인 모라비안 교도들에게 자신의 땅을 제공하며 헤른후트 공동체의 기초를 마련했습니다. 진젠도르프는 종교적 핍박 속에서도 이들이 신앙을 이어갈 수 있도록 지원하며, 그들과 함께 경건주의 신앙을 중심으로 한 공동체를 세웠습니다. 또한 그는 신앙의 열정을 실천하기 위해 튀빙겐 대학에서 신학을 공부하고 형제교회의 감독으로 안수를 받으면서, 공동체를 보호하고 하나님 나라를 위해 헌신했습니다.

헤른후트 공동체는 하나님과의 깊은 만남을 추구하며 예수 그리스도를 위해 삶을 드리는 결단으로 가득했습니다. 그들의 신앙은 경건과 거룩함을 교회와 사회 속에 흘려 보내고자 하는 희생적 삶으로 드러났습니다. 1728년 공동체는 서인도와 터키로 선교사를 보내기로 결정하고, 4년의 준비 끝에 두 명의 선교사를 서인도에 파송하였습니다. 이들은 개신교 역사상 최초의 선교사들로 이후 독일 남부, 스위스, 발트해 연안, 러시아, 북미 등으로 선교지를 넓혀갔으며, 18세기에만 226명의 선교사를 해외로 파송했습니다. 그들은 떠나면서 자신의 관을 미리 준비해 갔다는 일화로도 잘 알려져 있습니다. 오늘날 헤른후트를 방문하면 복음을 위해 목숨을 걸고 험난한 여정을 떠났던 그들의 흔적을 발견할 수 있습니다.

2. 헤른후트 기도서와 순례자의 노트

헤른후트 공동체의 중심에는 헤른후트 기도서가 있었습니다. 진젠도르프는 '하나님은 말씀을 통해 말씀하신다'는 신앙적 확신 아래 로중 운동을 시작했습니다. 헤른후트 기도서의 구약 본문은 미리 선정된 1800개의 말씀 중 제비뽑기를 통해 결정되며, 신약 본문은 이 말씀을 해석할 열쇠로서 오랜 기도 끝에 선택되었습니다. 이 과정은 공동체 구성원들의 깊은 기도와 성찰을 통해 이루어졌으며, 오늘 우리에게 주어진 말씀에 담긴 하나님의 뜻과 그 의미를 발견하는 데 초점이 맞춰졌습니다.

순례자의 노트는 헤른후트 기도서의 전통을 계승하면서도, 말씀을 통해 하나님의 성품을 발견하고 말씀으로 말씀을 해석하는 훈련에 주안점을 둡니다. 300년 가까운 시간 동안 반복적으로 선택된 본문임에도 그 안에는 여전히 신학적 깊이와 영적 은혜가 담겨 있습니다. 또한, 순례자의 노트는 묵상 외에도 침묵 기도, 필사, 매일 회개 기도, 감사 기도, 성경 통독 등 다양한 영성 훈련과 함께 사용될 수 있도록 구성되었습니다.

3. 순례자의 노트의 유익

순례자의 노트가 주는 가장 큰 유익은 말씀을 나 중심적으로 해석하지 않고 하나님의 관점에서 이해하도록 돕는 데 있습니다. 더 나아가, 말씀을 통해 만난 하나님의 성품을 붙들고 기도하며, 그 기도가 순종으로 이어지는 삶을 강조합니다. 하나님의 뜻을 따라 삶을 해석하고 기도하는 이 전통은 모든 그리스도인에게 반드시 필요한 영적 훈련입니다. 이러한 훈련은 신앙의 선배들이 검증한 깊은 은혜를 오늘날에도 풍성히 누릴 수 있게 합니다. 말씀과 기도가 하나로 연결되어 나, 가정, 교회, 그리고 사회를 위한 헌신의 도구가 되는 것이 바로 순례자의 노트의 사명입니다.

헤른후트 기도서를 평생 사랑한 디트리히 본회퍼

디트리히 본회퍼는 헤른후트 기도서를 평생 사랑한 인물 중 한 명입니다. 그는 1939년 미국 유니언 신학교 초빙교수로 있을 당시, 자신의 책 <신도의 공동생활>에서 이렇게 고백했습니다. "헤른후트 기도서는 단순한 성경 구절에 그치지 않는다. 매일 주어지는 말씀은 우리에게 앞으로 나아갈 길을 결정할 수 있게 한다." 그는 로중의 말씀을 통해 자신의 길을 고민하며, 결국 독일로 돌아가기로 결단했습니다. 본회퍼는 말씀을 붙들고 기도하며 하나님의 인도하심에 따라 순종하는 삶을 살았습니다. 나치즘이 교회를 압도하던 시대에 그는 예수 그리스도의 통치를 갈망하며, 그리스도의 길을 선택했습니다.

헤른후트 기도서는 많은 신학자, 목회자, 그리고 성도들에게 깊은 영적 영향을 끼쳐 왔습니다. 그 오랜 시간 동안 하나님의 말씀 안에 담긴 능력과 은혜가 이를 가능하게 했습니다. 오늘날 쇠퇴해 가는 복음의 열정 속에서 헤른후트 공동체가 보여준 경건과 헌신, 그리고 복음을 향한 열정은 우리에게 중요한 본이 될 것입니다. 말씀을 통해 공동체와 사회를 회복하고 세계 선교의 지평을 열었던 그들의 삶은 여전히 우리의 영적 도전이 되고 있습니다.

Jan.

| 신년 감사 주일

성경은 그리스도인에게 가장 중요한 삶의 원천이자 보화입니다. 하나님의 말씀이 담겨 있는 특별한 계시이자 유일한 진리로, 우리의 온 몸과 영혼을 이끄는 생명줄입니다. 예수님은 '사람은… 하나님의 입으로부터 나오는 모든 말씀으로 산다'고 말씀하셨습니다. 인간이 살아가는데 필요한 모든 것을 반드시 성경으로부터 얻어야 한다는 절대적 진리의 선언이자, 반드시 우리 안에 뿌리가 되어야 할 예수님의 음성입니다.

| 창 1-3장 | 1. 1. (수)

말씀묵상 및 필사 (반복해서 본문을 읽고 묵상한 후 필사합니다.)
- 내가 나를 두고 맹세하기를 내 입에서 공의로운 말이 나갔은즉 돌아오지 아니하나니 내게 모든 무릎이 꿇겠고 모든 혀가 맹세하리라 하였노라 (사 45:23)

- 이러므로 내가 하늘과 땅에 있는 각 족속에게 이름을 주신 아버지 앞에 무릎을 꿇고 비노니 (엡 3:14-15)

✓ **말씀으로 드리는 고백기도**
  주님을 사랑합니다. 주님의 이름 앞에 모두 무릎을 꿇고 모든 혀가 주님을 주라 시인하게 하소서 (롬 14:11). 우리도 겸손히 무릎을 꿇고 간구하며, 우리의 삶이 아버지께 영광 돌리기를 원합니다. 주님의 공의로운 말씀을 제 삶에서 이루어 주시고, 매 순간 주님께 순종하게 하소서. 성령님, 우리와 함께 하소서.

✓ **하나님의 성품을 묵상하는 침묵기도** (말씀을 통해 발견한 하나님의 성품을 고백하며 기도합니다.)

✓ **회개와 감사 및 간구기도** (말씀으로 깨달은 회개의 내용과 중보의 제목으로 기도합니다.)

✓ **감사일기**   일째

| 1, 2, (목) | 창 4-6장 |

말씀묵상 및 필사 (반복해서 본문을 읽고 묵상한 후 필사합니다.)
· 여호와를 경외하는 것이 지식의 근본이거늘 미련한 자는 지혜와 훈계를 멸시하느니라 (잠 1:7)

· 베드로가 입을 열어 말하되 내가 참으로 하나님은 사람의 외모를 보지 아니하시고 각 나라 중 하나님을 경외하며 의를 행하는 사람은 다 받으시는 줄 깨달았도다 (행 10:34-35)

✓ **말씀으로 드리는 고백기도**
  주님, 주님께서 우리에게 요구하신 것은 아버지의 도를 행하고, 아버지를 사랑하고 섬기는 것입니다(신 10:12). 우리가 마음과 뜻을 다해 주님을 경외하며 주님의 길을 따르게 하소서. 외모나 조건을 따르지 않고 주님의 진리 안에서 의를 행하며 살게 하소서. 매일 주님을 사랑하고 섬기며, 지혜와 훈계를 겸손히 받아들이는 자가 되게 하소서.

✓ **하나님의 성품을 묵상하는 침묵기도** (말씀을 통해 발견한 하나님의 성품을 고백하며 기도합니다.)

✓ **회개와 감사 및 간구기도** (말씀으로 깨달은 회개의 내용과 중보의 제목으로 기도합니다.)

✓ **감사일기**   일째

| 창 7-9장 | 1. 3. (금)

말씀묵상 및 필사 (반복해서 본문을 읽고 묵상한 후 필사합니다.)

- 너희와 함께 있는 거류민을 너희 중에서 낳은 자 같이 여기며 자기 같이 사랑하라 너희도 애굽 땅에서 거류민이 되었었느니라 나는 너희의 하나님 여호와이니라 (레 19:34)

- 손님 대접하기를 잊지 말라 이로써 부지중에 천사들을 대접한 이들이 있었느니라 (히 13:2)

✓ **말씀으로 드리는 고백기도**

주님을 찬양합니다. 주님께서 나그네 되셨을 때에 영접한 자를 기억하시듯(마 25:35), 우리도 이웃을 사랑하고 환대하게 하소서. 그 사랑이 주님께 드리는 섬김이 되게 하소서. 우리에게 찾아오는 모든 사람을 주님의 사랑으로 맞이하며, 천사와도 같은 축복의 기회를 놓치지 않게 하소서. 성령 하나님 우리를 도와주소서.

✓ **하나님의 성품을 묵상하는 침묵기도** (말씀을 통해 발견한 하나님의 성품을 고백하며 기도합니다.)

✓ **회개와 감사 및 간구기도** (말씀으로 깨달은 회개의 내용과 중보의 제목으로 기도합니다.)

✓ **감사일기**   일째

1. 4. (토) | 창 10-15장

✓ **한 주간의 영성훈련을 점검합니다.** (참여가 어려웠던 이유를 기록한 후 개선할 내용을 적어봅시다.)
- ☐ 1년 성경통독
- ☐ 말씀묵상 및 필사
- ☐ 침묵기도
- ☐ 감사와 회개의 기도
- ☐ 감사일기

*열심히 참여 (○), 조금 부족 (△), 참여 못함 (×)

✓ **순례자의 노트를 작성하는 동안 가장 은혜로웠던 순간을 적어보세요.**

_____
_____
_____
_____
_____
_____
_____

✓ (1인)   **가정예배**
- 사도신경
- 찬송 : 191장 (내가 매일 기쁘게)
- 성경읽기 : 창세기 9: 1-17
- 기도 : 본인 또는 가족 중
- 주기도문

- 주간 암송구절

　하나님이 이르시되 내가 나와 너희와 및 너희와 함께 하는 모든 생물 사이에 대대로 영원히 세우는 언약의 증거는 이것이니라 내가 내 무지개를 구름 속에 두었나니 이것이 나와 세상 사이의 언약의 증거니라 (창 9:12-13)

1. 5. (일)

✓ **주일설교 묵상**

_____
_____
_____
_____
_____
_____

| 창 16-18장 | 1. 6. (월)

말씀묵상 및 필사 (반복해서 본문을 읽고 묵상한 후 필사합니다.)

- 그 때에 내가 말하되 화로다 나여 망하게 되었도다 나는 입술이 부정한 사람이요 나는 입술이 부정한 백성 중에 거주하면서 만군의 여호와이신 왕을 뵈었음이로다 하였더라 (사 6:5)

- 너희 말을 항상 은혜 가운데서 소금으로 맛을 냄과 같이 하라 그리하면 각 사람에게 마땅히 대답할 것을 알리라 (골 4:6)

_____

✓ **말씀으로 드리는 고백기도**

주님, 우리의 입술에서 찬송과 저주가 나옵니다(약 3:10). 이제 우리의 입술에서 부정한 말이 아닌 은혜의 말이 흘러나오게 하소서. 찬송과 감사가 넘치게 하시고, 각 사람에게 지혜롭고 온유하게 말하게 하소서. 입술을 정결케 하시고, 주님의 사랑을 전하는 도구로 사용하소서. 성령님 도와주소서.

✓ **하나님의 성품을 묵상하는 침묵기도** (말씀을 통해 발견한 하나님의 성품을 고백하며 기도합니다.)

✓ **회개와 감사 및 간구기도** (말씀으로 깨달은 회개의 내용과 중보의 제목으로 기도합니다.)

✓ **감사일기**   일째

_____

1. 7. (화)　| 창 19-21장

말씀묵상 및 필사 (반복해서 본문을 읽고 묵상한 후 필사합니다.)
· 듣는 귀와 보는 눈은 다 여호와께서 지으신 것이니라 (잠 20:12)

· 이에 그들의 마음을 열어 성경을 깨닫게 하시고 (눅 24:45)

_____
_____
_____
_____
_____
_____
_____
_____
_____
_____
_____
_____

✓ **말씀으로 드리는 고백기도**
　주님, 우리의 마음과 눈을 열어 주님의 율법에서 놀라운 진리를 보게 하소서(시 119:18). 주님이 주신 눈으로 말씀을 읽고, 마음으로 주님의 음성을 들으며, 지혜롭고 거룩한 길로 나아가게 하소서. 말씀을 통해 주님을 더 깊이 알며, 주님의 뜻을 분별하기 원합니다. 성령 하나님 도우소서.

✓ **하나님의 성품을 묵상하는 침묵기도** (말씀을 통해 발견한 하나님의 성품을 고백하며 기도합니다.)

✓ **회개와 감사 및 간구기도** (말씀으로 깨달은 회개의 내용과 중보의 제목으로 기도합니다.)

✓ **감사일기**　　　일째

_____
_____

| 창 22-24장 | 1. 8. (수)

말씀묵상 및 필사 (반복해서 본문을 읽고 묵상한 후 필사합니다.)

- 그가 이르되 아니라 나는 여호와의 군대 대장으로 지금 왔느니라 하는지라 여호수아가 얼굴을 땅에 대고 엎드려 절하고 그에게 이르되 내 주여 종에게 무슨 말씀을 하려 하시나이까(수 5:14)

- 예수께서 대답하여 이르시되 내 어머니와 내 동생들은 곧 하나님의 말씀을 듣고 행하는 이 사람들이라 하시니라(눅 8:21)

✓ **말씀으로 드리는 고백기도**

  주님, 말씀을 행하지 않고 듣기만 하여 자신을 속이는 자가 되지 않기를 원합니다(약 1:22). 주님의 말씀을 듣고 마음에 새기며, 반드시 행함으로 순종하게 하소서. 주님의 명령 앞에 겸손히 엎드려 우리를 이끄시는 길로 따르기를 원합니다. 말씀을 통해 주님의 자녀로 살게 하시고, 순종 가운데 진정한 믿음을 이루게 하소서.

✓ **하나님의 성품을 묵상하는 침묵기도** (말씀을 통해 발견한 하나님의 성품을 고백하며 기도합니다.)

✓ **회개와 감사 및 간구기도** (말씀으로 깨달은 회개의 내용과 중보의 제목으로 기도합니다.)

✓ **감사일기**   **일째**

1. 9. (목)　｜창 25-27장

말씀묵상 및 필사 (반복해서 본문을 읽고 묵상한 후 필사합니다.)
- 어찌하여 놀란 자 같으시며 구원하지 못하는 용사 같으시니이까 여호와여 주는 그래도 우리 가운데 계시고 우리는 주의 이름으로 일컬음을 받는 자이오니 우리를 버리지 마옵소서 (렘 14:9)

- 내가 너희에게 분부한 모든 것을 가르쳐 지키게 하라 볼지어다 내가 세상 끝날까지 너희와 항상 함께 있으리라 하시니라 (마 28:20)

___

___

___

___

___

___

___

___

___

___

✓ **말씀으로 드리는 고백기도**
　주님을 찬양합니다. 세상 끝날까지 우리와 함께 하시며, 우리를 버리지 않으실 줄 믿습니다. 그 믿음 안에서 우리가 두려워하지 않고 주님의 임재를 신뢰하게 하소서. 어려움 속에서도 주님의 말씀을 지키며 주님의 동행하심을 믿고 의지하게 하소서. 여호와께서 우리 앞에 가시며 우리와 함께 하시며 우리를 버리지 않으실 줄 믿습니다(신 31:8).

✓ **하나님의 성품을 묵상하는 침묵기도** (말씀을 통해 발견한 하나님의 성품을 고백하며 기도합니다.)

✓ **회개와 감사 및 간구기도** (말씀으로 깨달은 회개의 내용과 중보의 제목으로 기도합니다.)

✓ **감사일기**　　　일째

___

___

| 창 28-30장 | 1. 10. (금)

말씀묵상 및 필사 (반복해서 본문을 읽고 묵상한 후 필사합니다.)

- 내가 노하여 너를 쳤으나 이제는 나의 은혜로 너를 불쌍히 여겼은즉 이방인들이 네 성벽을 쌓을 것이요 그들의 왕들이 너를 섬길 것이며 (사 60:10)

- 그러므로 우리는 긍휼하심을 받고 때를 따라 돕는 은혜를 얻기 위하여 은혜의 보좌 앞에 담대히 나아갈 것이니라 (히 4:16)

✓ **말씀으로 드리는 고백기도**

주님, 주님은 선하시며 용서하시기를 즐거워하시며 부르짖는 자에게 인자함이 풍성하심을 믿습니다(시 86:5). 우리를 긍휼과 은혜로 불쌍히 여기시니 감사합니다. 이제 은혜의 보좌 앞에 담대히 나아가 주님의 도우심을 구합니다. 주님의 인자와 사랑이 제 삶에 가득하게 하시고, 그 은혜를 이웃과 나누는 자가 되게 하소서. 성령님, 늘 함께 하소서.

✓ **하나님의 성품을 묵상하는 침묵기도** (말씀을 통해 발견한 하나님의 성품을 고백하며 기도합니다.)

✓ **회개와 감사 및 간구기도** (말씀으로 깨달은 회개의 내용과 중보의 제목으로 기도합니다.)

✓ **감사일기**   일째

1. 11. (토)　｜창 31-36장

✓ **한 주간의 영성훈련을 점검합니다.** (참여가 어려웠던 이유를 기록한 후 개선할 내용을 적어봅시다.)
- ☐ 1년 성경통독
- ☐ 말씀묵상 및 필사
- ☐ 침묵기도
- ☐ 감사와 회개의 기도
- ☐ 감사일기

*열심히 참여(○), 조금 부족(△), 참여 못함(×)

✓ **순례자의 노트를 작성하는 동안 가장 은혜로웠던 순간을 적어보세요.**

_____
_____
_____
_____
_____
_____
_____

✓ (1인)　**가정예배**
- 사도신경
- 524장 (갈길을 밝히 보이시니)
- 성경읽기 : 창세기 12:1-9
- 기도 : 본인 또는 가족 중
- 주기도문

· 주간 암송구절
　여호와께서 아브람에게 이르시되 너는 너의 고향과 친척과 아버지의 집을 떠나 내가 네게 보여 줄 땅으로 가라 내가 너로 큰 민족을 이루고 네게 복을 주어 네 이름을 창대하게 하리니 너는 복이 될지라 (창 12:1-2)

1. 12. (일)

✓ **주일설교 묵상**

_____
_____
_____
_____
_____
_____

| 창 37-40장 | 1. 13. (월)

말씀묵상 및 필사 (반복해서 본문을 읽고 묵상한 후 필사합니다.)

- 그런즉 너희는 여호와를 두려워하는 마음으로 삼가 행하라 우리의 하나님 여호와께서는 불의함도 없으시고 치우침도 없으시고 뇌물을 받는 일도 없으시니라 하니라(대하 19:7)

- 모든 세리와 죄인들이 말씀을 들으러 가까이 나아오니 바리새인과 서기관들이 수군거려 이르되 이 사람이 죄인을 영접하고 음식을 같이 먹는다 하더라 (눅 15:1-2)

✓ **말씀으로 드리는 고백기도**

주님의 이름을 높이며 찬양합니다. 주님은 공의로우시며 불의함이 없으시고, 죄인을 긍휼히 여기시고 품어주시는 분이십니다. 우리가 주님의 마음을 닮아 주님을 경외하며 공의를 행하고, 이웃을 사랑으로 받아들이며 살아가게 하소서. 이제부터 아버지의 마음을 따라 긍휼과 은혜로 노하기를 더디 하고 인자한 마음으로 살기를 원합니다(시 103:8). 성령님, 도와주소서.

✓ **하나님의 성품을 묵상하는 침묵기도** (말씀을 통해 발견한 하나님의 성품을 고백하며 기도합니다.)

✓ **회개와 감사 및 간구기도** (말씀으로 깨달은 회개의 내용과 중보의 제목으로 기도합니다.)

✓ **감사일기**   일째

1. 14. (화) | 창 41-43장

말씀묵상 및 필사 (반복해서 본문을 읽고 묵상한 후 필사합니다.)
- 주의 죽은 자들은 살아나고 그들의 시체들은 일어나리이다 티끌에 누운 자들아 너희는 깨어 노래하라 주의 이슬은 빛난 이슬이니 땅이 죽은 자들을 내놓으리로다 (사 26:19)

- 우리가 예수께서 죽으셨다가 다시 살아나심을 믿을진대 이와 같이 예수 안에서 자는 자들도 하나님이 그와 함께 데리고 오시리라 (살전 4:14)

✓ **말씀으로 드리는 고백기도**
　주님을 기뻐합니다. 주님은 부활이요 생명이시며, 죽은 자도 다시 일으키시는 분이심을 믿습니다(요 11:25). 우리의 소망이 생명이신 예수님 안에서 뿌리 내리게 하시고, 죽음이 아닌 영원한 천국을 바라보게 하소서. 주님 안에서 잠든 자들도 다시 함께 부활의 기쁨을 누리게 하실 것을 믿으며 찬양합니다. 할렐루야.

✓ **하나님의 성품을 묵상하는 침묵기도** (말씀을 통해 발견한 하나님의 성품을 고백하며 기도합니다.)

✓ **회개와 감사 및 간구기도** (말씀으로 깨달은 회개의 내용과 중보의 제목으로 기도합니다.)

✓ **감사일기**　　　일째

| 창 44-46장 | 1. 15. (수)

말씀묵상 및 필사 (반복해서 본문을 읽고 묵상한 후 필사합니다.)

- 그러나 하나님은 나를 영접하시리니 이러므로 내 영혼을 스올의 권세에서 건져내시리로다 (시 49:15)

- 오호라 나는 곤고한 사람이로다 이 사망의 몸에서 누가 나를 건져내랴 우리 주 예수 그리스도로 말미암아 하나님께 감사하리로다 그런즉 내 자신이 마음으로는 하나님의 법을 육신으로는 죄의 법을 섬기노라 (롬 7:24-25)

✓ **말씀으로 드리는 고백기도**

주님을 경배합니다. 주님께서 우리를 큰 사망의 권세에서 건지셨고 또 건지실 것이며 이후에도 영원한 생명으로 인도하실 것을 믿습니다(고후 1:10). 죄와 허물, 그 연약함 속에서도 예수 그리스도를 통해 승리를 얻게 하심을 찬양합니다. 날마다 주님의 은혜를 의지하며, 마음과 육신 모두로 주님의 뜻을 따르게 하소서. 성령님, 늘 함께 하소서.

✓ **하나님의 성품을 묵상하는 침묵기도** (말씀을 통해 발견한 하나님의 성품을 고백하며 기도합니다.)

✓ **회개와 감사 및 간구기도** (말씀으로 깨달은 회개의 내용과 중보의 제목으로 기도합니다.)

✓ **감사일기**   일째

1. 16. (목) | 창 47-50장

말씀묵상 및 필사 (반복해서 본문을 읽고 묵상한 후 필사합니다.)
- 여호와 하나님은 해요 방패이시라 여호와께서 은혜와 영화를 주시며 정직하게 행하는 자에게 좋은 것을 아끼지 아니하실 것임이니이다(시 84:11)

- 어두운 데에 빛이 비치라 말씀하셨던 그 하나님께서 예수 그리스도의 얼굴에 있는 하나님의 영광을 아는 빛을 우리 마음에 비추셨느니라(고후 4:6)

✓ **말씀으로 드리는 고백기도**
오늘도 주님을 따라갑니다. 주님은 세상의 빛이시며, 주님을 따르는 자는 어둠에 다니지 않고 생명의 빛 가운데 거함을 믿습니다(요 8:12). 주님은 우리의 해와 방패이시며, 영화와 은혜를 아낌없이 베푸시는 분이십니다. 우리의 마음에 주님의 빛을 비추셔서 어둠 속에서도 진리를 보게 하시고 생명의 길로 인도하여 주소서. 날마다 정직하게 행하며 주님의 빛 가운데 거하는 자 되게 하소서.

✓ **하나님의 성품을 묵상하는 침묵기도** (말씀을 통해 발견한 하나님의 성품을 고백하며 기도합니다.)

✓ **회개와 감사 및 간구기도** (말씀으로 깨달은 회개의 내용과 중보의 제목으로 기도합니다.)

✓ **감사일기**   일째

| 출 1~4장 | 1. 17. (금)

말씀묵상 및 필사 (반복해서 본문을 읽고 묵상한 후 필사합니다.)

· 또 주의 종이 이것으로 경고를 받고 이것을 지킴으로 상이 크니이다 (시 19:11)

· 못된 열매 맺는 좋은 나무가 없고 또 좋은 열매 맺는 못된 나무가 없느니라 (눅 6:43)

✓ **말씀으로 드리는 고백기도**

주님, 주님의 말씀으로 경고를 받고 지킬 때 큰 상급이 있음을 믿습니다. 주님 안에 거하며 좋은 열매를 맺는 삶을 살게 하소서. 우리의 열매가 주님의 뜻에 합당하게 하시고, 삶의 모든 순간에 주님의 영광을 드러내게 하소서. 주님은 포도나무요 우리는 가지입니다. 예수님 안에 거할 때 열매를 맺을 수 있고 주님을 떠나서는 아무것도 할 수 없음을 고백합니다(요 15:5).

✓ **하나님의 성품을 묵상하는 침묵기도** (말씀을 통해 발견한 하나님의 성품을 고백하며 기도합니다.)

✓ **회개와 감사 및 간구기도** (말씀으로 깨달은 회개의 내용과 중보의 제목으로 기도합니다.)

✓ **감사일기**   일째

1. 18. (토)　|출 5-12장 □|

✓ **한 주간의 영성훈련을 점검합니다.** (참여가 어려웠던 이유를 기록한 후 개선할 내용을 적어봅시다.)
- [ ] 1년 성경통독
- [ ] 말씀묵상 및 필사
- [ ] 침묵기도
- [ ] 감사와 회개의 기도
- [ ] 감사일기

*열심히 참여(○), 조금 부족(△), 참여 못함(×)

✓ **순례자의 노트를 작성하는 동안 가장 은혜로웠던 순간을 적어보세요.**

_____
_____
_____
_____
_____
_____
_____

✓ (1인)　**가정예배**
- 사도신경
- 찬송 : 336장 (환난과 핍박 중에도)
- 성경읽기 : 창세기 28:10-22
- 기도 : 본인 또는 가족 중
- 주기도문

· 주간 암송구절
　내가 너와 함께 있어 네가 어디로 가든지 너를 지키며 너를 이끌어 이 땅으로 돌아오게 할지라 내가 네게 허락한 것을 다 이루기까지 너를 떠나지 아니하리라 하신지라 (창 28:15)

1. 19. (일)

✓ **주일설교 묵상**

_____
_____
_____
_____
_____
_____

| 출 13-15장 | 1. 20. (월)

말씀묵상 및 필사 (반복해서 본문을 읽고 묵상한 후 필사합니다.)
- 땅의 모든 끝이여 내게로 돌이켜 구원을 받으라 나는 하나님이라 다른 이가 없느니라 (사 45:22)

- 주인이 종에게 이르되 길과 산울타리 가로 나가서 사람을 강권하여 데려다가 집을 채우라 (눅 14:23)

✓ **말씀으로 드리는 고백기도**
 주님, 온 땅의 모든 끝에서 모든 이들이 주님께 돌아와 구원을 받게 하소서. 각 나라와 족속과 백성과 방언에서 아무도 셀 수 없는 큰 무리가 주님의 보좌 앞과 어린 양 앞에 서게 하소서(계 7:9). 주님의 집이 가득 차도록 모든 이들을 부르시는 사랑에 응답하게 하소서. 날마다 주님의 은혜를 전하며 잃어버린 영혼들이 주님께 돌아오도록 우리를 사용하소서.

✓ **하나님의 성품을 묵상하는 침묵기도** (말씀을 통해 발견한 하나님의 성품을 고백하며 기도합니다.)

✓ **회개와 감사 및 간구기도** (말씀으로 깨달은 회개의 내용과 중보의 제목으로 기도합니다.)

✓ **감사일기**   일째

| 1. 21. (화) | 출 16-18장 |

말씀묵상 및 필사 (반복해서 본문을 읽고 묵상한 후 필사합니다.)

- 그 때에 내가 너를 괴롭게 하는 자를 다 벌하고 저는 자를 구원하며 쫓겨난 자를 모으며 온 세상에서 수욕 받는 자에게 칭찬과 명성을 얻게 하리라 (습 3:19)

- 너희를 부르시는 이는 미쁘시니 그가 또한 이루시리라 (살전 5:24)

_____
_____
_____
_____
_____
_____
_____
_____
_____
_____
_____

✓ **말씀으로 드리는 고백기도**

주님을 찬양합니다. 주님께서 우리의 수치를 대신해 즐거움을 주시고, 능욕을 영광으로 바꾸셔서 영원한 구원의 기쁨을 주셨습니다(사 61:7). 주님의 신실하심을 의지하며 경배합니다. 주님께서 이루실 모든 약속을 기다리게 하소서. 괴로운 자를 위로하시고 쫓겨난 자를 모아 명예와 기쁨으로 채우시는 주님을 찬양합니다.

✓ **하나님의 성품을 묵상하는 침묵기도** (말씀을 통해 발견한 하나님의 성품을 고백하며 기도합니다.)

✓ **회개와 감사 및 간구기도** (말씀으로 깨달은 회개의 내용과 중보의 제목으로 기도합니다.)

✓ **감사일기**　　　일째

| 출 19-21장 |　1. 22. (수)

말씀묵상 및 필사 (반복해서 본문을 읽고 묵상한 후 필사합니다.)
- 네가 들었으니 이 모든 것을 보라 너희가 선전하지 아니하겠느냐 이제부터 내가 새 일 곧 네가 알지 못하던 은비한 일을 네게 듣게 하노니 (사 48:6)

- 더러는 좋은 땅에 떨어지매 나서 백 배의 결실을 하였느니라 이 말씀을 하시고 외치시되 들을 귀 있는 자는 들을지어다 (눅 8:8)

✓ **말씀으로 드리는 고백기도**
　주님, 우리에게 구원의 새 일을 알리시고 말씀의 비밀을 듣게 하심에 감사합니다. 말씀의 씨앗이 우리의 마음에 뿌려져 백 배의 결실을 맺게 하소서. 들을 귀를 주셔서 주님의 음성을 깨닫고 순종하며 나아가게 하소서. 날마다 주님께 부르짖고 주님의 응답을 들으며 주님의 크고 은밀한 일을 보게 하소서(렘 33:3). 성령님의 인도로 주님의 신비를 경험하게 하소서.

✓ **하나님의 성품을 묵상하는 침묵기도** (말씀을 통해 발견한 하나님의 성품을 고백하며 기도합니다.)

✓ **회개와 감사 및 간구기도** (말씀으로 깨달은 회개의 내용과 중보의 제목으로 기도합니다.)

✓ **감사일기**　　일째

1. 23. (목)　| 출 22-24장 |

말씀묵상 및 필사 (반복해서 본문을 읽고 묵상한 후 필사합니다.)

- 참으로 여호와께서 자기 백성을 판단하시고 그 종들을 불쌍히 여기시리니 곧 그들의 무력함과 갇힌 자나 놓인 자가 없음을 보시는 때에로다 (신 32:36)

- 인자가 온 것은 잃어버린 자를 찾아 구원하려 함이니라 (눅 19:10)

_____
_____
_____
_____
_____
_____
_____
_____
_____
_____

✓ **말씀으로 드리는 고백기도**
　주님, 잃어버린 자를 찾으시고 상한 자를 싸매어 주시며 병든 자를 강하게 하시는 은혜에 감사합니다(겔 34:16). 우리의 무력함 속에서도 주님의 긍휼로 감싸 안아주소서. 길 잃은 영혼들을 찾아 구원하시고, 갇힌 자를 자유롭게 하시는 사랑으로 우리를 새롭게 하소서. 주님의 정의와 자비로 인도하시는 손길을 의지하며, 주님의 마음에 합당한 자로 살게 하소서.

✓ **하나님의 성품을 묵상하는 침묵기도** (말씀을 통해 발견한 하나님의 성품을 고백하며 기도합니다.)

✓ **회개와 감사 및 간구기도** (말씀으로 깨달은 회개의 내용과 중보의 제목으로 기도합니다.)

✓ **감사일기**　　일째
_____
_____

| 출 25-27장 | 1. 24. (금)

말씀묵상 및 필사 (반복해서 본문을 읽고 묵상한 후 필사합니다.)

- 느부갓네살이 말하여 이르되 사드락과 메삭과 아벳느고의 하나님을 찬송할지로다 그가 그의 천사를 보내사 자기를 의뢰하고 그들의 몸을 바쳐 왕의 명령을 거역하고 그 하나님 밖에는 다른 신을 섬기지 아니하며 그에게 절하지 아니한 종들을 구원하셨도다 (단 3:28)

- 너희 머리털 하나도 상하지 아니하리라 (눅 21:18)

✓ **말씀으로 드리는 고백기도**

불 속에서도 타지 않게 지키시고 물 가운데서도 빠지지 않도록 우리와 함께 하시는 주님을 찬양합니다(사 43:2). 우리를 머리털 하나 상하지 않게 하시는 신실하신 사랑에 감사합니다. 어떤 시련 속에서도 주님을 바라보며 굳건히 서게 하시고, 오직 주님만 경배하며 그 은혜 안에 거하게 하소서. 우리의 삶을 주님의 손에 맡기며 나아갑니다. 성령님, 도와주소서.

✓ **하나님의 성품을 묵상하는 침묵기도** (말씀을 통해 발견한 하나님의 성품을 고백하며 기도합니다.)

✓ **회개와 감사 및 간구기도** (말씀으로 깨달은 회개의 내용과 중보의 제목으로 기도합니다.)

✓ **감사일기**   일째

1. 25. (토) | 출 28-33장

✓ **한 주간의 영성훈련을 점검합니다.** (참여가 어려웠던 이유를 기록한 후 개선할 내용을 적어봅시다.)
- [ ] 1년 성경통독
- [ ] 말씀묵상 및 필사
- [ ] 침묵기도
- [ ] 감사와 회개의 기도
- [ ] 감사일기

*열심히 참여 (○), 조금 부족 (△), 참여 못함 (×)

✓ **순례자의 노트를 작성하는 동안 가장 은혜로웠던 순간을 적어보세요.**

_____
_____
_____
_____
_____
_____
_____
_____

✓ (1인)　가정예배
· 사도신경　　　　　　　　· 찬송 : 361장 (기도하는 이 시간)
· 성경읽기 : 출애굽기 6:2-13　· 기도 : 본인 또는 가족 중　　· 주기도문

· 주간 암송구절
　내가 아브라함과 이삭과 야곱에게 주기로 맹세한 땅으로 너희를 인도하고 그 땅을 너희에게 주어 기업을 삼게 하리라 나는 여호와라 하셨다 하라 (출 6:8)

1. 26. (일)

✓ **주일설교 묵상**

_____
_____
_____
_____
_____
_____

43

| 출 34-36장 | 1. 27. (월)

말씀묵상 및 필사 (반복해서 본문을 읽고 묵상한 후 필사합니다.)

- 선행을 배우며 정의를 구하며 학대 받는 자를 도와 주며 고아를 위하여 신원하며 과부를 위하여 변호하라 하셨느니라 (사 1:17)

- 너희도 함께 갇힌 것 같이 갇힌 자를 생각하고 너희도 몸을 가졌은즉 학대 받는 자를 생각하라 (히 13:3)

✓ **말씀으로 드리는 고백기도**

　공의의 하나님, 약하고 억눌린 자를 돌보라는 주님의 말씀에 순종하기를 원합니다. 침묵하는 자들의 목소리가 되어 그들의 권리를 지키게 하시고, 고통받는 자들을 외면하지 않게 하소서. 주님의 마음으로 갇힌 자와 학대받는 자들을 기억하며 그들의 아픔을 함께 나누게 하소서(잠 31:8-9). 우리 삶 속에서 정의와 자비가 흐르게 하시고, 어려운 자들을 변호하는 일에 먼저 나아가게 하소서.

✓ **하나님의 성품을 묵상하는 침묵기도** (말씀을 통해 발견한 하나님의 성품을 고백하며 기도합니다.)

✓ **회개와 감사 및 간구기도** (말씀으로 깨달은 회개의 내용과 중보의 제목으로 기도합니다.)

✓ **감사일기**　　　일째

1. 28. (화) | 출 37-40장

말씀묵상 및 필사 (반복해서 본문을 읽고 묵상한 후 필사합니다.)
- 주 여호와의 말씀이니라 내가 어찌 악인이 죽는 것을 조금인들 기뻐하랴 그가 돌이켜 그 길에서 떠나 사는 것을 어찌 기뻐하지 아니하겠느냐 (겔 18:23)

- 이 내 아들은 죽었다가 다시 살아났으며 내가 잃었다가 다시 얻었노라 하니 그들이 즐거워하더라 (눅 15:24)

✓ **말씀으로 드리는 고백기도**
  하나님, 주님께서는 악인의 죽음을 기뻐하지 않으시고, 모든 이가 구원을 받으며 진리를 아는데 이르기를 원하시는 분임을 찬양합니다(딤전 2:4). 우리가 주님의 마음을 닮아 잃어버린 영혼들을 사랑하며 그들이 주님께 돌아오도록 힘쓰게 하소서. 회복의 기쁨으로 가득한 하늘의 잔치에 동참하게 하시고, 우리의 삶이 돌이킴과 구원의 통로가 되게 하소서.

✓ **하나님의 성품을 묵상하는 침묵기도** (말씀을 통해 발견한 하나님의 성품을 고백하며 기도합니다.)

✓ **회개와 감사 및 간구기도** (말씀으로 깨달은 회개의 내용과 중보의 제목으로 기도합니다.)

✓ **감사일기**   일째

| 레 1-3장 | 1. 29. (수)

말씀묵상 및 필사 (반복해서 본문을 읽고 묵상한 후 필사합니다.)
- 의인의 소망은 즐거움을 이루어도 악인의 소망은 끊어지느니라 (잠 10:28)

- 너희에게 인내가 필요함은 너희가 하나님의 뜻을 행한 후에 약속하신 것을 받기 위함이라 (히 10:36)

✓ **말씀으로 드리는 고백기도**
소망의 하나님, 주님의 약속은 결코 헛되지 않으며 의인의 소망을 기쁨으로 이루시는 분임을 믿습니다. 인내 가운데 하나님의 뜻을 따를 때 우리가 약속의 상급을 받게 하소서. 성령님께서 우리 마음에 부어주신 하나님의 사랑으로 매일 소망을 잃지 않게 하시고, 어떤 시련 속에서도 흔들리지 않는 믿음으로 나아가게 하소서(롬 5:5).

✓ **하나님의 성품을 묵상하는 침묵기도** (말씀을 통해 발견한 하나님의 성품을 고백하며 기도합니다.)

✓ **회개와 감사 및 간구기도** (말씀으로 깨달은 회개의 내용과 중보의 제목으로 기도합니다.)

✓ **감사일기**   일째

| 1. 30. (목) | 레 4-6장 |

말씀묵상 및 필사 (반복해서 본문을 읽고 묵상한 후 필사합니다.)

- 하나님이여 주의 도는 극히 거룩하시오니 하나님과 같이 위대하신 신이 누구오니이까 (시 77:13)

- 깊도다 하나님의 지혜와 지식의 풍성함이여, 그의 판단은 헤아리지 못할 것이며 그의 길은 찾지 못할 것이로다 (롬 11:33)

✓ **말씀으로 드리는 고백기도**

　지혜와 지식의 근원이신 하나님, 주님의 길은 하늘이 땅보다 높음 같이 우리 이해를 넘어서는 깊고도 신비한 길입니다(사 55:9). 주님의 도가 거룩하며 그 누구도 주님의 위대하심과 비교될 수 없음을 고백합니다. 우리의 생각이 미치지 못하는 때에도 하나님의 계획을 신뢰하며 걸어가게 하시고, 주님의 지혜에 의지하여 모든 판단 속에서 평안을 누리게 하소서.

✓ **하나님의 성품을 묵상하는 침묵기도** (말씀을 통해 발견한 하나님의 성품을 고백하며 기도합니다.)

✓ **회개와 감사 및 간구기도** (말씀으로 깨달은 회개의 내용과 중보의 제목으로 기도합니다.)

✓ **감사일기**　　　일째

| 레 7-10장 | 1. 31. (금)

말씀묵상 및 필사 (반복해서 본문을 읽고 묵상한 후 필사합니다.)
- 진실로 그는 거만한 자를 비웃으시며 겸손한 자에게 은혜를 베푸시나니 (잠 3:34)

- 너희 중에는 그렇지 않아야 하나니 너희 중에 누구든지 크고자 하는 자는 너희를 섬기는 자가 되고 (마 20:26)

✔ **말씀으로 드리는 고백기도**
주님, 교만한 자를 대적하시고 겸손한 자에게 은혜를 주시는 하나님을 찬양합니다(벧전 5:5). 우리가 주님의 마음을 본받아 서로 섬기며 높아지려 하기보다 낮아지기를 기뻐하게 하소서. 섬김 안에 참된 위대함이 있음을 깨닫고, 주님의 은혜 안에서 겸손히 살아가게 하소서. 교만함이 마음에 머물지 않고 모든 행위가 주님께 영광을 돌리는 은혜가 있게 하소서.

✔ **하나님의 성품을 묵상하는 침묵기도** (말씀을 통해 발견한 하나님의 성품을 고백하며 기도합니다.)

✔ **회개와 감사 및 간구기도** (말씀으로 깨달은 회개의 내용과 중보의 제목으로 기도합니다.)

✔ **감사일기**   일째

Feb.

그리스도인은 누구나 성경과 함께 하는 삶을 원합니다. 하지만 기대하는 것과는 달리 이를 해결할 수 있는 혁신적인 방법은 없습니다. 하나님이 기뻐하시는 성경적인 삶을 위해서는 말씀을 깊이 이해하려는 능동적인 노력과 철저히 성령님의 조명을 의지하려는 자세가 필요합니다. 우리가 할 수 있는 최선의 일은 성경을 삶에 적용하고자 했던 성경 속 인물들과 신앙의 선배들이 가진 묵상의 방법, 교회 공동체의 경험들을 나의 삶에 적용해서 자신만의 묵상법을 찾고 확장하는 것입니다.

2. 1. (토) | 레 11-16장 |

✓ **한 주간의 영성훈련을 점검합니다.** (참여가 어려웠던 이유를 기록한 후 개선할 내용을 적어봅시다.)
- [ ] 1년 성경통독
- [ ] 말씀묵상 및 필사
- [ ] 침묵기도
- [ ] 감사와 회개의 기도
- [ ] 감사일기

*열심히 참여 (○), 조금 부족 (△), 참여 못함 (×)

✓ **순례자의 노트를 작성하는 동안 가장 은혜로웠던 순간을 적어보세요.**

_____
_____
_____
_____
_____
_____
_____

✓ (1인) **가정예배**
- 사도신경
- 찬송 : 393장 (오 신실하신 주)
- 성경읽기 : 출애굽기 14:1-31
- 기도 : 본인 또는 가족 중
- 주기도문

- 주간 암송구절
  여호와께서 너희를 위하여 싸우시리니 너희는 가만히 있을지니라 (출 14:14)

2. 2. (일)

✓ **주일설교 묵상**

_____
_____
_____
_____
_____
_____

| 레 17-20장 | 2. 3. (월)

말씀묵상 및 필사 (반복해서 본문을 읽고 묵상한 후 필사합니다.)

- 새 노래 곧 우리 하나님께 올릴 찬송을 내 입에 두셨으니 많은 사람이 보고 두려워하여 여호와를 의지하리로다 (시 40:3)

- 예수께서 그에게 이르시되 보라 네 믿음이 너를 구원하였느니라 하시매 곧 보게 되어 하나님께 영광을 돌리며 예수를 따르니 백성이 다 이를 보고 하나님을 찬양하니라 (눅 18:42-43)

✓ **말씀으로 드리는 고백기도**

하나님, 우리가 지극히 아름다운 일, 주님을 찬송하며 온 땅에 구원을 선포하게 하시니 감사합니다(사 12:5). 주님께서 행하신 일들이 제 삶에 새 노래가 되게 하시고, 그 노래를 통해 많은 이들이 주님을 보고 믿음의 세계로 들어오게 하소서. 주님께서 베푸신 구원과 은혜가 저의 고백이 되어, 예수님을 따르며 영광을 돌리게 하소서. 주님의 이름이 모든 곳에서 높임 받기를 원합니다.

✓ **하나님의 성품을 묵상하는 침묵기도** (말씀을 통해 발견한 하나님의 성품을 고백하며 기도합니다.)

✓ **회개와 감사 및 간구기도** (말씀으로 깨달은 회개의 내용과 중보의 제목으로 기도합니다.)

✓ **감사일기**　　　일째

2. 4. (화)　|레 21-24장|

말씀묵상 및 필사 (반복해서 본문을 읽고 묵상한 후 필사합니다.)
- 그 때에 아비멜렉과 그 군대 장관 비골이 아브라함에게 말하여 이르되 네가 무슨 일을 하든지 하나님이 너와 함께 계시도다 (창 21:22)

- 우리 주 예수 그리스도의 은혜가 너희에게 있을지어다 (살전 5:28)

___

✓ **말씀으로 드리는 고백기도**
　하나님 아버지, 모든 걸음에 주님과 동행하게 하시니 감사합니다. 아브라함과 함께 하신 주님께서 우리의 삶 속에도 늘 임재하시고, 어려운 순간에도 붙들어 주소서. 이 은혜로 인해 우리의 삶이 이웃에게도 복의 통로가 되게 하시며, 주님께서 늘 함께 하신다는 확신 가운데 담대히 나아가게 하소서(민 6:24-26).

✓ **하나님의 성품을 묵상하는 침묵기도** (말씀을 통해 발견한 하나님의 성품을 고백하며 기도합니다.)

✓ **회개와 감사 및 간구기도** (말씀으로 깨달은 회개의 내용과 중보의 제목으로 기도합니다.)

✓ **감사일기**　　　일째

| 레 25-27장 | 2. 5. (수)

말씀묵상 및 필사 (반복해서 본문을 읽고 묵상한 후 필사합니다.)

· 그는 마음이 지혜로우시고 힘이 강하시니 그를 거슬러 스스로 완악하게 행하고도 형통할 자가 누구이랴 (욥 9:4)

· 이 사람아 네가 누구이기에 감히 하나님께 반문하느냐 지음을 받은 물건이 지은 자에게 어찌 나를 이같이 만들었느냐 말하겠느냐 (롬 9:20)

✓ 말씀으로 드리는 고백기도

지혜가 충만하신 하나님, 주님의 깊은 뜻과 계획을 다 헤아릴 수 없음을 고백합니다. 욥이 자신의 한계를 인정했던 것처럼, 우리도 주님의 주권과 능력 아래에 있음을 고백합니다. 창조주 하나님께 지음받은 자로서 어리석은 질문이 아닌 믿음으로 순종하게 하소서. 주님께서 계획하신 길이 우리의 이해를 초월해도, 그 길 끝에 선하심과 인자하심이 있음을 믿고 나아가게 하소서(사 55:8-9).

✓ 하나님의 성품을 묵상하는 침묵기도 (말씀을 통해 발견한 하나님의 성품을 고백하며 기도합니다.)

✓ 회개와 감사 및 간구기도 (말씀으로 깨달은 회개의 내용과 중보의 제목으로 기도합니다.)

✓ 감사일기   일째

2. 6. (목)　　| 민 1-4장 |

말씀묵상 및 필사 (반복해서 본문을 읽고 묵상한 후 필사합니다.)

· 오직 여호와는 참 하나님이시요 살아 계신 하나님이시요 영원한 왕이시라 그 진노하심에 땅이 진동하며 그 분노하심을 이방이 능히 당하지 못하느니라 (렘 10:10)

· 보라 네가 잉태하여 아들을 낳으리니 그 이름을 예수라 하라 영원히 야곱의 집을 왕으로 다스리실 것이며 그 나라가 무궁하리라 (눅 1:31,33)

_____
_____
_____
_____
_____
_____
_____
_____
_____
_____

✓ **말씀으로 드리는 고백기도**

　영원한 왕이신 주님, 예수 그리스도의 권세와 나라를 찬양합니다. 주님의 권세는 소멸되지 아니하는 권세요, 주님의 나라는 멸망하지 않을 것을 믿습니다(단 7:14). 주님의 통치 아래 모든 민족이 주님께 경배하게 하소서. 세상의 진동과 혼란 속에서도 주님의 나라가 온전히 임할 것을 믿으며, 주님만 의지하며 나아가게 하소서.

✓ **하나님의 성품을 묵상하는 침묵기도** (말씀을 통해 발견한 하나님의 성품을 고백하며 기도합니다.)

✓ **회개와 감사 및 간구기도** (말씀으로 깨달은 회개의 내용과 중보의 제목으로 기도합니다.)

✓ **감사일기**　　　일째

_____
_____

| 민 5-8장 | 2. 7. (금)

말씀묵상 및 필사 (반복해서 본문을 읽고 묵상한 후 필사합니다.)
- 스스로 지혜롭다 하며 스스로 명철하다 하는 자들은 화 있을진저 (사 5:21)

- 그 안에는 지혜와 지식의 모든 보화가 감추어져 있느니라 (골 2:3)

✓ **말씀으로 드리는 고백기도**
 주님, 스스로 지혜롭다 여기는 교만에 빠지지 않도록 우리를 지켜주소서. 참된 지혜의 근원이신 예수님을 온전히 신뢰하게 하소서. 주님의 지혜와 지식 안에 감추어진 보화를 찾으며 살아가게 하시고, 우리의 마음이 진리 안에서 언제나 주님을 경외하며 악에서 떠나도록 인도하소서(잠 3:7).

✓ **하나님의 성품을 묵상하는 침묵기도** (말씀을 통해 발견한 하나님의 성품을 고백하며 기도합니다.)

✓ **회개와 감사 및 간구기도** (말씀으로 깨달은 회개의 내용과 중보의 제목으로 기도합니다.)

✓ **감사일기**   일째

2. 8. (토)　| 민 9-15장 |

✓ **한 주간의 영성훈련을 점검합니다.** (참여가 어려웠던 이유를 기록한 후 개선할 내용을 적어봅시다.)
- [ ] 1년 성경통독
- [ ] 말씀묵상 및 필사
- [ ] 침묵기도
- [ ] 감사와 회개의 기도
- [ ] 감사일기

*열심히 참여 (○), 조금 부족 (△), 참여 못함 (×)

✓ **순례자의 노트를 작성하는 동안 가장 은혜로웠던 순간을 적어보세요.**

___

✓ (1인)　**가정예배**
· 사도신경　　　　　　　　　· 찬송 : 491장(저 높은 곳을 향하여)
· 성경읽기 : 신명기 31:1-8　· 기도 : 본인 또는 가족 중　　· 주기도문

· 주간 암송구절
　너희는 강하고 담대하라 두려워하지 말라 그들 앞에서 떨지 말라 이는 네 하나님 여호와 그가 너와 함께 가시며 결코 너를 떠나지 아니하시며 버리지 아니하실 것임이라 하고 (신 31:6)

2. 9. (일)

✓ **주일설교 묵상**

___

| 민 16-18장 | 2. 10. (월)

말씀묵상 및 필사 (반복해서 본문을 읽고 묵상한 후 필사합니다.)

- 땅의 티끌 가운데에서 자는 자 중에서 많은 사람이 깨어나 영생을 받는 자도 있겠고 수치를 당하여서 영원히 부끄러움을 당할 자도 있을 것이며 (단 12:2)

- 하나님은 죽은 자의 하나님이 아니요 살아 있는 자의 하나님이시라 하나님에게는 모든 사람이 살았느니라 하시니 (눅 20:38)

✓ **말씀으로 드리는 고백기도**

주님, 영생의 부활로 우리를 부르시는 주님의 음성을 듣게 하시고, 그 부르심에 응답하는 자가 되게 하소서. 항상 깨어서 선한 일을 행한 자는 생명의 부활로, 악한 일을 행한 자는 심판의 부활로 나오리라는 말씀을 기억하게 하소서(요 5:29). 오늘도 살아계신 하나님을 신뢰합니다. 영생의 부활을 소망으로 삼게 하시고, 주님의 길을 따르게 하소서.

✓ **하나님의 성품을 묵상하는 침묵기도** (말씀을 통해 발견한 하나님의 성품을 고백하며 기도합니다.)

✓ **회개와 감사 및 간구기도** (말씀으로 깨달은 회개의 내용과 중보의 제목으로 기도합니다.)

✓ **감사일기**   일째

2. 11. (화)　| 민 19-21장

말씀묵상 및 필사 (반복해서 본문을 읽고 묵상한 후 필사합니다.)

- 여호와 나의 힘, 나의 요새, 환난날의 피난처시여 민족들이 땅 끝에서 주께 이르러 말하기를 우리 조상들의 계승한 바는 허망하고 거짓되고 무익한 것뿐이라 (렘 16:19)

- 예수께서 이르시되 내게 손을 댄 자가 있도다 이는 내게서 능력이 나간 줄 앎이로다 하신대 (눅 8:46)

_____
_____
_____
_____
_____
_____
_____
_____
_____
_____

✓ **말씀으로 드리는 고백기도**

　주님, 우리의 피난처가 되시며 참된 구원의 능력을 주시는 하나님을 바라봅니다. 거짓과 허망한 길을 버리고 주님의 능력을 붙들게 하시며, 고난 속에서도 주님만 의지하는 신앙인으로 살게 하소서. 우리를 부르시고 만지시는 주님의 손길에 응답하며, 주님께 나아가는 믿음을 새롭게 하소서. 나를 구원하실 이, 주님 외에는 아무도 없음을 고백합니다.

✓ **하나님의 성품을 묵상하는 침묵기도** (말씀을 통해 발견한 하나님의 성품을 고백하며 기도합니다.)

✓ **회개와 감사 및 간구기도** (말씀으로 깨달은 회개의 내용과 중보의 제목으로 기도합니다.)

✓ **감사일기**　　일째

| 민 22-24장 | 2. 12. (수)

말씀묵상 및 필사 (반복해서 본문을 읽고 묵상한 후 필사합니다.)

- 내가 여호와의 인자하심을 영원히 노래하며 주의 성실하심을 내 입으로 대대에 알게 하리이다 (시 89:1)

- 사람들이 심히 놀라 이르되 그가 모든 것을 잘하였도다 못 듣는 사람도 듣게 하고 말 못하는 사람도 말하게 한다 하니라 (막 7:37)

✓ **말씀으로 드리는 고백기도**

주님의 인자하심과 성실하심을 영원히 찬양합니다. 주님의 모든 능력과 기이한 일들을 찬양합니다. 주님께서 모든 것을 완전하게 하시니 우리의 입술로 주님의 놀라운 일을 널리 전하게 하소서. 닫힌 귀를 열고 묶인 입을 푸신 주님의 은혜를 찬양하며, 우리의 삶이 주님의 영광을 드러내는 도구가 되게 하소서. 모든 순간 주님의 선하심을 깨닫고 그 사랑을 대대에 알리게 하소서.

✓ **하나님의 성품을 묵상하는 침묵기도** (말씀을 통해 발견한 하나님의 성품을 고백하며 기도합니다.)

✓ **회개와 감사 및 간구기도** (말씀으로 깨달은 회개의 내용과 중보의 제목으로 기도합니다.)

✓ **감사일기**   일째

2. 13. (목)　|민 25-27장|

말씀묵상 및 필사 (반복해서 본문을 읽고 묵상한 후 필사합니다.)

- 하늘이 주의 것이요 땅도 주의 것이라 세계와 그 중에 충만한 것을 주께서 건설하셨나이다 남북을 주께서 창조하셨으니 다볼과 헤르몬이 주의 이름으로 말미암아 즐거워하나이다 (시 89:11-12)

- 그러나 우리에게는 한 하나님 곧 아버지가 계시니 만물이 그에게서 났고 우리도 그를 위하여 있고 또한 한 주 예수 그리스도께서 계시니 만물이 그로 말미암고 우리도 그로 말미암아 있느니라 (고전 8:6)

✓ **말씀으로 드리는 고백기도**

　창조주 하나님, 주께서 하늘과 땅의 모든 것을 지으셨고, 만물은 주님의 영광을 위해 존재합니다(골 1:16). 예수 그리스도를 통해 우리도 창조하신 뜻 안에 영광을 돌리며 살아가게 하시니 감사합니다. 다볼과 헤르몬이 주님을 찬양하듯, 우리의 삶 또한 주님의 이름을 높이며 기뻐하게 하소서. 모든 것이 주님으로부터 나왔고 주님을 위해 있음을 기억합니다. 할렐루야.

✓ **하나님의 성품을 묵상하는 침묵기도** (말씀을 통해 발견한 하나님의 성품을 고백하며 기도합니다.)

✓ **회개와 감사 및 간구기도** (말씀으로 깨달은 회개의 내용과 중보의 제목으로 기도합니다.)

✓ **감사일기**　　일째

| 민 28-30장 | 2. 14. (금)

말씀묵상 및 필사 (반복해서 본문을 읽고 묵상한 후 필사합니다.)
- 내가 주 여호와의 능하신 행적을 가지고 오겠사오며 주의 공의만 전하겠나이다 (시 71:16)

- 그리스도께서 약하심으로 십자가에 못 박히셨으나 하나님의 능력으로 살아 계시니 우리도 그 안에서 약하나 너희에게 대하여 하나님의 능력으로 그와 함께 살리라 (고후 13:4)

✓ **말씀으로 드리는 고백기도**
　주님, 우리의 연약함 속에서 하나님의 강함이 드러나게 하시니 감사합니다. 하나님의 미련한 것이 사람보다 지혜 있고 하나님의 약한 것이 사람보다 강함을 믿습니다(고전 1:25). 십자가의 약함 속에서도 부활의 능력을 보이신 주님을 따라 우리도 주님의 공의와 능력을 의지합니다. 약할 때 강함이 되시는 주님의 능력 안에서 살게 하시고, 우리가 하나님의 역사를 전하는 통로가 되게 하소서.

✓ **하나님의 성품을 묵상하는 침묵기도** (말씀을 통해 발견한 하나님의 성품을 고백하며 기도합니다.)

✓ **회개와 감사 및 간구기도** (말씀으로 깨달은 회개의 내용과 중보의 제목으로 기도합니다.)

✓ **감사일기**　　일째

| 2. 15. (토)　　| 민 31-36장 □ |

✓ **한 주간의 영성훈련을 점검합니다.** (참여가 어려웠던 이유를 기록한 후 개선할 내용을 적어봅시다.)
- ☐ 1년 성경통독　　☐ 말씀묵상 및 필사　　☐ 침묵기도
- ☐ 감사와 회개의 기도　☐ 감사일기　　*열심히 참여(○), 조금 부족(△), 참여 못함(×)

✓ **순례자의 노트를 작성하는 동안 가장 은혜로웠던 순간을 적어보세요.**

_____
_____
_____
_____
_____
_____
_____

✓ (1인)　**가정예배**
- 사도신경　　　　　　　　· 찬송 : 458장 (너희 마음에 슬픔이 가득할 때)
- 성경읽기 : 여호수아 1:1-9　· 기도 : 본인 또는 가족 중　　· 주기도문

· 주간 암송구절
　이 율법책을 네 입에서 떠나지 말게 하며 주야로 그것을 묵상하여 그 안에 기록된 대로 다 지켜 행하라 그리하면 네 길이 평탄하게 될 것이며 네가 형통하리라 (수 1:8)

| 2. 16. (일) |

✓ **주일설교 묵상**

_____
_____
_____
_____
_____
_____

| 신 1-3장 | 2. 17. (월)

말씀묵상 및 필사 (반복해서 본문을 읽고 묵상한 후 필사합니다.)

- 여호와께서 이와 같이 말씀하시니라 무릇 사람을 믿으며 육신으로 그의 힘을 삼고 마음이 여호와에게서 떠난 그 사람은 저주를 받을 것이라 그러나 무릇 여호와를 의지하며 여호와를 의뢰하는 그 사람은 복을 받을 것이라 (렘 17:5,7)

- 우리가 시작할 때에 확신한 것을 끝까지 견고히 잡고 있으면 그리스도와 함께 참여한 자가 되리라 (히 3:14)

✓ **말씀으로 드리는 고백기도**

주님, 주님을 의지하며 끝까지 신뢰하는 자에게 복을 주시니 감사합니다. 세상의 힘이 아닌 주님의 은혜와 능력을 의지하게 하시고, 우리의 삶이 주님의 공의와 진리를 증거하게 하소서. 주님의 인도하심 안에서 믿음이 견고하게 하시고, 주님과의 연합과 일치 안에서 풍성한 은혜를 누리게 하소서. 우리를 위해 좋은 것을 아끼지 아니하시는 하나님을 찬양합니다. 할렐루야.

✓ **하나님의 성품을 묵상하는 침묵기도** (말씀을 통해 발견한 하나님의 성품을 고백하며 기도합니다.)

✓ **회개와 감사 및 간구기도** (말씀으로 깨달은 회개의 내용과 중보의 제목으로 기도합니다.)

✓ **감사일기**   일째

2. 18. (화)　| 신 4-6장 |

말씀묵상 및 필사 (반복해서 본문을 읽고 묵상한 후 필사합니다.)
- 내가 그들에게 복을 주기 위하여 그들을 떠나지 아니하리라 하는 영원한 언약을 그들에게 세우고 나를 경외함을 그들의 마음에 두어 나를 떠나지 않게 하고 (렘 32:40)

- 저녁 먹은 후에 잔도 그와 같이 하여 이르시되 이 잔은 내 피로 세우는 새 언약이니 곧 너희를 위하여 붓는 것이라 (눅 22:20)

✓ **말씀으로 드리는 고백기도**
　하나님, 주님이 세우신 영원한 언약과 새로운 약속에 변함없이 신실하심을 찬양합니다. 우리의 마음에 주님을 경외하는 믿음을 주시고, 언제나 중보하시는 주님과 함께 하게 하소서. 예수 그리스도의 피로 맺어진 이 언약 안에서, 우리의 삶이 주님의 은혜로 풍성해 지고, 믿음의 길을 따라 나아가게 하소서. 성령님, 늘 함께 하소서.

✓ **하나님의 성품을 묵상하는 침묵기도** (말씀을 통해 발견한 하나님의 성품을 고백하며 기도합니다.)

✓ **회개와 감사 및 간구기도** (말씀으로 깨달은 회개의 내용과 중보의 제목으로 기도합니다.)

✓ **감사일기**　　일째

| 신 7-9장 | 2. 19. (수)

말씀묵상 및 필사 (반복해서 본문을 읽고 묵상한 후 필사합니다.)
- 여호와여 멀리 하지 마옵소서 나의 힘이시여 속히 나를 도우소서 (시 22:19)

- 주는 미쁘사 너희를 굳건하게 하시고 악한 자에게서 지키시리라 (살후 3:3)

✔ **말씀으로 드리는 고백기도**
　하나님, 저를 멀리하지 마시고 가까이 계셔 주소서. 주님은 나의 피난처시요 힘이십니다. 힘이 없고 어려운 상황 속에서 주님의 도우심을 간절히 구합니다. 주님, 저를 굳건히 지키시고 악한 것들로부터 보호하소서. 언제나 주님을 의지하며, 주님의 힘으로 살아갈 수 있도록 도우소서. 어려움 속에서도 주님의 평안을 누리게 하시고, 어떤 상황에서도 주님께 찬양하게 하소서(시 46:1).

✔ **하나님의 성품을 묵상하는 침묵기도** (말씀을 통해 발견한 하나님의 성품을 고백하며 기도합니다.)

✔ **회개와 감사 및 간구기도** (말씀으로 깨달은 회개의 내용과 중보의 제목으로 기도합니다.)

✔ **감사일기**　　일째

| 2. 20. (목) | 신 10-12장 |

말씀묵상 및 필사 (반복해서 본문을 읽고 묵상한 후 필사합니다.)
- 너희의 구속자시요 이스라엘의 거룩하신 이이신 여호와께서 이르시되 나는 네게 유익하도록 가르치고 너를 마땅히 행할 길로 인도하는 네 하나님 여호와라 (사 48:17)

- 또한 지도자라 칭함을 받지 말라 너희의 지도자는 한 분이시니 곧 그리스도시니라 (마 23:10)

___

___

___

___

___

___

___

___

___

___

✓ **말씀으로 드리는 고백기도**
　주님, 우리를 가르치시고 올바른 길로 인도하여 주시니 감사합니다. 그리스도만이 우리의 참된 인도자이심을 고백합니다. 주님께서 주신 길을 따라 힘 있게 나아가게 하시고, 언제나 주님의 음성을 듣는 귀와 순종하는 마음을 주소서. 주님의 길이 우리에게 유익이 되게 하시고, 그 길을 걸으며 다른 이들에게도 주님의 사랑과 진리를 전할 수 있도록 인도하여 주소서.

✓ **하나님의 성품을 묵상하는 침묵기도** (말씀을 통해 발견한 하나님의 성품을 고백하며 기도합니다.)

✓ **회개와 감사 및 간구기도** (말씀으로 깨달은 회개의 내용과 중보의 제목으로 기도합니다.)

✓ **감사일기**　　일째

___

___

| 신 13-15장 | 2. 21. (금)

말씀묵상 및 필사 (반복해서 본문을 읽고 묵상한 후 필사합니다.)

· 주 여호와여 오직 주는 하나님이시며 주의 말씀들이 참되시니이다 주께서 이 좋은 것을 주의 종에게 말씀하셨사오니 (삼하 7:28)

· 하나님은 모든 사람이 구원을 받으며 진리를 아는 데에 이르기를 원하시느니라 (딤전 2:4)

_____
_____
_____
_____
_____
_____
_____
_____
_____
_____

✓ **말씀으로 드리는 고백기도**

　주님, 주님의 말씀은 진리입니다. 우리를 진리로 가르쳐 주소서. 경건하지 않은 것과 세상 정욕을 버리고 의롭고 경건하게 살수 있도록 진리로 가르치소서(딛 2:11-12). 이제 모든 사람이 구원을 받고 진리를 알기 원하시는 주님의 뜻을 따라, 우리도 주님의 말씀에 변화를 받아 주변 사람들에게 진리를 전하는 삶을 살게 하소서.

✓ **하나님의 성품을 묵상하는 침묵기도** (말씀을 통해 발견한 하나님의 성품을 고백하며 기도합니다.)

✓ **회개와 감사 및 간구기도** (말씀으로 깨달은 회개의 내용과 중보의 제목으로 기도합니다.)

✓ **감사일기**　　　일째

_____
_____

2. 22. (토)　|신 16-21장|

✓ **한 주간의 영성훈련을 점검합니다.** (참여가 어려웠던 이유를 기록한 후 개선할 내용을 적어봅시다.)
☐ 1년 성경통독　　☐ 말씀묵상 및 필사　　☐ 침묵기도
☐ 감사와 회개의 기도　☐ 감사일기　　*열심히 참여(○), 조금 부족(△), 참여 못함(×)

✓ **순례자의 노트를 작성하는 동안 가장 은혜로웠던 순간을 적어보세요.**

_____
_____
_____
_____
_____
_____
_____

✓ (1인)　**가정예배**
· 사도신경　　　　　　　　· 찬송 : 419장 (주 날개 밑 내가 편안히 쉬네)
· 성경읽기 : 시편 23:1-6　· 기도 : 본인 또는 가족 중　　· 주기도문

· 주간 암송구절
　여호와는 나의 목자시니 내게 부족함이 없으리로다 그가 나를 푸른 풀밭에 누이시며 쉴 만한 물 가로 인도하시는도다 내 영혼을 소생시키시고 자기 이름을 위하여 의의 길로 인도하시는도다(시 23:1-3)

2. 23. (일)

✓ **주일설교 묵상**

_____
_____
_____
_____
_____
_____

| 신 22-24장 | 2. 24. (월)

말씀묵상 및 필사 (반복해서 본문을 읽고 묵상한 후 필사합니다.)
- 여호와는 나의 힘이요 노래시며 나의 구원이시로다 그는 나의 하나님이시니 내가 그를 찬송할 것이요 내 아버지의 하나님이시니 내가 그를 높이리로다 (출 15:2)

- 이미 감람 산 내리막길에 가까이 오시매 제자의 온 무리가 자기들이 본 바 모든 능한 일로 인하여 기뻐하며 큰 소리로 하나님을 찬양하여 (눅 19:37)

✓ **말씀으로 드리는 고백기도**

　나의 힘이자 방패시요 나의 도움이자 구원이신 주님을 찬양합니다. 감람산에서의 기쁨처럼, 우리도 주님의 놀라운 일들로 인해 기뻐하며 찬양하게 하소서. 주님의 도움과 인도하심으로 우리의 마음을 채우시고, 늘 주님을 높이며 주님께 영광 돌리는 삶을 살게 하소서.

✓ **하나님의 성품을 묵상하는 침묵기도** (말씀을 통해 발견한 하나님의 성품을 고백하며 기도합니다.)

✓ **회개와 감사 및 간구기도** (말씀으로 깨달은 회개의 내용과 중보의 제목으로 기도합니다.)

✓ **감사일기**　　일째

2. 25. (화)　| 신 25-27장 |

말씀묵상 및 필사 (반복해서 본문을 읽고 묵상한 후 필사합니다.)

· 내게 줄로 재어 준 구역은 아름다운 곳에 있음이여 나의 기업이 실로 아름답도다 (시 16:6)

· 무슨 일을 하든지 마음을 다하여 주께 하듯 하고 사람에게 하듯 하지 말라 이는 기업의 상을 주께 받을 줄 아나니 너희는 주 그리스도를 섬기느니라 (골 3:23-24)

✓ **말씀으로 드리는 고백기도**

　주님, 주님께서 주신 아름다운 기업을 감사하며, 우리가 하는 모든 일에 신실하게 마음을 다하게 하소서. 주님이 주시는 선물로 교회와 세상을 섬기는 삶을 살게 하시고, 매일의 선택과 행동이 주님의 영광을 드러내는 통로가 되게 하소서. 우리의 모든 노력이 주님의 뜻 가운데에 있음을 깨닫게 하소서(엡 1:11).

✓ **하나님의 성품을 묵상하는 침묵기도** (말씀을 통해 발견한 하나님의 성품을 고백하며 기도합니다.)

✓ **회개와 감사 및 간구기도** (말씀으로 깨달은 회개의 내용과 중보의 제목으로 기도합니다.)

✓ **감사일기**　　일째

| 신 28-30장 | 2. 26. (수)

말씀묵상 및 필사 (반복해서 본문을 읽고 묵상한 후 필사합니다.)

· 다니엘이 말하여 이르되 영원부터 영원까지 하나님의 이름을 찬송할 것은 지혜와 능력이 그에게 있음이로다 (단 2:20)

· 지혜 있는 자가 어디 있느냐 선비가 어디 있느냐 이 세대에 변론가가 어디 있느냐 하나님께서 이 세상의 지혜를 미련하게 하신 것이 아니냐 (고전 1:20)

✓ **말씀으로 드리는 고백기도**

주님, 주님의 지혜와 지식의 풍성함이 깊으며, 주님의 판단은 헤아리지 못하고 주님의 길은 우리가 다 알 수 없음을 고백합니다(롬 11:33). 주님을 찬양합니다. 주님의 지혜와 능력 앞에 겸손히 무릎 꿇게 하소서. 이 세상의 미련함을 깨닫고, 주님 안에서 진정한 지혜를 얻어 주님의 뜻을 따르는 삶을 살게 하소서. 주님의 길을 바라보며, 모든 판단을 주님께 맡깁니다.

✓ **하나님의 성품을 묵상하는 침묵기도** (말씀을 통해 발견한 하나님의 성품을 고백하며 기도합니다.)

✓ **회개와 감사 및 간구기도** (말씀으로 깨달은 회개의 내용과 중보의 제목으로 기도합니다.)

✓ **감사일기**   일째

2. 27. (목)　|신 31-34장|

말씀묵상 및 필사 (반복해서 본문을 읽고 묵상한 후 필사합니다.)
- 전능하신 이 여호와 하나님께서 말씀하사 해 돋는 데서부터 지는 데까지 세상을 부르셨도다 (시 50:1)

- 너희는 삼가 말씀하신 이를 거역하지 말라 땅에서 경고하신 이를 거역한 그들이 피하지 못하였거든 하물며 하늘로부터 경고하신 이를 배반하는 우리일까보냐 (히 12:25)

✔ **말씀으로 드리는 고백기도**
　전능하신 여호와 하나님, 주님께서 부르실 때 그 소리를 듣고 올바르게 반응하며 순종하게 하소서. 주님의 말씀을 거역하지 않게 하시고, 하늘의 경고를 무시하지 않고 주님의 선하신 뜻을 깨달아 삶에 적용하는 자가 되게 하소서. 주님의 은혜로 우리를 인도하셔서 항상 주님의 길을 걸어가게 하소서.

✔ **하나님의 성품을 묵상하는 침묵기도** (말씀을 통해 발견한 하나님의 성품을 고백하며 기도합니다.)

✔ **회개와 감사 및 간구기도** (말씀으로 깨달은 회개의 내용과 중보의 제목으로 기도합니다.)

✔ **감사일기**　　일째

| 수 1-3장 | 2. 28. (금)

말씀묵상 및 필사 (반복해서 본문을 읽고 묵상한 후 필사합니다.)

· 내 공의가 가깝고 내 구원이 나갔은즉 내 팔이 만민을 심판하리니 섬들이 나를 앙망하여 내 팔에 의지하리라 (사 51:5)

· 이르시되 내가 고난을 받기 전에 너희와 함께 이 유월절 먹기를 원하고 원하였노라 (눅 22:15)

✓ **말씀으로 드리는 고백기도**

   주님, 주님의 공의가 가까이에 있음을 믿으며, 누구든지 주님의 이름을 부르는 자는 구원을 얻을 줄 믿습니다(롬 10:13). 우리를 위해 고난의 길을 가신 예수님을 바라보며 묵상합니다. 주님의 이름을 부르며 날마다 구원의 은혜를 경험하게 하시고, 함께 하시는 주님의 사랑과 공의를 항상 기억하게 하소서. 우리를 주님의 팔로 인도하소서.

✓ **하나님의 성품을 묵상하는 침묵기도** (말씀을 통해 발견한 하나님의 성품을 고백하며 기도합니다.)

✓ **회개와 감사 및 간구기도** (말씀으로 깨달은 회개의 내용과 중보의 제목으로 기도합니다.)

✓ **감사일기**   일째

Mar.

| 재의 수요일
| 사순절

성경 묵상이란 말씀을 깊이 있게 읽고, 생각하고, 그 구절에 담긴 의미를 이해하며, 그 내용이 우리 삶에 어떻게 적용될 수 있는지 탐구하는 것입니다. 단순히 성경 구절을 읽고 지나치는 것이 아니라, 하나님의 지혜를 얻을 때까지 씨름하는 과정입니다. 이 시간을 통해 살아계신 하나님과 교제가 이루어지고, 그 깊이가 깊어지며, 믿음이 자연스럽게 성장하게 됩니다. 하나님의 은혜와 사랑을 느끼고, 그분이 말씀하시는 뜻을 이해해서 삶의 방향을 찾게 됩니다. 이 모든 과정이 성경 묵상이라고 말할 수 있습니다.

3. 1. (토) | 수 4-9장

✔ **한 주간의 영성훈련을 점검합니다.** (참여가 어려웠던 이유를 기록한 후 개선할 내용을 적어봅시다.)
- [ ] 1년 성경통독
- [ ] 말씀묵상 및 필사
- [ ] 침묵기도
- [ ] 감사와 회개의 기도
- [ ] 감사일기

*열심히 참여 (○), 조금 부족 (△), 참여 못함 (×)

✔ **순례자의 노트를 작성하는 동안 가장 은혜로웠던 순간을 적어보세요.**

___

✔ (1인) **가정예배**
- 사도신경
- 찬송 : 254장(내 주의 보혈은)
- 성경읽기 : 시편 30:1-12
- 기도 : 본인 또는 가족 중
- 주기도문

- 주간 암송구절
  그의 노염은 잠깐이요 그의 은총은 평생이로다 저녁에는 울음이 깃들일지라도 아침에는 기쁨이 오리로다 (시 30:5)

3. 2. (일)

✔ **주일설교 묵상**

___

말씀묵상 및 필사 (반복해서 본문을 읽고 묵상한 후 필사합니다.)

- 지극히 존귀하며 영원히 거하시며 거룩하다 이름하는 이가 이와 같이 말씀하시되 내가 높고 거룩한 곳에 있으며 또한 통회하고 마음이 겸손한 자와 함께 있나니 이는 겸손한 자의 영을 소생시키며 통회하는 자의 마음을 소생시키려 함이라 (사 57:15)

- 만유의 주 되신 예수 그리스도로 말미암아 화평의 복음을 전하사 이스라엘 자손들에게 보내신 말씀 (행 10:36)

✓ 말씀으로 드리는 고백기도

존귀하시고 거룩하신 하나님, 높으신 주님께서 겸손한 자, 통회하는 자와 함께 하심을 찬양합니다. 제 마음이 주님 앞에서 늘 낮아지고 겸손하게 하소서. 심령이 가난한 자는 복이 있음을 믿으며, 하나님과 함께 하는 천국의 삶을 누리게 하소서(마 5:3). 예수님께서 주신 화평의 복음을 제 삶 속에 뿌리내리고 모든 상황 속에서 주님의 복음을 전하게 하소서.

✓ 하나님의 성품을 묵상하는 침묵기도 (말씀을 통해 발견한 하나님의 성품을 고백하며 기도합니다.)

✓ 회개와 감사 및 간구기도 (말씀으로 깨달은 회개의 내용과 중보의 제목으로 기도합니다.)

✓ 감사일기   일째

3. 4. (화) | 수 13-15장

말씀묵상 및 필사 (반복해서 본문을 읽고 묵상한 후 필사합니다.)

· 또 여호와를 기뻐하라 그가 네 마음의 소원을 네게 이루어 주시리로다 (시 37:4)

· 말할 수 없는 그의 은사로 말미암아 하나님께 감사하노라 (고후 9:15)

✓ **말씀으로 드리는 고백기도**
　선하고 좋은 은사를 우리에게 주시는 하나님, 제 마음의 소원을 이루어 주시는 주님을 기뻐하며 찬양합니다. 변함없는 주님의 은혜를 날마다 감사하며, 받은 은사를 이웃과 나누며 주님의 사랑을 전하는 삶을 살게 하소서. 온갖 좋은 은사와 온전한 선물은 다 빛들의 아버지께로부터 오는 줄을 믿습니다(약 1:17). 그 은혜 안에서 기쁨과 만족을 누리게 하소서.

✓ **하나님의 성품을 묵상하는 침묵기도** (말씀을 통해 발견한 하나님의 성품을 고백하며 기도합니다.)

✓ **회개와 감사 및 간구기도** (말씀으로 깨달은 회개의 내용과 중보의 제목으로 기도합니다.)

✓ **감사일기**　　일째

| ☐ 수 16-18장 | 3. 5. (수)

말씀묵상 및 필사 (반복해서 본문을 읽고 묵상한 후 필사합니다.)

· 이 아이를 위하여 내가 기도하였더니 내가 구하여 기도한 바를 여호와께서 내게 허락하신지라 (삼상 1:27)

· 그러므로 내가 너희에게 말하노니 무엇이든지 기도하고 구하는 것은 받은 줄로 믿으라 그리하면 너희에게 그대로 되리라 (막 11:24)

___

___

___

___

___

___

___

___

___

✓ **말씀으로 드리는 고백기도**

  기도에 응답하시는 하나님, 구하는 자의 소원을 들어주시는 하나님을 찬양합니다. 아무 것도 염려하지 않고 모든 일에 기도와 간구로 구할 것을 감사함으로 하나님께 아뢰는 자들이 되게 하소서 (빌 4:6). 걱정 대신 찬송으로 기도하게 하시고, 믿음으로 받은 줄 확신하며 나아가게 하소서. 주님의 시간 안에 모든 것을 이루실 줄 믿고 인내하며 기다리게 하소서.

✓ **하나님의 성품을 묵상하는 침묵기도** (말씀을 통해 발견한 하나님의 성품을 고백하며 기도합니다.)

✓ **회개와 감사 및 간구기도** (말씀으로 깨달은 회개의 내용과 중보의 제목으로 기도합니다.)

✓ **감사일기**   일째

___

___

3. 6. (목)　| 수 19-21장 |

말씀묵상 및 필사 (반복해서 본문을 읽고 묵상한 후 필사합니다.)

· 그 때에 처녀는 춤추며 즐거워하겠고 청년과 노인은 함께 즐거워하리니 내가 그들의 슬픔을 돌려서 즐겁게 하며 그들을 위로하여 그들의 근심으로부터 기쁨을 얻게 할 것임이라 (렘 31:13)

· 우리가 잠시 받는 환난의 경한 것이 지극히 크고 영원한 영광의 중한 것을 우리에게 이루게 함이니 (고후 4:17)

_____
_____
_____
_____
_____
_____
_____
_____
_____

✔ **말씀으로 드리는 고백기도**

　주님, 슬픔을 기쁨으로 바꾸시는 은혜를 찬양합니다. 주님께서 우리의 슬픔이 변하여 춤이 되게 하시고 베옷을 벗기고 기쁨으로 띠를 띠우셨습니다(시 30:11). 어떤 상황에서도 주님의 영광을 바라보며 인내하게 하시고, 우리의 마음을 위로하사 영원한 기쁨으로 채우소서. 잠시의 고난을 통해 영원한 영광을 이루시는 주님을 신뢰하며 모든 상황 속에서 찬송하게 하소서.

✔ **하나님의 성품을 묵상하는 침묵기도** (말씀을 통해 발견한 하나님의 성품을 고백하며 기도합니다.)

✔ **회개와 감사 및 간구기도** (말씀으로 깨달은 회개의 내용과 중보의 제목으로 기도합니다.)

✔ **감사일기**　　　일째

| 수 22~24장 | 3. 7. (금)

말씀묵상 및 필사 (반복해서 본문을 읽고 묵상한 후 필사합니다.)

· 너희는 기쁨으로 나아가며 평안히 인도함을 받을 것이요 산들과 언덕들이 너희 앞에서 노래를 발하고 들의 모든 나무가 손뼉을 칠 것이며 (사 55:12)

· 그들에게 이르시되 내가 너희를 전대와 배낭과 신발도 없이 보내었을 때에 부족한 것이 있더냐 이르되 없었나이다 (눅 22:35)

✓ **말씀으로 드리는 고백기도**

주님, 평안 가운데 우리를 인도하시는 은혜에 감사합니다. 여호와께서 우리의 목자시니 우리에겐 전혀 부족함이 없습니다(시 23:1). 어떤 길을 걸어도 만족하게 하시고, 산과 들의 모든 만물이 찬양하듯 저희 마음에도 찬양이 넘치게 하소서. 주님의 신실하심을 의지하며 순종의 걸음을 내딛을 때마다 참된 평안과 만족을 누리게 하소서. 모든 상황 속에서 감사의 찬양을 드리게 하소서.

✓ **하나님의 성품을 묵상하는 침묵기도** (말씀을 통해 발견한 하나님의 성품을 고백하며 기도합니다.)

✓ **회개와 감사 및 간구기도** (말씀으로 깨달은 회개의 내용과 중보의 제목으로 기도합니다.)

✓ **감사일기**   일째

3. 8. (토)　　삿 1-6장

✓ **한 주간의 영성훈련을 점검합니다.** (참여가 어려웠던 이유를 기록한 후 개선할 내용을 적어봅시다.)
- [ ] 1년 성경통독
- [ ] 말씀묵상 및 필사
- [ ] 침묵기도
- [ ] 감사와 회개의 기도
- [ ] 감사일기

*열심히 참여 (○), 조금 부족 (△), 참여 못함 (×)

✓ 순례자의 노트를 작성하는 동안 가장 은혜로웠던 순간을 적어보세요.

_____
_____
_____
_____
_____
_____
_____

✓ (1인)　**가정예배**
- 사도신경
- 찬송 : 357장 (주 믿는 사람 일어나)
- 성경읽기 : 시편 147:1-20
- 기도 : 본인 또는 가족 중
- 주기도문

- 주간 암송구절
  상심한 자들을 고치시며 그들의 상처를 싸매시는도다 (시 147:3)

3. 9. (일)

✓ **주일설교 묵상**

_____
_____
_____
_____
_____
_____

| 삿 7-9장 | 3. 10. (월)

말씀묵상 및 필사 (반복해서 본문을 읽고 묵상한 후 필사합니다.)
- 나의 곤고와 환난을 보시고 내 모든 죄를 사하소서 (시 25:18)

- 또 범죄와 육체의 무할례로 죽었던 너희를 하나님이 그와 함께 살리시고 우리의 모든 죄를 사하시고 (골 2:13)

✓ **말씀으로 드리는 고백기도**

자비로우신 주님, 주님께서는 죄악을 사유하시며 그 기업의 남은 자의 허물을 넘기시며 인애를 기뻐하셔서 진노를 오래 품지 않으시는 분임을 믿습니다(미 7:18). 우리의 곤고함과 환난 속에서도 모든 죄를 기억하지 않으시고 용서해 주시니 감사합니다. 주님의 사랑과 능력으로 죽음에서 저를 살리시고, 새 생명으로 함께하시는 은혜를 찬양합니다. 죄의 짐을 벗고 자유하게 하소서.

✓ **하나님의 성품을 묵상하는 침묵기도** (말씀을 통해 발견한 하나님의 성품을 고백하며 기도합니다.)

✓ **회개와 감사 및 간구기도** (말씀으로 깨달은 회개의 내용과 중보의 제목으로 기도합니다.)

✓ **감사일기**   일째

3. 11. (화) | 삿 10-12장

말씀묵상 및 필사 (반복해서 본문을 읽고 묵상한 후 필사합니다.)

· 하나님이여 침묵하지 마소서 하나님이여 잠잠하지 마시고 조용하지 마소서 무릇 주의 원수들이 떠들며 주를 미워하는 자들이 머리를 들었나이다 (시 83:1-2)

· 주의 약속은 어떤 이들이 더디다고 생각하는 것 같이 더딘 것이 아니라 오직 주께서는 너희를 대하여 오래 참으사 아무도 멸망하지 아니하고 다 회개하기에 이르기를 원하시느니라 (벧후 3:9)

_____

_____

_____

_____

_____

_____

_____

_____

_____

_____

✓ **말씀으로 드리는 고백기도**

　하나님, 때로는 주님이 조용히 계신 것처럼 느껴질 때가 있습니다. 주님의 정의와 능력이 속히 나타나길 바라며 주님께 간구합니다. 그러나 주님의 침묵이 우리를 향한 인내와 사랑의 증거임을 깨닫게 하소서. 주님의 약속은 결코 더딘 것이 아니라, 저희가 회개하여 주님의 품으로 돌아오기를 기다리시는 인애의 시간임을 기억하게 하소서.

✓ **하나님의 성품을 묵상하는 침묵기도** (말씀을 통해 발견한 하나님의 성품을 고백하며 기도합니다.)

✓ **회개와 감사 및 간구기도** (말씀으로 깨달은 회개의 내용과 중보의 제목으로 기도합니다.)

✓ **감사일기**　　　일째

| 삿 13-15장 | 3. 12. (수)

말씀묵상 및 필사 (반복해서 본문을 읽고 묵상한 후 필사합니다.)

- 이는 그들이 가장 작은 자로부터 큰 자까지 다 탐욕을 부리며 선지자로부터 제사장까지 다 거짓을 행함이라 그들이 내 백성의 상처를 가볍게 여기면서 말하기를 평강하다 평강하다 하나 평강이 없도다 (렘 6:13-14)

- 이는 우리가 주 앞에서뿐 아니라 사람 앞에서도 선한 일에 조심하려 함이라 (고후 8:21)

✓ **말씀으로 드리는 고백기도**

주님, 탐욕과 거짓이 우리 마음을 지배하지 않도록 지켜주소서. 겉으로는 평강을 말하면서도 내면에는 상처와 불의가 남아있지 않게 하소서. 주님 앞에서도, 사람들 앞에서도 진실한 삶을 살며, 참된 평강을 전하는 도구가 되기를 원합니다. 우리의 마음을 정결하게 하시고, 진리 안에서 행하게 하소서. 마음이 청결한 자는 복이 있으며, 그들이 하나님의 살아계심을 볼 것임을 믿습니다(마 5:8).

✓ **하나님의 성품을 묵상하는 침묵기도** (말씀을 통해 발견한 하나님의 성품을 고백하며 기도합니다.)

✓ **회개와 감사 및 간구기도** (말씀으로 깨달은 회개의 내용과 중보의 제목으로 기도합니다.)

✓ **감사일기**   일째

3. 13. (목) | 삿 16-18장

말씀묵상 및 필사 (반복해서 본문을 읽고 묵상한 후 필사합니다.)

· 내가 영원히 다투지 아니하며 내가 끊임없이 노하지 아니할 것은 내가 지은 그의 영과 혼이 내 앞에서 피곤할까 함이라 (사 57:16)

· 예수께서 그들의 믿음을 보시고 이르시되 이 사람아 네 죄 사함을 받았느니라 하시니 (눅 5:20)

✓ **말씀으로 드리는 고백기도**

주님, 주님은 자비로우시며 은혜로우시며 노하기를 더디 하시며 인자하시며 자주 경책하지 아니하시며 노를 영원히 품지 않으시는 분이십니다(시 103:8-9). 오늘도 허물로 죽은 저희들을 풍성하신 긍휼로 살려주신 그 사랑에 감격합니다. 무거운 죄에서 자유케 하신 주님의 은혜를 기억합니다. 오늘도 주님의 용서 안에서 새롭게 시작하게 하소서.

✓ **하나님의 성품을 묵상하는 침묵기도** (말씀을 통해 발견한 하나님의 성품을 고백하며 기도합니다.)

✓ **회개와 감사 및 간구기도** (말씀으로 깨달은 회개의 내용과 중보의 제목으로 기도합니다.)

✓ **감사일기**   일째

| 삿 19~21장 | 3. 14. (금)

말씀묵상 및 필사 (반복해서 본문을 읽고 묵상한 후 필사합니다.)

· 내 영혼이 여호와를 자랑하리니 곤고한 자들이 이를 듣고 기뻐하리로다 (시 34:2)

· 그러므로 우리는 예수로 말미암아 항상 찬송의 제사를 하나님께 드리자 이는 그 이름을 증언하는 입술의 열매니라 (히 13:15)

_____
_____
_____
_____
_____
_____
_____
_____
_____

✓ **말씀으로 드리는 고백기도**

주님을 사랑합니다. 주님을 찬송함과 주님께 영광 돌림이 종일토록 내 입에 가득하리이다(시 71:8). 제 입술이 주님의 이름을 찬양하며 주님의 영광이 내 삶에 가득하게 하소서. 곤고한 자가 주님을 기뻐하며 소망을 얻게 하소서. 날마다 주님께 찬양의 제사를 드리며 진리 안에서 주님을 증거하는 입술이 되게 하소서. 성령 하나님, 제 안에 임재하여 주소서.

✓ **하나님의 성품을 묵상하는 침묵기도** (말씀을 통해 발견한 하나님의 성품을 고백하며 기도합니다.)

✓ **회개와 감사 및 간구기도** (말씀으로 깨달은 회개의 내용과 중보의 제목으로 기도합니다.)

✓ **감사일기**　　　일째

_____
_____

3. 15. (토) | 룻 1-4장

✓ 한 주간의 영성훈련을 점검합니다. (참여가 어려웠던 이유를 기록한 후 개선할 내용을 적어봅시다.)
- [ ] 1년 성경통독
- [ ] 말씀묵상 및 필사
- [ ] 침묵기도
- [ ] 감사와 회개의 기도
- [ ] 감사일기

*열심히 참여 (○), 조금 부족 (△), 참여 못함 (×)

✓ 순례자의 노트를 작성하는 동안 가장 은혜로웠던 순간을 적어보세요.

_____
_____
_____
_____
_____
_____
_____

✓ (1인) 가정예배
- 사도신경
- 찬송 : 405장 (주의 친절한 팔에 안기세)
- 성경읽기 : 이사야 40:12-31
- 기도 : 본인 또는 가족 중
- 주기도문

· 주간 암송구절
오직 여호와를 앙망하는 자는 새 힘을 얻으리니 독수리가 날개치며 올라감 같을 것이요 달음박질하여도 곤비하지 아니하겠고 걸어가도 피곤하지 아니하리로다 (사 40:31)

3. 16. (일)

✓ 주일설교 묵상

_____
_____
_____
_____
_____
_____

| 삼상 1-4장 | 3. 17. (월)

말씀묵상 및 필사 (반복해서 본문을 읽고 묵상한 후 필사합니다.)

- 우리의 영혼이 사냥꾼의 올무에서 벗어난 새 같이 되었나니 올무가 끊어지므로 우리가 벗어났도다 (시 124:7)

- 그리스도께서 우리를 자유롭게 하려고 자유를 주셨으니 그러므로 굳건하게 서서 다시는 종의 멍에를 메지 말라 (갈 5:1)

___

✓ **말씀으로 드리는 고백기도**

주님, 우리의 영혼을 죄의 올무에서 벗어나 자유롭게 하시니 감사합니다. 그리스도의 은혜로 우리가 구원받고, 다시는 종의 멍에를 메지 않도록 굳건하게 세워 주소서. 주님께서 친히 우리를 어두운 권세에서 건져 내시고 그 사랑의 아들의 나라로 옮기셨습니다(골 1:13). 저희를 버리지 마소서. 고난 중에도 주님의 길을 따르게 하소서.

✓ **하나님의 성품을 묵상하는 침묵기도** (말씀을 통해 발견한 하나님의 성품을 고백하며 기도합니다.)

✓ **회개와 감사 및 간구기도** (말씀으로 깨달은 회개의 내용과 중보의 제목으로 기도합니다.)

✓ **감사일기**   일째

3. 18. (화) | 삼상 5-8장

말씀묵상 및 필사 (반복해서 본문을 읽고 묵상한 후 필사합니다.)

- 네가 물 가운데로 지날 때에 내가 너와 함께 할 것이라 강을 건널 때에 물이 너를 침몰하지 못할 것이며 네가 불 가운데로 지날 때에 타지도 아니할 것이요 불꽃이 너를 사르지도 못하리니 (사 43:2)

- 그런즉 이 일에 대하여 우리가 무슨 말 하리요 만일 하나님이 우리를 위하시면 누가 우리를 대적하리요 (롬 8:31)

✓ **말씀으로 드리는 고백기도**

사랑하는 주님, 내가 너를 지명하여 불렀나니 너는 내 것이라(사 43:1) 말씀하셨습니다. 저를 주님의 것이 되게 하셨으니, 물과 불의 환난 속에서도 함께 하실 줄 믿습니다. 어떤 상황에서도 주님이 지키시고 붙드신다면 누가 저를 대적할 수 있겠습니까. 저에게 인내와 소망을 주셔서 주님께서 허락하신 평안을 누리게 하소서.

✓ **하나님의 성품을 묵상하는 침묵기도** (말씀을 통해 발견한 하나님의 성품을 고백하며 기도합니다.)

✓ **회개와 감사 및 간구기도** (말씀으로 깨달은 회개의 내용과 중보의 제목으로 기도합니다.)

✓ **감사일기**   일째

| 삼상 9-12장 | 3. 19. (수)

말씀묵상 및 필사 (반복해서 본문을 읽고 묵상한 후 필사합니다.)
- 여호와여 주께서 내 영혼을 스올에서 끌어내어 나를 살리사 무덤으로 내려가지 아니하게 하셨나이다 (시 30:3)

- 제자들이 나아와 깨워 이르되 주여 주여 우리가 죽겠나이다 한대 예수께서 잠을 깨사 바람과 물결을 꾸짖으시니 이에 그쳐 잔잔하여지더라 (눅 8:24)

✓ **말씀으로 드리는 고백기도**
　주님, 주님을 사랑합니다. 주님께서 우리의 소리를 들으시며 간구하는 목소리를 들으심을 믿습니다(시 116:1). 날마다 우리의 영혼을 지키시고, 우리를 무덤에서 끌어내신 주님을 찬송합니다. 이제 어려움 속에서 주님께 부르짖을 때, 우리를 살리시고 평안을 주소서. 주님의 사랑을 믿습니다. 고통 중에도 기도하게 하시고, 주님의 응답을 기다리게 하소서.

✓ **하나님의 성품을 묵상하는 침묵기도** (말씀을 통해 발견한 하나님의 성품을 고백하며 기도합니다.)

✓ **회개와 감사 및 간구기도** (말씀으로 깨달은 회개의 내용과 중보의 제목으로 기도합니다.)

✓ **감사일기**　　일째

3. 20. (목) | 삼상 13-16장

말씀묵상 및 필사 (반복해서 본문을 읽고 묵상한 후 필사합니다.)
- 사람아 주께서 선한 것이 무엇임을 네게 보이셨나니 여호와께서 네게 구하시는 것은 오직 정의를 행하며 인자를 사랑하며 겸손하게 네 하나님과 함께 행하는 것이 아니냐 (미 6:8)

- 너희 안에 이 마음을 품으라 곧 그리스도 예수의 마음이니 (빌 2:5)

_____
_____
_____
_____
_____
_____
_____
_____
_____
_____

✓ **말씀으로 드리는 고백기도**

하나님, 우리에게 정의를 행하고 인자를 사랑하며 겸손하게 주님과 동행하는 마음을 주셔서 감사합니다. 그리스도 예수의 마음을 품고 모든 사람에게 사랑과 선한 일을 행하게 하소서(갈 6:10). 나의 삶을 통해 주님의 뜻이 드러나고, 주님과의 깊은 관계 속에서 참된 기쁨을 누리게 하소서. 주님의 길을 따르며 항상 주님을 의지하게 하소서.

✓ **하나님의 성품을 묵상하는 침묵기도** (말씀을 통해 발견한 하나님의 성품을 고백하며 기도합니다.)

✓ **회개와 감사 및 간구기도** (말씀으로 깨달은 회개의 내용과 중보의 제목으로 기도합니다.)

✓ **감사일기**   일째

| 삼상 17-20장 | 3. 21. (금)

말씀묵상 및 필사 (반복해서 본문을 읽고 묵상한 후 필사합니다.)
- 이 날에 무리가 큰 제사를 드리고 심히 즐거워하였으니 이는 하나님이 크게 즐거워하게 하셨음이라 부녀와 어린 아이도 즐거워하였으므로 예루살렘이 즐거워하는 소리가 멀리 들렸느니라 (느 12:43)

- 예수께서 이 말씀을 하시매 모든 반대하는 자들은 부끄러워하고 온 무리는 그가 하시는 모든 영광스러운 일을 기뻐하니라 (눅 13:17)

✓ **말씀으로 드리는 고백기도**
  하나님, 주님의 기쁨이 제 안에 가득하길 원합니다. 모든 무리가 즐거워하던 그날처럼, 우리도 주님의 은혜로 날마다 기뻐하며 찬양하게 하소서. 예수님의 영광스러운 구원의 사역을 기뻐하며, 우리의 삶 속에서 주님의 사랑을 나누게 하소서. 주님께서 우리와 함께 하신 것과 우리의 즐거움이 기쁨의 소리로 온 땅에 퍼지게 하소서(신 16:15).

✓ **하나님의 성품을 묵상하는 침묵기도** (말씀을 통해 발견한 하나님의 성품을 고백하며 기도합니다.)

✓ **회개와 감사 및 간구기도** (말씀으로 깨달은 회개의 내용과 중보의 제목으로 기도합니다.)

✓ **감사일기**   일째

3. 22. (토) | 삼상 21-28장

✓ **한 주간의 영성훈련을 점검합니다.** (참여가 어려웠던 이유를 기록한 후 개선할 내용을 적어봅시다.)
- ☐ 1년 성경통독   ☐ 말씀묵상 및 필사   ☐ 침묵기도
- ☐ 감사와 회개의 기도   ☐ 감사일기

*열심히 참여 (○), 조금 부족 (△), 참여 못함 (×)

✓ **순례자의 노트를 작성하는 동안 가장 은혜로웠던 순간을 적어보세요.**

_____
_____
_____
_____
_____
_____
_____

✓ (1인)   **가정예배**
- 사도신경
- 성경읽기 : 예레미야 29:4-13
- 찬송 : 293장 (주의 사랑 비칠 때에)
- 기도 : 본인 또는 가족 중
- 주기도문

- 주간 암송구절
  너희가 내게 부르짖으며 내게 와서 기도하면 내가 너희들의 기도를 들을 것이요 너희가 온 마음으로 나를 구하면 나를 찾을 것이요 나를 만나리라 (렘 29:12-13)

3. 23. (일)

✓ **주일설교 묵상**

_____
_____
_____
_____
_____
_____

| 삼상 29-31장 | 3. 24. (월)

말씀묵상 및 필사 (반복해서 본문을 읽고 묵상한 후 필사합니다.)
- 여호와께서 자기 백성의 상처를 싸매시며 그들의 맞은 자리를 고치시는 날에는 달빛은 햇빛 같겠고 햇빛은 일곱 배가 되어 일곱 날의 빛과 같으리라 (사 30:26)

- 우리가 간절히 원하는 것은 너희 각 사람이 동일한 부지런함을 나타내어 끝까지 소망의 풍성함에 이르러 (히 6:11)

✓ **말씀으로 드리는 고백기도**
  하나님, 주님께서 친히 우리 마음의 상처를 고치시고 우리의 모든 슬픔을 치료하여 주소서 (시 147:3). 그리고 간절히 소원하오니, 주님의 소망으로 우리의 삶 전체를 가득 채우소서. 이제 믿음으로 부지런히 나아가 주님의 영광이 드러나는 삶을 살기 원합니다. 소망이 넘치는 삶을 통해, 다른 이들에게도 주님의 사랑을 전하게 하소서.

✓ **하나님의 성품을 묵상하는 침묵기도** (말씀을 통해 발견한 하나님의 성품을 고백하며 기도합니다.)

✓ **회개와 감사 및 간구기도** (말씀으로 깨달은 회개의 내용과 중보의 제목으로 기도합니다.)

✓ **감사일기**   일째

3. 25. (화) | 삼하 1-3장

말씀묵상 및 필사 (반복해서 본문을 읽고 묵상한 후 필사합니다.)
· 여호와는 네게 복을 주시고 너를 지키시기를 원하며 (민 6:24)

· 우리 주 예수 그리스도의 은혜가 너희 심령과 함께 있을지어다 (몬 1:25)

✓ **말씀으로 드리는 고백기도**
　하나님, 주님의 복이 제 삶에 넘칩니다. 저를 지키시는 하나님을 찬양합니다. 예수 그리스도의 빛을 저의 심령 안에 항상 비춰주시고, 그 은혜가 제 삶의 모든 순간에 임하게 도와주소서. 성령님, 주님의 주신 평화와 기쁨을 세상에 전하기 원합니다. 도와주소서.

✓ **하나님의 성품을 묵상하는 침묵기도** (말씀을 통해 발견한 하나님의 성품을 고백하며 기도합니다.)

✓ **회개와 감사 및 간구기도** (말씀으로 깨달은 회개의 내용과 중보의 제목으로 기도합니다.)

✓ **감사일기**　　일째

| 삼하 4-6장 | 3. 26. (수)

말씀묵상 및 필사 (반복해서 본문을 읽고 묵상한 후 필사합니다.)

- 하나님이여 내게 은혜를 베푸소서 내게 은혜를 베푸소서 내 영혼이 주께로 피하되 주의 날개 그늘 아래에서 이 재앙들이 지나기까지 피하리이다 (시 57:1)

- 보라 인내하는 자를 우리가 복되다 하나니 너희가 욥의 인내를 들었고 주께서 주신 결말을 보았거니와 주는 가장 자비하시고 긍휼히 여기시는 이시니라 (약 5:11)

✓ **말씀으로 드리는 고백기도**

주님, 주님께서 우리에게 은혜를 베풀어 주시니, 우리 영혼이 주님의 날개 아래에 안전하게 피할 수 있습니다(시 36:7). 욥의 인내를 통해 아버지의 자비와 긍휼을 알았습니다. 우리에게도 욥의 인내를 주시고, 모든 어려움을 하나님의 위로로 견디며, 환난을 이기게 하소서. 아버지께 위로를 받았으니 위로를 전할 수 있는 자가 되게 하소서.

✓ **하나님의 성품을 묵상하는 침묵기도** (말씀을 통해 발견한 하나님의 성품을 고백하며 기도합니다.)

✓ **회개와 감사 및 간구기도** (말씀으로 깨달은 회개의 내용과 중보의 제목으로 기도합니다.)

✓ **감사일기**   일째

3. 27. (목)　| 삼하 7-9장

말씀묵상 및 필사 (반복해서 본문을 읽고 묵상한 후 필사합니다.)
- 일어나 우리를 도우소서 주의 인자하심으로 말미암아 우리를 구원하소서 (시 44:26)

- 또 여기 있다 저기 있다고도 못하리니 하나님의 나라는 너희 안에 있느니라 (눅 17:21)

_____
_____
_____
_____
_____
_____
_____
_____
_____
_____

✓ **말씀으로 드리는 고백기도**
　주님, 우리를 구원하시고 주님의 인자하심으로 도우소서(시 40:13). 하나님과 동행하며 주님의 다스림을 누리기 원합니다. 하나님의 나라가 우리 안에 있음을 믿습니다. 우리가 이 땅에서 아버지의 사랑과 은혜를 전하는 삶을 살게 하시고, 소금과 빛이 되어 주님의 뜻을 이루어가게 하소서. 주님의 인도하심을 의지하며 살아가기 기원합니다.

✓ **하나님의 성품을 묵상하는 침묵기도** (말씀을 통해 발견한 하나님의 성품을 고백하며 기도합니다.)

✓ **회개와 감사 및 간구기도** (말씀으로 깨달은 회개의 내용과 중보의 제목으로 기도합니다.)

✓ **감사일기**　　일째
_____
_____

| 삼하 10-12장 | 3. 28. (금)

말씀묵상 및 필사 (반복해서 본문을 읽고 묵상한 후 필사합니다.)

· 그러므로 내가 이 백성 중에 기이한 일 곧 기이하고 가장 기이한 일을 다시 행하리니 그들 중에서 지혜자의 지혜가 없어지고 명철자의 총명이 가려지리라 (사 29:14)

· 하나님도 표적들과 기사들과 여러 가지 능력과 및 자기의 뜻을 따라 성령이 나누어 주신 것으로써 그들과 함께 증언하셨느니라 (히 2:4)

✓ **말씀으로 드리는 고백기도**

하나님, 우리가 듣기는 들어도 깨닫지 못하고 보기는 보아도 알지 못하는 자들입니다(마 13:14). 우리의 무지와 연약함을 용서하소서. 이제 우리에게 기이한 일을 행하시고 지혜의 눈을 열어 주시기를 간구합니다. 성령님의 인도하심을 따라 주님의 뜻을 분별하게 하시고, 우리의 삶 속에서 주님의 기적이 나타나게 하소서. 주님의 지혜로 우리의 마음을 가득 채우소서.

✓ **하나님의 성품을 묵상하는 침묵기도** (말씀을 통해 발견한 하나님의 성품을 고백하며 기도합니다.)

✓ **회개와 감사 및 간구기도** (말씀으로 깨달은 회개의 내용과 중보의 제목으로 기도합니다.)

✓ **감사일기**   일째

3. 29. (토) | 삼하 13-18장

✓ **한 주간의 영성훈련을 점검합니다.** (참여가 어려웠던 이유를 기록한 후 개선할 내용을 적어봅시다.)
- [ ] 1년 성경통독
- [ ] 말씀묵상 및 필사
- [ ] 침묵기도
- [ ] 감사와 회개의 기도
- [ ] 감사일기

*열심히 참여 (○), 조금 부족 (△), 참여 못함 (×)

✓ **순례자의 노트를 작성하는 동안 가장 은혜로웠던 순간을 적어보세요.**

_____
_____
_____
_____
_____
_____
_____

✓ (1인)　**가정예배**
- 사도신경
- 찬송 : 249장 (주 사랑하는 자 다 찬송할 때에)
- 성경읽기 : 요한복음 3:11-21
- 기도 : 본인 또는 가족 중
- 주기도문

- 주간 암송구절
  하나님이 세상을 이처럼 사랑하사 독생자를 주셨으니 이는 그를 믿는 자마다 멸망하지 않고 영생을 얻게 하려 하심이라 (요 3:16)

3. 30. (일)

✓ **주일설교 묵상**

_____
_____
_____
_____
_____
_____

| 삼하 19-21장 | 3. 31. (월)

말씀묵상 및 필사 (반복해서 본문을 읽고 묵상한 후 필사합니다.)
- 심히 교만한 말을 다시 하지 말 것이며 오만한 말을 너희의 입에서 내지 말지어다 여호와는 지식의 하나님이시라 행동을 달아 보시느니라 (삼상 2:3)

- 자녀들아 우리가 말과 혀로만 사랑하지 말고 행함과 진실함으로 하자 (요일 3:18)

✓ **말씀으로 드리는 고백기도**
 사랑의 하나님, 저에게 교만한 마음이 아닌 겸손한 마음을 주소서. 제 입에서 나오는 말이 진실하게 하시고 악이 없게 하소서(롬 3:13). 말과 행동이 일치하여 사랑을 실천하게 하시고, 진실함으로 이웃을 섬기게 하소서. 주님을 거울 삼아 닮아가게 하시고, 주님의 지혜로 나의 언행을 다듬어 주소서. 제 삶이 주님의 증거가 되기를 원합니다. 성령님, 함께 하소서.

✓ **하나님의 성품을 묵상하는 침묵기도** (말씀을 통해 발견한 하나님의 성품을 고백하며 기도합니다.)

✓ **회개와 감사 및 간구기도** (말씀으로 깨달은 회개의 내용과 중보의 제목으로 기도합니다.)

✓ **감사일기**   일째

Apr.

종려 주일
고난 주간
부활 주일

성경 묵상은 하나님과 대화하는 시간입니다. 이 대화를 통해 우리는 하나님의 마음을 알아가고 인생의 방향을 그분의 뜻에 일치시킵니다. 오늘의 삶의 의미와 가치를 깨닫고 하나님이 주시는 복되고 풍성한 삶을 누리는 길이 성경 묵상에 있습니다. 비록 말씀 묵상은 많은 시간과 노력이 요구되지만, 하나님의 뜻을 발견하고 복있는 삶을 영위하기 위해 반드시 필요한 영성 생활입니다.

4. 1. (화) | 삼하 22-24장

말씀묵상 및 필사 (반복해서 본문을 읽고 묵상한 후 필사합니다.)

- 여호와여 위대하심과 권능과 영광과 승리와 위엄이 다 주께 속하였사오니 천지에 있는 것이 다 주의 것이로소이다 여호와여 주권도 주께 속하였사오니 주는 높으사 만물의 머리이심이니이다 (대상 29:11)

- 그가 큰 음성으로 이르되 하나님을 두려워하며 그에게 영광을 돌리라 이는 그의 심판의 시간이 이르렀음이니 하늘과 땅과 바다와 물들의 근원을 만드신 이를 경배하라 하더라 (계 14:7)

✓ 말씀으로 드리는 고백기도

　전능하신 하나님, 주님의 나라는 영원하며 주님의 통치는 대대에 이를 것입니다(시 145:13). 할렐루야. 모든 것이 주님의 손에 있으며 만물의 주관자가 되심을 찬양합니다. 우리의 마음이 주님의 통치를 경배하며, 우리의 삶 속에서 주님께 영광을 돌리게 하소서. 주님의 이름을 높이며 늘 경배하는 자가 되게 하소서.

✓ 하나님의 성품을 묵상하는 침묵기도 (말씀을 통해 발견한 하나님의 성품을 고백하며 기도합니다.)

✓ 회개와 감사 및 간구기도 (말씀으로 깨달은 회개의 내용과 중보의 제목으로 기도합니다.)

✓ 감사일기　　　일째

| 마 1-4장 | 4. 2. (수)

말씀묵상 및 필사 (반복해서 본문을 읽고 묵상한 후 필사합니다.)

- 내가 환난 중에서 여호와께 아뢰며 나의 하나님께 부르짖었더니 그가 그의 성전에서 내 소리를 들으심이여 그의 앞에서 나의 부르짖음이 그의 귀에 들렸도다 (시 18:6)

- 하나님의 도우심을 받아 내가 오늘까지 서서 높고 낮은 사람 앞에서 증언하는 것은 선지자들과 모세가 반드시 되리라고 말한 것 밖에 없으니 (행 26:22)

✓ **말씀으로 드리는 고백기도**

  주님, 나의 부르짖음을 들으시고 응답하소서. 주님의 은혜를 기다립니다. 나의 간구를 들으시고 나의 기도를 받으소서(시 6:9). 고난 속에서도 오직 주님의 도우심을 의지하며 절대 흔들리지 않게 하소서. 어느 자리에서도 주님의 진리를 담대히 증언하기를 원합니다. 성령 하나님, 주님의 영광을 나타내게 하소서.

✓ **하나님의 성품을 묵상하는 침묵기도** (말씀을 통해 발견한 하나님의 성품을 고백하며 기도합니다.)

✓ **회개와 감사 및 간구기도** (말씀으로 깨달은 회개의 내용과 중보의 제목으로 기도합니다.)

✓ **감사일기**   일째

4. 3. (목)　|마 5-8장|

말씀묵상 및 필사 (반복해서 본문을 읽고 묵상한 후 필사합니다.)
· 여호와는 의로우사 의로운 일을 좋아하시나니 정직한 자는 그의 얼굴을 뵈오리로다 (시 11:7)

· 곧 이 때에 자기의 의로우심을 나타내사 자기도 의로우시며 또한 예수 믿는 자를 의롭다 하려 하심이라 (롬 3:26)

✔ **말씀으로 드리는 고백기도**
　의로우신 하나님, 정의와 공의를 사랑하시는 주님 앞에 나아갑니다. 예수 그리스도를 믿는 믿음 안에서 저희를 의롭다 하심에 감사합니다. 주님의 얼굴을 바라보며 정직한 길을 걸을 수 있도록 우리 마음을 새롭게 하소서. 모든 행실에 주님의 의를 드러내는 삶을 살게 하소서.

✔ **하나님의 성품을 묵상하는 침묵기도** (말씀을 통해 발견한 하나님의 성품을 고백하며 기도합니다.)

✔ **회개와 감사 및 간구기도** (말씀으로 깨달은 회개의 내용과 중보의 제목으로 기도합니다.)

✔ **감사일기**　　일째

| 마 9-12장 | 4. 4. (금)

말씀묵상 및 필사 (반복해서 본문을 읽고 묵상한 후 필사합니다.)
- 여호와여 나를 반기시는 때에 내가 주께 기도하오니 하나님이여 많은 인자와 구원의 진리로 내게 응답하소서 (시 69:13)

- 기도를 계속하고 기도에 감사함으로 깨어 있으라 (골 4:2)

✔ **말씀으로 드리는 고백기도**
　은혜로우신 하나님, 언제나 주님께 기도할 수 있는 특권을 주시니 감사합니다. 우리의 마음이 염려로 가득할 때도 감사함으로 깨어 주님을 찾게 하소서. 인자하신 주님께서 들으시고 응답하실 줄 믿으며 주님의 구원 안에 소망을 두게 하소서. 기도 가운데 우리의 마음이 평안으로 채워지고, 주님의 진리가 우리의 삶을 인도하게 하소서.

✔ **하나님의 성품을 묵상하는 침묵기도** (말씀을 통해 발견한 하나님의 성품을 고백하며 기도합니다.)

✔ **회개와 감사 및 간구기도** (말씀으로 깨달은 회개의 내용과 중보의 제목으로 기도합니다.)

✔ **감사일기**　　일째

4. 5. (토) | 마 13-20장

✓ **한 주간의 영성훈련을 점검합니다.** (참여가 어려웠던 이유를 기록한 후 개선할 내용을 적어봅시다.)
- [ ] 1년 성경통독
- [ ] 말씀묵상 및 필사
- [ ] 침묵기도
- [ ] 감사와 회개의 기도
- [ ] 감사일기

*열심히 참여 (○), 조금 부족 (△), 참여 못함 (×)

✓ **순례자의 노트를 작성하는 동안 가장 은혜로웠던 순간을 적어보세요.**

_____
_____
_____
_____
_____
_____
_____
_____

✓ (1인) **가정예배**
- 사도신경
- 찬송 : 455장 (주님의 마음을 본받는 자)
- 성경읽기 : 로마서 10:9-15
- 기도 : 본인 또는 가족 중
- 주기도문

- 주간 암송구절
  네가 만일 네 입으로 예수를 주로 시인하며 또 하나님께서 그를 죽은 자 가운데서 살리신 것을 네 마음에 믿으면 구원을 받으리라 사람이 마음으로 믿어 의에 이르고 입으로 시인하여 구원에 이르느니라 (롬 10:9-10)

4. 6. (일)

✓ **주일설교 묵상**

_____
_____
_____
_____
_____
_____

| 마 21-24장 | 4. 7. (월)

말씀묵상 및 필사 (반복해서 본문을 읽고 묵상한 후 필사합니다.)

· 허물의 사함을 받고 자신의 죄가 가려진 자는 복이 있도다 (시 32:1)

· 그 아들 안에서 우리가 속량 곧 죄 사함을 얻었도다 (골 1:14)

✓ **말씀으로 드리는 고백기도**

 자비로우신 하나님, 우리의 허물을 용서하시고 죄를 가려주시는 은혜에 감사합니다. 주님 앞에 우리의 죄를 자백할 때, 신실하신 주님께서 우리를 깨끗하게 하실 것을 믿습니다(요일 1:9). 그리스도 안에서 주신 속량의 은혜가 날마다 우리를 새롭게 하고, 모든 불의에서 벗어나게 하소서. 주님의 용서 안에서 자유하며 복된 자로 살아가게 하소서.

✓ **하나님의 성품을 묵상하는 침묵기도** (말씀을 통해 발견한 하나님의 성품을 고백하며 기도합니다.)

✓ **회개와 감사 및 간구기도** (말씀으로 깨달은 회개의 내용과 중보의 제목으로 기도합니다.)

✓ **감사일기**   일째

말씀묵상 및 필사 (반복해서 본문을 읽고 묵상한 후 필사합니다.)

- 이는 여호와의 집에 심겼음이여 우리 하나님의 뜰 안에서 번성하리로다 그는 늙어도 여전히 결실하며 진액이 풍족하고 빛이 청청하니 (시 92:13-14)

- 좋은 땅에 있다는 것은 착하고 좋은 마음으로 말씀을 듣고 지키어 인내로 결실하는 자니라 (눅 8:15)

✓ **말씀으로 드리는 고백기도**

　주님, 주님의 생명 안에 깊이 심으사 날마다 풍성한 열매를 맺게 하소서. 주님은 포도나무요 저는 가지입니다. 주님 안에 거할 때 진정한 결실이 이루어짐을 믿습니다(요 15:5). 나이가 들어도 마르지 않는 은혜의 진액으로 채워주시고, 인내하며 말씀을 붙들어 삶이 빛나게 하소서. 주님의 손 안에서 늘 푸른 가지가 되어 하나님께 영광 돌리는 삶을 살아가게 하소서.

✓ **하나님의 성품을 묵상하는 침묵기도** (말씀을 통해 발견한 하나님의 성품을 고백하며 기도합니다.)

✓ **회개와 감사 및 간구기도** (말씀으로 깨달은 회개의 내용과 중보의 제목으로 기도합니다.)

✓ **감사일기**　　　일째

| 막 1-4장 | 4. 9. (수)

말씀묵상 및 필사 (반복해서 본문을 읽고 묵상한 후 필사합니다.)

· 할렐루야, 여호와를 경외하며 그의 계명을 크게 즐거워하는 자는 복이 있도다 (시 112:1)

· 또 무엇을 하든지 말에나 일에나 다 주 예수의 이름으로 하고 그를 힘입어 하나님 아버지께 감사하라 (골 3:17)

✓ **말씀으로 드리는 고백기도**

하나님 아버지, 마음과 입술로 주님을 시인하며 주님의 계명을 기쁨으로 따르기 원합니다. 예수님의 이름으로 행하는 모든 일 속에서 감사의 제사를 드리게 하시고, 그 안에서 참된 복과 기쁨을 발견하게 하소서. 경외함과 순종의 삶을 통해 주님의 이름이 높임을 받고 우리의 존재 자체가 하나님께 영광이 되게 하소서.

✓ **하나님의 성품을 묵상하는 침묵기도** (말씀을 통해 발견한 하나님의 성품을 고백하며 기도합니다.)

✓ **회개와 감사 및 간구기도** (말씀으로 깨달은 회개의 내용과 중보의 제목으로 기도합니다.)

✓ **감사일기**　　　**일째**

4. 10. (목) | 막 5-8장

말씀묵상 및 필사 (반복해서 본문을 읽고 묵상한 후 필사합니다.)
- 여호와여 주께서 죄악을 지켜보실진대 주여 누가 서리이까 (시 130:3)

- 우리는 그리스도 안에서 그의 은혜의 풍성함을 따라 그의 피로 말미암아 속량 곧 죄 사함을 받았느니라 (엡 1:7)

✔ **말씀으로 드리는 고백기도**
　은혜의 하나님, 우리를 흑암의 권세에서 건져내시고 사랑의 아들의 나라로 옮기신 주님의 은혜를 찬양합니다(골 1:13). 우리의 죄를 기억하지 않으시고 그리스도의 피로 깨끗하게 하시니 감사합니다. 주님의 은혜 안에 거하며 의와 평강 가운데 설 수 있도록 인도하소서. 날마다 주님의 사랑 안에서 자유와 기쁨을 누리게 하시고, 구원의 감격을 잊지 않게 도와주소서.

✔ **하나님의 성품을 묵상하는 침묵기도** (말씀을 통해 발견한 하나님의 성품을 고백하며 기도합니다.)

✔ **회개와 감사 및 간구기도** (말씀으로 깨달은 회개의 내용과 중보의 제목으로 기도합니다.)

✔ **감사일기**　　　일째

| 막 9-12장 | 4. 11. (금)

말씀묵상 및 필사 (반복해서 본문을 읽고 묵상한 후 필사합니다.)

- 그는 곤욕과 심문을 당하고 끌려 갔으나 그 세대 중에 누가 생각하기를 그가 살아 있는 자들의 땅에서 끊어짐은 마땅히 형벌 받을 내 백성의 허물 때문이라 하였으리요 (사 53:8)

- 그리스도가 이런 고난을 받고 자기의 영광에 들어가야 할 것이 아니냐 하시고 (눅 24:26)

✓ **말씀으로 드리는 고백기도**

고난을 당하신 주님, 우리 죄를 대신 짊어지시고 징계를 받으시고 채찍에 맞으심으로 우리에게 평화와 치유를 허락하셨습니다(사 53:5). 주님의 고난이 헛되지 않도록, 우리의 삶이 주님의 은혜와 영광을 증거하는 통로가 되게 하소서. 영광의 길로 이끄시는 주님의 손을 의지하며, 십자가의 사랑 안에 더욱 거하게 하소서.

✓ **하나님의 성품을 묵상하는 침묵기도** (말씀을 통해 발견한 하나님의 성품을 고백하며 기도합니다.)

✓ **회개와 감사 및 간구기도** (말씀으로 깨달은 회개의 내용과 중보의 제목으로 기도합니다.)

✓ **감사일기**   일째

4. 12. (토)　|막 13-16장

✓ **한 주간의 영성훈련을 점검합니다.** (참여가 어려웠던 이유를 기록한 후 개선할 내용을 적어봅시다.)
☐ 1년 성경통독　　☐ 말씀묵상 및 필사　　☐ 침묵기도
☐ 감사와 회개의 기도　☐ 감사일기　　*열심히 참여 (○), 조금 부족 (△), 참여 못함 (×)

✓ **순례자의 노트를 작성하는 동안 가장 은혜로웠던 순간을 적어보세요.**

_____
_____
_____
_____
_____
_____
_____

✓ (1인)　**가정예배**
· 사도신경　　　　　　　　· 찬송 : 497장 (주 예수 넓은 사랑)
· 성경읽기 : 에베소서 2:1-10　· 기도 : 본인 또는 가족 중　　· 주기도문

· 주간 암송구절
　너희는 그 은혜에 의하여 믿음으로 말미암아 구원을 받았으니 이것은 너희에게서 난 것이 아니요 하나님의 선물이라 행위에서 난 것이 아니니 이는 누구든지 자랑하지 못하게 함이라 (엡 2:8-9)

4. 13. (일)

✓ **주일설교 묵상**

_____
_____
_____
_____
_____
_____

| 눅 1-4장 | 4. 14. (월)

말씀묵상 및 필사 (반복해서 본문을 읽고 묵상한 후 필사합니다.)

- 여호와여 나의 종말과 연한이 언제까지인지 알게 하사 내가 나의 연약함을 알게 하소서 (시 39:4)

- 그러나 우리의 시민권은 하늘에 있는지라 거기로부터 구원하는 자 곧 주 예수 그리스도를 기다리노니 (빌 3:20)

✓ **말씀으로 드리는 고백기도**

  영원하신 하나님, 자신의 삶의 한계를 깨닫고 날마다 신실하게 살게 하소서. 우리의 나그네 됨을 알게 하시고 지혜로운 마음을 얻게 하소서(시 90:12). 이 땅에서의 날들이 지나가도 하늘에 있는 시민권을 바라보며 주 예수님의 다시 오심을 기다리게 하소서. 모든 순간을 주님의 뜻 안에서 의미 있게 살게 하시고, 소망으로 충만한 마음을 허락하소서.

✓ **하나님의 성품을 묵상하는 침묵기도** (말씀을 통해 발견한 하나님의 성품을 고백하며 기도합니다.)

✓ **회개와 감사 및 간구기도** (말씀으로 깨달은 회개의 내용과 중보의 제목으로 기도합니다.)

✓ **감사일기**   일째

| 4. 15. (화) | 눅 5-8장 |

말씀묵상 및 필사 (반복해서 본문을 읽고 묵상한 후 필사합니다.)

· 광야에서도 너희가 당하였거니와 사람이 자기의 아들을 안는 것 같이 너희의 하나님 여호와께서 너희가 걸어온 길에서 너희를 안으사 이 곳까지 이르게 하셨느니라 하나 (신 1:31)

· 하나님이 우리를 사랑하시는 사랑을 우리가 알고 믿었노니 하나님은 사랑이시라 사랑 안에 거하는 자는 하나님 안에 거하고 하나님도 그의 안에 거하시느니라 (요일 4:16)

✓ **말씀으로 드리는 고백기도**

　사랑의 하나님, 우리를 품어주시고 인도하시는 주님의 사랑을 깨닫게 하소서. 우리를 사랑하셔서 구속하셨고, 너는 내 것이라 인쳐주셨습니다(사 43:1). 광야와 같은 인생길에서 우리를 안으시고 보호하실 것을 믿습니다. 주님의 사랑 안에 거하며, 우리의 삶이 주님을 반영하는 통로가 되게 하소서.

✓ **하나님의 성품을 묵상하는 침묵기도** (말씀을 통해 발견한 하나님의 성품을 고백하며 기도합니다.)

✓ **회개와 감사 및 간구기도** (말씀으로 깨달은 회개의 내용과 중보의 제목으로 기도합니다.)

✓ **감사일기**　　　일째

| 눅 9-12장 | 4. 16. (수)

말씀묵상 및 필사 (반복해서 본문을 읽고 묵상한 후 필사합니다.)

- 어떤 사람이 너희에게 말하기를 주절거리며 속살거리는 신접한 자와 마술사에게 물으라 하거든 백성이 자기 하나님께 구할 것이 아니냐 산 자를 위하여 죽은 자에게 구하겠느냐 하라 (사 8:19)

- 통치자들과 권세들을 무력화하여 드러내어 구경거리로 삼으시고 십자가로 그들을 이기셨느니라 (골 2:15)

✓ **말씀으로 드리는 고백기도**
　전능하신 하나님, 세상의 권세와 악의 세력이 아무리 위협적일지라도 주님께서 모든 것을 이기셨음을 믿습니다. 주님의 승리하심과 진리를 의지하며, 사람의 말이나 세상의 유혹에 흔들리지 않게 하소서. 주님께만 나아가 구하며, 우리의 두려움을 물리치게 하시고, 주님의 능력 안에서 담대하게 살게 하소서.

✓ **하나님의 성품을 묵상하는 침묵기도** (말씀을 통해 발견한 하나님의 성품을 고백하며 기도합니다.)

✓ **회개와 감사 및 간구기도** (말씀으로 깨달은 회개의 내용과 중보의 제목으로 기도합니다.)

✓ **감사일기**　　　**일째**

| 4. 17. (목) | 눅 13-15장 |

말씀묵상 및 필사 (반복해서 본문을 읽고 묵상한 후 필사합니다.)
- 너희의 타작은 포도 딸 때까지 미치며 너희의 포도 따는 것은 파종할 때까지 미치리니 너희가 음식을 배불리 먹고 너희의 땅에 안전하게 거주하리라 (레 26:5)

- 예수께서 떡 다섯 개와 물고기 두 마리를 가지사 하늘을 우러러 축사하시고 떼어 제자들에게 주어 무리에게 나누어 주게 하시니 먹고 다 배불렀더라 그 남은 조각을 열두 바구니에 거두니라 (눅 9:16-17)

✓ **말씀으로 드리는 고백기도**
　하나님, 우리의 삶에 필요한 모든 것을 주시니 감사합니다. 주님은 항상 저희의 필요를 아시고 채워주시는 분이심을 믿습니다. 우리의 마음을 만족하게 하시고, 일상 속에서 주님의 풍성한 은혜를 체험하게 하소서. 우리의 삶이 주님 안에서 안전하고 풍성하게 되기를 소망합니다.

✓ **하나님의 성품을 묵상하는 침묵기도** (말씀을 통해 발견한 하나님의 성품을 고백하며 기도합니다.)

✓ **회개와 감사 및 간구기도** (말씀으로 깨달은 회개의 내용과 중보의 제목으로 기도합니다.)

✓ **감사일기**　　일째

| 눅 16-18장 | 4. 18. (금)

말씀묵상 및 필사 (반복해서 본문을 읽고 묵상한 후 필사합니다.)
- 너희는 내 얼굴을 찾으라 하실 때에 내가 마음으로 주께 말하되 여호와여 내가 주의 얼굴을 찾으리이다 하였나이다 (시 27:8)

- 이에 예수께서 가시관을 쓰고 자색 옷을 입고 나오시니 빌라도가 그들에게 말하되 보라 이 사람이로다 하매 (요 19:5)

✓ **말씀으로 드리는 고백기도**

주님, 너희가 나를 찾고 찾으면, 나를 만나리라(렘 29:13)는 말씀을 묵상합니다. 우리가 주님의 임재를 갈망하며 나아갈 때, 그 안에서 진정한 평안과 기쁨을 발견하게 하소서. 예수 그리스도의 고난과 그 사랑을 기억하며, 그분의 길을 따라 살아가게 하소서. 우리의 마음이 항상 주님의 십자가를 향해 열려 있기를 원합니다.

✓ **하나님의 성품을 묵상하는 침묵기도** (말씀을 통해 발견한 하나님의 성품을 고백하며 기도합니다.)

✓ **회개와 감사 및 간구기도** (말씀으로 깨달은 회개의 내용과 중보의 제목으로 기도합니다.)

✓ **감사일기**　　　**일째**

4. 19. (토)　| 눅 19-24장

✓ **한 주간의 영성훈련을 점검합니다.** (참여가 어려웠던 이유를 기록한 후 개선할 내용을 적어봅시다.)
- [ ] 1년 성경통독
- [ ] 말씀묵상 및 필사
- [ ] 침묵기도
- [ ] 감사와 회개의 기도
- [ ] 감사일기

*열심히 참여 (○), 조금 부족 (△), 참여 못함 (×)

✓ **순례자의 노트를 작성하는 동안 가장 은혜로웠던 순간을 적어보세요.**

_____
_____
_____
_____
_____
_____
_____

✓ (1인)　**가정예배**
- 사도신경
- 찬송 : 279장 (인애하신 구세주여)
- 성경읽기 : 고린도후서 5:17
- 기도 : 본인 또는 가족 중
- 주기도문

- 주간 암송구절
  그런즉 누구든지 그리스도 안에 있으면 새로운 피조물이라 이전 것은 지나갔으니 보라 새 것이 되었도다 (고후 5:17)

4. 20. (일) 부활주일

✓ **주일설교 묵상**

_____
_____
_____
_____
_____
_____

| 요 1-3장 | 4. 21. (월)

말씀묵상 및 필사 (반복해서 본문을 읽고 묵상한 후 필사합니다.)

· 그러하오나 여호와는 두려운 용사 같으시며 나와 함께 하시므로 나를 박해하는 자들이 넘어지고 이기지 못할 것이오며 그들은 지혜롭게 행하지 못하므로 큰 치욕을 당하오리니 그 치욕은 길이 잊지 못할 것이니이다 (렘 20:11)

· 내게 능력 주시는 자 안에서 내가 모든 것을 할 수 있느니라 (빌 4:13)

✓ **말씀으로 드리는 고백기도**

주님, 우리의 힘과 능력이 되어 주시니 감사합니다. 박해와 어려움 속에서도 주님의 함께 하심을 믿습니다. 어떤 상황에서도 주님이 주시는 힘으로 모든 것을 할 수 있다는 확신이 우리 안에 가득하길 원합니다. 제 삶을 통해 주님의 영광이 드러나게 하시고, 모든 일에 주님의 지혜가 함께 하기를 원합니다. 성령님, 도와주소서.

✓ **하나님의 성품을 묵상하는 침묵기도** (말씀을 통해 발견한 하나님의 성품을 고백하며 기도합니다.)

✓ **회개와 감사 및 간구기도** (말씀으로 깨달은 회개의 내용과 중보의 제목으로 기도합니다.)

✓ **감사일기**   일째

| 4. 22. (화) | 요 4-6장 |

말씀묵상 및 필사 (반복해서 본문을 읽고 묵상한 후 필사합니다.)

- 내가 여호와를 찬송하리니 이는 주께서 내게 은덕을 베푸심이로다 (시 13:6)

- 이에 명하여 수레를 멈추고 빌립과 내시가 둘 다 물에 내려가 빌립이 세례를 베풀고 둘이 물에서 올라올새 주의 영이 빌립을 이끌어간지라 내시는 기쁘게 길을 가므로 그를 다시 보지 못하니라 (행 8:38-39)

_____
_____
_____
_____
_____
_____
_____
_____
_____
_____

✓ **말씀으로 드리는 고백기도**

　사랑의 하나님, 우리에게 은혜를 베풀어 주셔서 감사합니다. 주님께서 주신 은혜로 항상 찬양하며 기뻐하는 삶을 살게 하소서. 세례를 받은 내시처럼, 주님의 은혜를 깨닫고 기쁨으로 주님의 길을 걷는 삶이 되게 하시고, 우리의 삶에 진리를 향한 갈급한 마음을 주소서. 주님께 모든 찬송과 영광을 올려드립니다. 할렐루야.

✓ **하나님의 성품을 묵상하는 침묵기도** (말씀을 통해 발견한 하나님의 성품을 고백하며 기도합니다.)

✓ **회개와 감사 및 간구기도** (말씀으로 깨달은 회개의 내용과 중보의 제목으로 기도합니다.)

✓ **감사일기**　　일째

| 요 7-9장 | 4. 23. (수)

말씀묵상 및 필사 (반복해서 본문을 읽고 묵상한 후 필사합니다.)
- 그 날에 너희가 또 말하기를 여호와께 감사하라 그의 이름을 부르며 그의 행하심을 만국 중에 선포하며 그의 이름이 높다 하라 (사 12:4)

- 너희 말을 듣는 자는 곧 내 말을 듣는 것이요 너희를 저버리는 자는 곧 나를 저버리는 것이요 나를 저버리는 자는 나 보내신 이를 저버리는 것이라 하시니라 (눅 10:16)

✓ **말씀으로 드리는 고백기도**
　주님, 감사합니다. 주님의 놀라운 행하심을 찬송하고 만국에 선포할 수 있는 특권을 주셔서 감사합니다(시 105:1). 우리가 주님의 말씀을 들을 때, 그 말씀을 따라 행동하게 하시고, 주님을 저버리지 않게 도와주소서. 세상의 소음 속에서도 주님의 이름을 높이며, 주님의 진리를 세상에 전하는 삶이 되게 하소서. 주님의 이름만이 영광 받으시기를 간절히 원합니다.

✓ **하나님의 성품을 묵상하는 침묵기도** (말씀을 통해 발견한 하나님의 성품을 고백하며 기도합니다.)

✓ **회개와 감사 및 간구기도** (말씀으로 깨달은 회개의 내용과 중보의 제목으로 기도합니다.)

✓ **감사일기**　　일째

4. 24. (목)　｜요 10-12장｜

말씀묵상 및 필사 (반복해서 본문을 읽고 묵상한 후 필사합니다.)
- 그러나 애굽 땅에 있을 때부터 나는 네 하나님 여호와라 나 밖에 네가 다른 신을 알지 말 것이라 나 외에는 구원자가 없느니라 (호 13:4)

- 영생은 곧 유일하신 참 하나님과 그가 보내신 자 예수 그리스도를 아는 것이니이다 (요 17:3)

_____
_____
_____
_____
_____
_____
_____
_____
_____
_____
_____

✓ **말씀으로 드리는 고백기도**
　하나님 아버지, 아버지는 유일한 구원자이시며, 우리의 생명과 길이십니다. 예수 그리스도를 통해 주신 은혜에 감사하며, 그분을 아는 것이 영생임을 깨닫게 하소서. 주님을 더욱 깊이 알아가고, 주님의 진리를 전하며 살게 하시고, 아버지 외에 세상의 다른 우상을 섬기지 않도록 지켜 주소서. 주님의 말씀으로 제 삶이 변화되게 하시고, 세상에 주님의 사랑을 전하게 하소서.

✓ **하나님의 성품을 묵상하는 침묵기도** (말씀을 통해 발견한 하나님의 성품을 고백하며 기도합니다.)

✓ **회개와 감사 및 간구기도** (말씀으로 깨달은 회개의 내용과 중보의 제목으로 기도합니다.)

✓ **감사일기**　　　일째

| 요 13-15장 | 4. 25. (금)

말씀묵상 및 필사 (반복해서 본문을 읽고 묵상한 후 필사합니다.)
- 과연 태초로부터 나는 그이니 내 손에서 건질 자가 없도다 내가 행하리니 누가 막으리요 (사 43:13)

- 또한 그가 만물보다 먼저 계시고 만물이 그 안에 함께 섰느니라 (골 1:17)

✓ **말씀으로 드리는 고백기도**

주님, 태초부터 함께 하신 삼위일체 하나님을 찬양합니다. 하나님의 손에서 건짐을 받은 자로서, 우리의 삶이 하나님의 뜻에 따라 가기를 원합니다. 만물을 주관하시고, 모든 것의 시작이신 주님께서 우리 삶의 중심이 되시고, 세상의 어떤 것과도 비교할 수 없는 영원한 사랑 안에서 살게 하소서. 우리가 어디에 있든지 주님을 신뢰하고 따르게 하소서.

✓ **하나님의 성품을 묵상하는 침묵기도** (말씀을 통해 발견한 하나님의 성품을 고백하며 기도합니다.)

✓ **회개와 감사 및 간구기도** (말씀으로 깨달은 회개의 내용과 중보의 제목으로 기도합니다.)

✓ **감사일기**   일째

4. 26. (토)　|요 16-21장|

✓ **한 주간의 영성훈련을 점검합니다.** (참여가 어려웠던 이유를 기록한 후 개선할 내용을 적어봅시다.)
- ☐ 1년 성경통독
- ☐ 말씀묵상 및 필사
- ☐ 침묵기도
- ☐ 감사와 회개의 기도
- ☐ 감사일기

*열심히 참여 (○), 조금 부족 (△), 참여 못함 (×)

✓ **순례자의 노트를 작성하는 동안 가장 은혜로웠던 순간을 적어보세요.**

___

✓ (1인)　**가정예배**
- ・사도신경
- ・찬송 : 272장 (고통의 멍에 벗으려고)
- ・성경읽기 : 요한복음 14:1-24
- ・기도 : 본인 또는 가족 중
- ・주기도문

・주간 암송구절

　그는 진리의 영이라 세상은 능히 그를 받지 못하나니 이는 그를 보지도 못하고 알지도 못함이라 그러나 너희는 그를 아나니 그는 너희와 함께 거하심이요 또 너희 속에 계시겠음이라 (요 14:17)

4. 27. (일)

✓ **주일설교 묵상**

| 왕상 1-3장 | 4. 28. (월)

말씀묵상 및 필사 (반복해서 본문을 읽고 묵상한 후 필사합니다.)
- 모든 생물의 생명과 모든 사람의 육신의 목숨이 다 그의 손에 있느니라 (욥 12:10)

- 이는 사람으로 혹 하나님을 더듬어 찾아 발견하게 하려 하심이로되 그는 우리 각 사람에게서 멀리 계시지 아니하도다 우리가 그를 힘입어 살며 기동하며 존재하느니라 너희 시인 중 어떤 사람들의 말과 같이 우리가 그의 소생이라 하니 (행 17:27-28)

✓ **말씀으로 드리는 고백기도**

주님, 모든 생명의 근원이신 주님을 찬양합니다. 주님의 손 안에서 우리의 존재와 생명이 이루어짐을 믿습니다(시 139:16). 우리가 주님을 더듬어 찾지만, 꼭 주님의 사랑과 은혜를 발견하게 하소서. 우리의 삶이 주님을 찬양하고, 주님의 뜻을 이루는 삶이 되게 하소서. 주님 안에서만 참된 생명과 기쁨을 찾을 수 있음을 기억하며, 매일 주님과 동행하는 삶이 되도록 인도하소서.

✓ **하나님의 성품을 묵상하는 침묵기도** (말씀을 통해 발견한 하나님의 성품을 고백하며 기도합니다.)

✓ **회개와 감사 및 간구기도** (말씀으로 깨달은 회개의 내용과 중보의 제목으로 기도합니다.)

✓ **감사일기**   일째

4. 29. (화) | 왕상 4-6장

말씀묵상 및 필사 (반복해서 본문을 읽고 묵상한 후 필사합니다.)
- 여호와는 그들의 힘이시요 그의 기름 부음 받은 자의 구원의 요새이시로다 (시 28:8)

- 그 안에 뿌리를 박으며 세움을 받아 교훈을 받은 대로 믿음에 굳게 서서 감사함을 넘치게 하라 (골 2:7)

___

✓ **말씀으로 드리는 고백기도**
주님, 우리의 힘이시며 구원의 요새이신 여호와를 찬양합니다. 주님의 기름 부음 안에서 뿌리를 내리고 믿음에 굳게 서게 하소서. 우리의 삶이 주님의 말씀으로 세워지며, 감사가 넘치는 삶이 되게 하소서. 어떤 상황에도 주님의 힘을 의지하며, 주님의 은혜로 가득 차기를 원합니다. 주님께서 우리를 이끄시고, 믿음이 더욱 깊어지게 하소서.

✓ **하나님의 성품을 묵상하는 침묵기도** (말씀을 통해 발견한 하나님의 성품을 고백하며 기도합니다.)

✓ **회개와 감사 및 간구기도** (말씀으로 깨달은 회개의 내용과 중보의 제목으로 기도합니다.)

✓ **감사일기**   일째

| 왕상 7-9장 | 4. 30. (수)

말씀묵상 및 필사 (반복해서 본문을 읽고 묵상한 후 필사합니다.)

- 주는 나의 하나님이시니 나를 가르쳐 주의 뜻을 행하게 하소서 주의 영은 선하시니 나를 공평한 땅에 인도하소서 (시 143:10)

- 여러 가지 다른 교훈에 끌리지 말라 마음은 은혜로써 굳게 함이 아름답고 음식으로써 할 것이 아니니 음식으로 말미암아 행한 자는 유익을 얻지 못하였느니라 (히 13:9)

✓ **말씀으로 드리는 고백기도**

　사랑의 하나님, 주님은 길을 인도하시는 분이십니다. 주님의 뜻을 가르쳐 주시고, 주님의 선하신 영으로 공평한 땅으로 인도하여 주소서. 유혹에 흔들리지 않게 하시고, 은혜로 저의 마음을 굳게 하여 주시기를 간구합니다. 주님의 말씀에 따라 순종하며 살게 하시고, 음식이나 세상의 것들을 의지하지 않고 오직 주님만을 의지하게 하소서.

✓ **하나님의 성품을 묵상하는 침묵기도** (말씀을 통해 발견한 하나님의 성품을 고백하며 기도합니다.)

✓ **회개와 감사 및 간구기도** (말씀으로 깨달은 회개의 내용과 중보의 제목으로 기도합니다.)

✓ **감사일기**　　**일째**

May.

어린이 주일
어버이 주일

성경 묵상의 원리와 방법 1

1. 기도

성경 묵상은 하나님과 영적으로 대화하는 시간입니다. 먼저 성령님의 도우심을 구하십시오. 묵상을 시작하기 전, 하나님의 음성을 듣기 위해 반드시 기도해야 합니다.

2. 본문 읽기

묵상할 말씀을 여러 번 읽는 것이 중요합니다. 말씀 안에 담긴 내용이 무엇인지 생각하고 찾는 일에 힘을 쏟으십시오. 방해하는 것들을 미리 정리하는 것이 큰 도움이 됩니다.

3. 문맥 파악

말씀의 각 구절은 개별적으로 이루어진 것이 아닙니다. 전체적인 문맥 속에서 의미를 찾아보십시오. 묵상 구절이 속한 성경 장이나 책 전체의 문맥을 이해하고 파악하는 것이 중요합니다. 순례자의 노트를 이용해 묵상하는 경우에도 앞 뒤 구절과 단락을 살피는 과정이 필요합니다.

5. 1. (목) | 왕상 10-12장

말씀묵상 및 필사 (반복해서 본문을 읽고 묵상한 후 필사합니다.)
- 너희는 내 계명을 지키며 행하라 나는 여호와이니라 (레 22:31)

- 너희가 짐을 서로 지라 그리하여 그리스도의 법을 성취하라 (갈 6:2)

✓ **말씀으로 드리는 고백기도**
　사랑의 하나님, 주님의 계명을 지키고 서로 짐을 나누며 사랑 안에서 함께 살아가게 하소서. 그리스도의 사랑의 법을 온전히 이루어 주님께서 우리에게 보여주신 십자가의 삶을 실천하게 하소서. 우리의 마음이 주님의 계명을 무겁게 여기지 않고, 기쁨으로 따르게 되기를 원합니다. 성령님, 주님의 사랑 안에 더욱 깊이 거할 수 있도록 은혜를 베풀어 주소서.

✓ **하나님의 성품을 묵상하는 침묵기도** (말씀을 통해 발견한 하나님의 성품을 고백하며 기도합니다.)

✓ **회개와 감사 및 간구기도** (말씀으로 깨달은 회개의 내용과 중보의 제목으로 기도합니다.)

✓ **감사일기**　　일째

말씀묵상 및 필사 (반복해서 본문을 읽고 묵상한 후 필사합니다.)
- 구하오니 주의 종에게 하신 말씀대로 주의 인자하심이 나의 위안이 되게 하시며 (시 119:76)

- 그리스도의 고난이 우리에게 넘친 것 같이 우리가 받는 위로도 그리스도로 말미암아 넘치는도다 (고후 1:5)

✔ **말씀으로 드리는 고백기도**

위로의 주님, 넘치는 그리스도의 사랑과 은혜로 언제나 우리와 함께 하소서. 주님은 마음이 상한 자를 가까이 하시고 충심으로 돌아서는 자를 구원하시는 분이십니다(시 34:18). 주님의 인자하심이 고난 속에서 위안이 되게 하시고, 그리스도 안에서 우리가 받는 위로가 날마다 넘쳐 흐르게 하소서.

✔ **하나님의 성품을 묵상하는 침묵기도** (말씀을 통해 발견한 하나님의 성품을 고백하며 기도합니다.)

✔ **회개와 감사 및 간구기도** (말씀으로 깨달은 회개의 내용과 중보의 제목으로 기도합니다.)

✔ **감사일기**   일째

5. 3. (토) | 왕상 16-22장

✓ **한 주간의 영성훈련을 점검합니다.** (참여가 어려웠던 이유를 기록한 후 개선할 내용을 적어봅시다.)
- ☐ 1년 성경통독
- ☐ 말씀묵상 및 필사
- ☐ 침묵기도
- ☐ 감사와 회개의 기도
- ☐ 감사일기

*열심히 참여 (○), 조금 부족 (△), 참여 못함 (×)

✓ **순례자의 노트를 작성하는 동안 가장 은혜로웠던 순간을 적어보세요.**

_____
_____
_____
_____
_____
_____
_____

✓ (1인) **가정예배**
- 사도신경
- 찬송 : 434장 (귀하신 친구 내게 계시니)
- 성경읽기 : 사도행전 1:6-11
- 기도 : 본인 또는 가족 중
- 주기도문

- 주간 암송구절
  오직 성령이 너희에게 임하시면 너희가 권능을 받고 예루살렘과 온 유대와 사마리아와 땅 끝까지 이르러 내 증인이 되리라 하시니라 (행 1:8)

5. 4. (일)

✓ **주일설교 묵상**

_____
_____
_____
_____
_____
_____

| 왕하 1-3장 | 5. 5. (월)

말씀묵상 및 필사 (반복해서 본문을 읽고 묵상한 후 필사합니다.)

- 여호와께서 나를 위하여 보상해 주시리이다 여호와여 주의 인자하심이 영원하오니 주의 손으로 지으신 것을 버리지 마옵소서 (시 138:8)

- 우리는 그가 만드신 바라 그리스도 예수 안에서 선한 일을 위하여 지으심을 받은 자니 이 일은 하나님이 전에 예비하사 우리로 그 가운데서 행하게 하려 하심이니라 (엡 2:10)

✓ **말씀으로 드리는 고백기도**

주님, 우리를 향한 주님의 인자하심이 영원합니다. 우리를 주님의 손길로 붙들어 주소서. 그리스도 예수 안에서 선한 일을 위해 지으신 우리를 주님의 뜻 안에서 날마다 새롭게 인도하소서. 주님은 우리를 버리지 않으시고 떠나지 않으시는 분이심을 믿습니다(시 94:14). 주님의 예비하신 길을 신실하게 걸어갈 힘을 주소서.

✓ **하나님의 성품을 묵상하는 침묵기도** (말씀을 통해 발견한 하나님의 성품을 고백하며 기도합니다.)

✓ **회개와 감사 및 간구기도** (말씀으로 깨달은 회개의 내용과 중보의 제목으로 기도합니다.)

✓ **감사일기**   일째

| 5. 6. (화) | 왕하 4-6장 |

말씀묵상 및 필사 (반복해서 본문을 읽고 묵상한 후 필사합니다.)

· 귀를 지으신 이가 듣지 아니하시랴 눈을 만드신 이가 보지 아니하시랴 (시 94:9)

· 제자 중에서 누가 크냐 하는 변론이 일어나니 예수께서 그 마음에 변론하는 것을 아시고 어린 아이 하나를 데려다가 자기 곁에 세우시고 그들에게 이르시되 누구든지 내 이름으로 이런 어린 아이를 영접하면 곧 나를 영접함이요 또 누구든지 나를 영접하면 곧 나를 보내신 이를 영접함이라 너희 모든 사람 중에 가장 작은 그가 큰 자니라 (눅 9:46-48)

✓ 말씀으로 드리는 고백기도

주님, 사람의 모든 길이 주님 앞에 있음을 고백합니다(잠 5:21). 우리의 생각과 마음을 꿰뚫어 보시며, 우리가 행하는 크고 작은 것을 판단하시는 주님을 신뢰합니다. 어린 아이와 같은 겸손한 마음으로 주님을 따르며, 작은 자를 귀히 여기며, 주님의 눈앞에 합당한 삶을 살아갈 수 있는 지혜와 은혜를 주소서. 성령님, 우리의 마음을 가난하게 하소서.

✓ 하나님의 성품을 묵상하는 침묵기도 (말씀을 통해 발견한 하나님의 성품을 고백하며 기도합니다.)

✓ 회개와 감사 및 간구기도 (말씀으로 깨달은 회개의 내용과 중보의 제목으로 기도합니다.)

✓ 감사일기　　　일째

| 왕하 7-9장 | 5. 7. (수)

말씀묵상 및 필사 (반복해서 본문을 읽고 묵상한 후 필사합니다.)

· 너는 뇌물을 받지 말라 뇌물은 밝은 자의 눈을 어둡게 하고 의로운 자의 말을 굽게 하느니라 (출 23:8)

· 모든 사람에게 구원을 주시는 하나님의 은혜가 나타나 우리를 양육하시되 경건하지 않은 것과 이 세상 정욕을 다 버리고 신중함과 의로움과 경건함으로 이 세상에 살고 (딛 2:11-12)

✓ **말씀으로 드리는 고백기도**

주님, 우리를 구원하시며 성화하게 하시는 은혜에 감사합니다. 주님께서 허락하신 밝은 눈과 진실한 마음을 지키기 위해 세상의 유혹과 부정한 것을 멀리하게 하소서. 우리의 마음을 강하게 하시고 신실하게 인도하여 주소서. 주님은 우리의 의와 행위대로 보응하시며 우리의 길과 행위대로 갚으실 것을 믿습니다(겔 22:31).

✓ **하나님의 성품을 묵상하는 침묵기도** (말씀을 통해 발견한 하나님의 성품을 고백하며 기도합니다.)

✓ **회개와 감사 및 간구기도** (말씀으로 깨달은 회개의 내용과 중보의 제목으로 기도합니다.)

✓ **감사일기** 　　 일째

5. 8. (목) | 왕하 10-12장

말씀묵상 및 필사 (반복해서 본문을 읽고 묵상한 후 필사합니다.)

- 이 율법책을 네 입에서 떠나지 말게 하며 주야로 그것을 묵상하여 그 안에 기록된 대로 다 지켜 행하라 그리하면 네 길이 평탄하게 될 것이며 네가 형통하리라 (수 1:8)

- 나더러 주여 주여 하는 자마다 다 천국에 들어갈 것이 아니요 다만 하늘에 계신 내 아버지의 뜻대로 행하는 자라야 들어가리라 (마 7:21)

___

✓ **말씀으로 드리는 고백기도**
　사랑하는 하나님, 주님의 말씀은 내 발의 등이요 내 길의 빛이니이다(시 119:105). 주님의 뜻을 깊이 묵상하며 순종할 때, 우리의 길이 평탄하고 형통함을 경험하게 하소서. 우리의 마음을 주님의 뜻에 맞추어, 언제나 주님의 인도하심을 따르게 하소서.

✓ **하나님의 성품을 묵상하는 침묵기도** (말씀을 통해 발견한 하나님의 성품을 고백하며 기도합니다.)

✓ **회개와 감사 및 간구기도** (말씀으로 깨달은 회개의 내용과 중보의 제목으로 기도합니다.)

✓ **감사일기**　　일째

| 왕하 13-15장 | 5. 9. (금)

말씀묵상 및 필사 (반복해서 본문을 읽고 묵상한 후 필사합니다.)
- 소는 그 임자를 알고 나귀는 그 주인의 구유를 알건마는 이스라엘은 알지 못하고 나의 백성은 깨닫지 못하는도다 하셨도다 (사 1:3)

- 그러므로 어리석은 자가 되지 말고 오직 주의 뜻이 무엇인가 이해하라 (엡 5:17)

✓ **말씀으로 드리는 고백기도**
　하나님 아버지, 주님께서 원하시는 길을 따르기 원합니다. 주님께서 기뻐하시는 정의를 행하고, 인애를 사랑하며, 겸손히 하나님과 동행하는 삶을 살게 하소서(미 6:8). 주님의 뜻을 실천하며, 주님의 말씀에 순종하는 삶을 통해 주님의 다스림과 은혜를 누리게 하소서.

✓ **하나님의 성품을 묵상하는 침묵기도** (말씀을 통해 발견한 하나님의 성품을 고백하며 기도합니다.)

✓ **회개와 감사 및 간구기도** (말씀으로 깨달은 회개의 내용과 중보의 제목으로 기도합니다.)

✓ **감사일기**　　일째

5. 10. (토) | 왕하 16-21장

✓ 한 주간의 영성훈련을 점검합니다. (참여가 어려웠던 이유를 기록한 후 개선할 내용을 적어봅시다.)
- [ ] 1년 성경통독
- [ ] 말씀묵상 및 필사
- [ ] 침묵기도
- [ ] 감사와 회개의 기도
- [ ] 감사일기

*열심히 참여 (○), 조금 부족 (△), 참여 못함 (×)

✓ 순례자의 노트를 작성하는 동안 가장 은혜로웠던 순간을 적어보세요.

___

✓ (1인) 가정예배
- 사도신경
- 찬송 : 563장 (예수 사랑하심을)
- 성경읽기 : 갈라디아서 5:16-26
- 기도 : 본인 또는 가족 중
- 주기도문

- 주간 암송구절
  오직 성령의 열매는 사랑과 희락과 화평과 오래 참음과 자비와 양선과 충성과 온유와 절제니 이같은 것을 금지할 법이 없느니라 (갈 5:22-23)

5. 11. (일)

✓ 주일설교 묵상

___

| 왕하 22-25장 | 5. 12. (월)

말씀묵상 및 필사 (반복해서 본문을 읽고 묵상한 후 필사합니다.)

- 내가 그들에게 한 마음과 한 길을 주어 자기들과 자기 후손의 복을 위하여 항상 나를 경외하게 하고 (렘 32:39)

- 그러나 내가 너희에게 실상을 말하노니 내가 떠나가는 것이 너희에게 유익이라 내가 떠나가지 아니하면 보혜사가 너희에게로 오시지 아니할 것이요 가면 내가 그를 너희에게로 보내리니 (요 16:7)

✔ **말씀으로 드리는 고백기도**

주님, 우리가 주님의 마음으로 충만하게 되어 같은 마음을 품고 같은 사랑을 가지고 뜻을 합하여 한 마음으로 주님을 섬기게 하소서(빌 2:2). 주님의 몸 된 교회에서 주님을 경외하며 서로 사랑하고 하나 되어 가는 삶을 살게 하소서. 이를 위해 예수님께서 떠나가신 후 보내주신 성령님께서 우리의 삶 속에서 역사하시기를 원합니다. 성령님, 우리의 마음을 하나로 묶어 주소서.

✔ **하나님의 성품을 묵상하는 침묵기도** (말씀을 통해 발견한 하나님의 성품을 고백하며 기도합니다.)

✔ **회개와 감사 및 간구기도** (말씀으로 깨달은 회개의 내용과 중보의 제목으로 기도합니다.)

✔ **감사일기**   일째

5. 13. (화)　| 대상 1-3장 |

말씀묵상 및 필사 (반복해서 본문을 읽고 묵상한 후 필사합니다.)

- 여호와께서 그의 권능으로 땅을 지으셨고 그의 지혜로 세계를 세우셨고 그의 명철로 하늘을 펴셨으며 (렘 10:12)

- 믿음으로 모든 세계가 하나님의 말씀으로 지어진 줄을 우리가 아나니 보이는 것은 나타난 것으로 말미암아 된 것이 아니니라 (히 11:3)

✓ **말씀으로 드리는 고백기도**

　하나님, 아버지의 지혜와 권능으로 세상이 창조되었음을 믿음으로 고백합니다. 보이는 모든 것이 아버지의 말씀으로 세워졌고, 그 만상이 아버지의 입의 기운으로 이루어졌음을 믿습니다 (시 33:6). 우리의 삶 속에서도 그 창조의 섭리가 드러나게 하시고, 매일의 일상 속에서 창조하신 뜻을 이루어 가는 자들이 되게 하소서.

✓ **하나님의 성품을 묵상하는 침묵기도** (말씀을 통해 발견한 하나님의 성품을 고백하며 기도합니다.)

✓ **회개와 감사 및 간구기도** (말씀으로 깨달은 회개의 내용과 중보의 제목으로 기도합니다.)

✓ **감사일기**　　일째

| 대상 4-6장 | 5. 14. (수)

말씀묵상 및 필사 (반복해서 본문을 읽고 묵상한 후 필사합니다.)
- 땅이여, 땅이여, 땅이여, 여호와의 말을 들을지니라 (렘 22:29)

- 그리스도의 말씀이 너희 속에 풍성히 거하여 모든 지혜로 피차 가르치며 권면하고 시와 찬송과 신령한 노래를 부르며 감사하는 마음으로 하나님을 찬양하고 (골 3:16)

✓ **말씀으로 드리는 고백기도**

하나님, 우리의 귀를 여시고 주님의 말씀에 귀 기울이게 하시니 감사합니다. 주님의 말씀 안에서 우리의 영이 소생합니다. 그리스도의 생명의 말씀이 우리 속에 풍성히 거하여 서로를 가르치고 격려하게 하소서. 주님의 진리가 우리의 삶을 이끌어가게 하시고, 언제나 감사와 찬송이 넘쳐나게 하소서.

✓ **하나님의 성품을 묵상하는 침묵기도** (말씀을 통해 발견한 하나님의 성품을 고백하며 기도합니다.)

✓ **회개와 감사 및 간구기도** (말씀으로 깨달은 회개의 내용과 중보의 제목으로 기도합니다.)

✓ **감사일기**   일째

| 5. 15. (목) | 대상 7-9장 |

말씀묵상 및 필사 (반복해서 본문을 읽고 묵상한 후 필사합니다.)

- 여호와여 나를 징계하옵시되 너그러이 하시고 진노로 하지 마옵소서 주께서 내가 없어지게 하실까 두려워하나이다 (렘 10:24)

- 사람이 감당할 시험 밖에는 너희가 당한 것이 없나니 오직 하나님은 미쁘사 너희가 감당하지 못할 시험 당함을 허락하지 아니하시고 시험 당할 즈음에 또한 피할 길을 내사 너희로 능히 감당하게 하시느니라 (고전 10:13)

___

___

___

___

___

___

___

___

✓ **말씀으로 드리는 고백기도**

    우리를 사랑하셔서 징계하시는 하나님 (히 12:6). 우리가 어려움과 시험 중에 있을 때, 먼저 주님의 뜻과 섭리를 깨닫게 하소서. 주님께서 허락하신 시험을 감당할 수 있도록 도우시고, 그 안에서 피할 길을 보이셔서 우리가 무너지지 않도록 지켜주소서. 주님의 사랑으로 우리를 채찍질하시며 더욱 더 온전하게 하시길 기도합니다.

✓ **하나님의 성품을 묵상하는 침묵기도** (말씀을 통해 발견한 하나님의 성품을 고백하며 기도합니다.)

✓ **회개와 감사 및 간구기도** (말씀으로 깨달은 회개의 내용과 중보의 제목으로 기도합니다.)

✓ **감사일기**　　　일째

___

___

| 대상 10-12장 | 5. 16. (금)

말씀묵상 및 필사 (반복해서 본문을 읽고 묵상한 후 필사합니다.)
- 그러나 우리가 당한 모든 일에 주는 공의로우시니 우리는 악을 행하였사오나 주께서는 진실하게 행하셨음이니이다 (느 9:33)

- 만일 우리가 우리 죄를 자백하면 그는 미쁘시고 의로우사 우리 죄를 사하시며 우리를 모든 불의에서 깨끗하게 하실 것이요 (요일 1:9)

✓ **말씀으로 드리는 고백기도**
하나님, 하나님께서 기뻐하시는 제사는 상한 심령임을 압니다(시 51:17). 우리가 죄를 지었을 때에도 주님의 의로우심과 진실하심을 믿고 통회하는 마음으로 나아갑니다. 우리가 잘못을 자백할 때, 주님의 미쁘심과 의로우심으로 우리의 죄를 사하시고 깨끗하게 하실 것을 믿습니다. 상한 마음으로 주님 앞에 나아가, 주님의 용서와 회복을 구합니다. 성령님, 우리를 도우소서.

✓ **하나님의 성품을 묵상하는 침묵기도** (말씀을 통해 발견한 하나님의 성품을 고백하며 기도합니다.)

✓ **회개와 감사 및 간구기도** (말씀으로 깨달은 회개의 내용과 중보의 제목으로 기도합니다.)

✓ **감사일기**   일째

5. 17. (토) | 대상 13-20장

✓ 한 주간의 영성훈련을 점검합니다. (참여가 어려웠던 이유를 기록한 후 개선할 내용을 적어봅시다.)
- ☐ 1년 성경통독
- ☐ 말씀묵상 및 필사
- ☐ 침묵기도
- ☐ 감사와 회개의 기도
- ☐ 감사일기

*열심히 참여 (○), 조금 부족 (△), 참여 못함 (×)

✓ 순례자의 노트를 작성하는 동안 가장 은혜로웠던 순간을 적어보세요.

___

✓ (1인) 가정예배
- 사도신경
- 찬송 : 199장 (나의 사랑하는 책)
- 성경읽기 : 요한복음 16:1-14
- 기도 : 본인 또는 가족 중
- 주기도문

· 주간 암송구절
  그러나 진리의 성령이 오시면 그가 너희를 모든 진리 가운데로 인도하시리니 그가 스스로 말하지 않고 오직 들은 것을 말하며 장래 일을 너희에게 알리시리라 (요 16:13)

5. 18. (일)

✓ 주일설교 묵상

| 대상 21-22장 | 5. 19. (월)

말씀묵상 및 필사 (반복해서 본문을 읽고 묵상한 후 필사합니다.)
- 내게 주신 모든 은혜를 내가 여호와께 무엇으로 보답할까 (시 116:12)

- 집으로 돌아가 하나님이 네게 어떻게 큰 일을 행하셨는지를 말하라 하시니 그가 가서 예수께서 자기에게 어떻게 큰 일을 행하셨는지를 온 성내에 전파하니라 (눅 8:39)

___

✓ **말씀으로 드리는 고백기도**
　사랑의 하나님, 하나님을 찬양하며 기쁨으로 영광을 돌립니다. 우리에게 허락하신 무한한 은혜와 사랑에 대해 어떻게 보답해야 할지 알지 못하는 연약함을 용서하소서. 주님께서 베푸신 큰 사랑을 잊지 않고, 주님의 은혜를 온전히 기억하며 보답하기를 원합니다. 예수님께서 행하신 놀라운 일을 이 세상에 전하며, 그 사랑을 나누는 삶을 살게 하소서.

✓ **하나님의 성품을 묵상하는 침묵기도** (말씀을 통해 발견한 하나님의 성품을 고백하며 기도합니다.)

✓ **회개와 감사 및 간구기도** (말씀으로 깨달은 회개의 내용과 중보의 제목으로 기도합니다.)

✓ **감사일기**　　　일째

5. 20. (화) | 대상 23-26장

말씀묵상 및 필사 (반복해서 본문을 읽고 묵상한 후 필사합니다.)

- 이 성전의 나중 영광이 이전 영광보다 크리라 만군의 여호와의 말이니라 내가 이 곳에 평강을 주리라 만군의 여호와의 말이니라 (학 2:9)

- 그의 십자가의 피로 화평을 이루사 만물 곧 땅에 있는 것들이나 하늘에 있는 것들이 그로 말미암아 자기와 화목하게 되기를 기뻐하심이라 (골 1:20)

___

___

___

___

___

___

___

___

___

___

___

✓ 말씀으로 드리는 고백기도

평강의 주님, 주님의 평강이 넘치는 강같이 우리 마음 속에 가득 차게 하시고, 십자가에서 이루신 예수님의 화평의 은혜를 날마다 깊이 깨닫게 하소서. 주님의 영광이 우리의 삶 속에 넘치도록 하시며(사 66:12), 그 영광을 세상에 전할 수 있도록 우리를 사용하여 주소서. 주님께서 주시는 평화가 우리의 모든 갈등과 아픔을 치유하기를 원합니다.

✓ 하나님의 성품을 묵상하는 침묵기도 (말씀을 통해 발견한 하나님의 성품을 고백하며 기도합니다.)

✓ 회개와 감사 및 간구기도 (말씀으로 깨달은 회개의 내용과 중보의 제목으로 기도합니다.)

✓ 감사일기   일째

| 대상 27-29장 | 5. 21. (수)

말씀묵상 및 필사 (반복해서 본문을 읽고 묵상한 후 필사합니다.)
· 여호와는 마음이 상한 자를 가까이 하시고 충심으로 통회하는 자를 구원하시는도다 (시 34:18)

· 세리는 멀리 서서 감히 눈을 들어 하늘을 쳐다보지도 못하고 다만 가슴을 치며 이르되 하나님 이여 불쌍히 여기소서 나는 죄인이로소이다 하였느니라 (눅 18:13)

✓ 말씀으로 드리는 고백기도

하나님, 우리의 마음이 상하고 깨졌을 때, 주님께서 가까이 오셔서 우리를 위로하시고 구원하소서. 죄와 연약함으로 하나님 앞에 나아가지 못할 때, 주님의 은혜로 우리를 붙잡으시고 회복시키소서. 세리와 같이 겸손하게 주님 앞에 서서 진정으로 회개하며 주님의 인자하심과 용서를 구합니다. 우리를 고쳐주시고, 그 사랑을 다른 이들과 나눌 수 있게 하소서.

✓ 하나님의 성품을 묵상하는 침묵기도 (말씀을 통해 발견한 하나님의 성품을 고백하며 기도합니다.)

✓ 회개와 감사 및 간구기도 (말씀으로 깨달은 회개의 내용과 중보의 제목으로 기도합니다.)

✓ 감사일기   일째

5. 22. (목)　|대하 1-3장|

말씀묵상 및 필사 (반복해서 본문을 읽고 묵상한 후 필사합니다.)
- 너는 청년의 때에 너의 창조주를 기억하라 곧 곤고한 날이 이르기 전에, 나는 아무 낙이 없다고 할 해들이 가깝기 전에 (전 12:1)

- 만물이 그에게서 창조되되 하늘과 땅에서 보이는 것들과 보이지 않는 것들과 혹은 왕권들이나 주권들이나 통치자들이나 권세들이나 만물이 다 그로 말미암고 그를 위하여 창조되었고 (골 1:16)

✓ **말씀으로 드리는 고백기도**
　하나님, 창조의 주님, 모든 것이 주님의 뜻 안에서 시작되었고 주님 안에서만 의미를 찾습니다. 청년의 때부터 주님을 기억하고, 주님의 계획과 목적을 따라 살게 하소서. 모든 만물이 주님을 위해 창조되었음을 깨닫고, 우리도 그 안에서 주님의 영광을 위해 살아가게 하소서. 우리의 삶 속에서 주님의 인도하심을 항상 따라가게 하시고, 나의 모든 시간을 주님을 기억하며 보내게 하소서.

✓ **하나님의 성품을 묵상하는 침묵기도** (말씀을 통해 발견한 하나님의 성품을 고백하며 기도합니다.)

✓ **회개와 감사 및 간구기도** (말씀으로 깨달은 회개의 내용과 중보의 제목으로 기도합니다.)

✓ **감사일기**　　일째

| 대하 4-6장 | 5. 23. (금)

말씀묵상 및 필사 (반복해서 본문을 읽고 묵상한 후 필사합니다.)
- 자기 영광을 풀 먹는 소의 형상으로 바꾸었도다 (시 106:20)

- 베드로가 이르되 너희가 회개하여 각각 예수 그리스도의 이름으로 세례를 받고 죄 사함을 받으라 그리하면 성령의 선물을 받으리니 (행 2:38)

✓ **말씀으로 드리는 고백기도**
　하나님, 우리가 주님의 영광을 알지 못하고 다른 것들로 마음을 빼앗길 때가 많습니다. 하나님의 영광을 썩어질 사람이나 새나 네 발 가진 짐승이나 기는 것들의 형상과 바꾸기도 했습니다(롬 1:23). 그러나 주님, 이제 우리가 예수 그리스도의 이름으로 회개하고 새로워지기를 원합니다. 우리가 주님의 형상으로 새롭게 되어, 주님만을 경배하는 삶을 살게 하소서.

✓ **하나님의 성품을 묵상하는 침묵기도** (말씀을 통해 발견한 하나님의 성품을 고백하며 기도합니다.)

✓ **회개와 감사 및 간구기도** (말씀으로 깨달은 회개의 내용과 중보의 제목으로 기도합니다.)

✓ **감사일기**　　　**일째**

5. 24. (토) | 대하 7-12장

✓ **한 주간의 영성훈련을 점검합니다.** (참여가 어려웠던 이유를 기록한 후 개선할 내용을 적어봅시다.)
- [ ] 1년 성경통독
- [ ] 말씀묵상 및 필사
- [ ] 침묵기도
- [ ] 감사와 회개의 기도
- [ ] 감사일기

*열심히 참여 (○), 조금 부족 (△), 참여 못함 (×)

✓ **순례자의 노트를 작성하는 동안 가장 은혜로웠던 순간을 적어보세요.**

_____
_____
_____
_____
_____
_____
_____

✓ (1인) **가정예배**
- 사도신경
- 찬송 : 546장 (주님 약속하신 말씀 위에 서)
- 성경읽기 : 시편 91:1-16
- 기도 : 본인 또는 가족 중
- 주기도문

· 주간 암송구절
  지존자의 은밀한 곳에 거주하며 전능자의 그늘 아래에 사는 자여, 나는 여호와를 향하여 말하기를 그는 나의 피난처요 나의 요새요 내가 의뢰하는 하나님이라 하리니 (시 91:1-2)

5. 25. (일)

✓ **주일설교 묵상**

_____
_____
_____
_____
_____
_____

| 대하 13-15장 | 5. 26. (월)

말씀묵상 및 필사 (반복해서 본문을 읽고 묵상한 후 필사합니다.)

- 내 의의 하나님이여 내가 부를 때에 응답하소서 곤란 중에 나를 너그럽게 하셨사오니 내게 은혜를 베푸사 나의 기도를 들으소서 (시 4:1)

- 그러나 내가 너를 위하여 네 믿음이 떨어지지 않기를 기도하였노니 너는 돌이킨 후에 네 형제를 굳게 하라 (눅 22:32)

___

✓ **말씀으로 드리는 고백기도**

　주님, 주님을 부를 때마다 응답하신 그 은혜를 찬양합니다. 우리의 믿음이 흔들릴 때마다 주님의 긍휼하심을 믿고 의지할 수 있음을 고백합니다. 주님, 우리를 굳건히 세워 주시고, 우리의 믿음이 다른 이들에게도 영향을 미칠 수 있도록 인도하소서. 이제 주님의 긍휼하심을 받고 때를 따라 돕는 은혜를 얻기 위해 담대히 나아갑니다(히 4:16). 성령님, 인도하소서.

✓ **하나님의 성품을 묵상하는 침묵기도** (말씀을 통해 발견한 하나님의 성품을 고백하며 기도합니다.)

✓ **회개와 감사 및 간구기도** (말씀으로 깨달은 회개의 내용과 중보의 제목으로 기도합니다.)

✓ **감사일기**　　일째

5. 27. (화)　|대하 16-18장

말씀묵상 및 필사 (반복해서 본문을 읽고 묵상한 후 필사합니다.)

- 주 여호와의 영이 내게 내리셨으니 이는 여호와께서 내게 기름을 부으사 가난한 자에게 아름다운 소식을 전하게 하려 하심이라 나를 보내사 마음이 상한 자를 고치며 포로된 자에게 자유를, 갇힌 자에게 놓임을 선포하며 여호와의 은혜의 해와 우리 하나님의 보복의 날을 선포하여 모든 슬픈 자를 위로하되 (사 61:1-2)

- 우리의 모든 환난 중에서 우리를 위로하사 우리로 하여금 하나님께 받는 위로로써 모든 환난 중에 있는 자들을 능히 위로하게 하시는 이시로다 (고후 1:4)

✓ **말씀으로 드리는 고백기도**

　하나님, 우리에게 주신 위로와 은혜에 감사합니다. 주님의 영이 내게 임하시어, 고통받고 슬퍼하는 이들에게 기쁨과 위로의 소식을 전할 수 있게 하심을 찬양합니다. 내가 겪은 환난 속에서도 주님의 위로가 있었음을 고백하며, 그 위로를 나누는 삶을 살기 원합니다. 주님의 은혜로 나의 상처가 치유되고, 다른 이들에게도 그 치유와 평안을 전하게 하소서.

✓ **하나님의 성품을 묵상하는 침묵기도** (말씀을 통해 발견한 하나님의 성품을 고백하며 기도합니다.)

✓ **회개와 감사 및 간구기도** (말씀으로 깨달은 회개의 내용과 중보의 제목으로 기도합니다.)

✓ **감사일기**　　　일째

| 대하 19-21장 | 5. 28. (수)

말씀묵상 및 필사 (반복해서 본문을 읽고 묵상한 후 필사합니다.)
- 주께서 생명의 길을 내게 보이시리니 주의 앞에는 충만한 기쁨이 있고 주의 오른쪽에는 영원한 즐거움이 있나이다 (시 16:11)

- 시몬 베드로가 대답하되 주여 영생의 말씀이 주께 있사오니 우리가 누구에게로 가오리이까 (요 6:68)

✓ **말씀으로 드리는 고백기도**
　사랑의 하나님, 주님이 주시는 생명의 길을 따라가기를 소망합니다. 주님의 앞에는 충만한 기쁨이 있고, 주님의 오른편에는 영원한 즐거움이 있음을 보게 하소서. 주님, 언제나 주님의 말씀 안에서 기쁨과 평안을 찾을 수 있도록 인도하시고, 영생의 길을 따라 살아가며 주님을 더욱 가까이 경험하게 하소서. 성령님, 우리의 기도를 들어주소서.

✓ **하나님의 성품을 묵상하는 침묵기도** (말씀을 통해 발견한 하나님의 성품을 고백하며 기도합니다.)

✓ **회개와 감사 및 간구기도** (말씀으로 깨달은 회개의 내용과 중보의 제목으로 기도합니다.)

✓ **감사일기**　　**일째**

5. 29. (목)　|　대하 22-24장

말씀묵상 및 필사 (반복해서 본문을 읽고 묵상한 후 필사합니다.)
- 말하는 자의 소리여 이르되 외치라 대답하되 내가 무엇이라 외치리이까 하니 이르되 모든 육체는 풀이요 그의 모든 아름다움은 들의 꽃과 같으니 풀은 마르고 꽃은 시드나 우리 하나님의 말씀은 영원히 서리라 하라 (사 40:6,8)

- 천지는 없어지겠으나 내 말은 없어지지 아니하리라 (눅 21:33)

___

___

___

___

___

___

___

___

___

___

___

✓ **말씀으로 드리는 고백기도**
　하나님, 이 세상의 모든 것은 변하고 사라지지만, 주님의 말씀은 영원히 변하지 않음을 믿습니다. 모든 것은 지나쳐도 주님의 진리만은 끝까지 서 있을 것을 신뢰합니다. 이 변함없는 말씀을 따라 살며, 주님의 뜻을 온전히 깨닫고 실천하는 삶을 살게 하소서. 진리의 영이신 성령님, 우리를 도와주소서.

✓ **하나님의 성품을 묵상하는 침묵기도** (말씀을 통해 발견한 하나님의 성품을 고백하며 기도합니다.)

✓ **회개와 감사 및 간구기도** (말씀으로 깨달은 회개의 내용과 중보의 제목으로 기도합니다.)

✓ **감사일기**　　일째

___

___

| 대하 25-27장 | 5. 30. (금)

말씀묵상 및 필사 (반복해서 본문을 읽고 묵상한 후 필사합니다.)
- 여호와여 영광을 우리에게 돌리지 마옵소서 우리에게 돌리지 마옵소서 오직 주는 인자하시고 진실하시므로 주의 이름에만 영광을 돌리소서 (시 115:1)

- 예수께서 이르시되 너희는 기도할 때에 이렇게 하라 아버지여 이름이 거룩히 여김을 받으시오며 나라가 임하시오며 (눅 11:2)

✓ **말씀으로 드리는 고백기도**
 하나님, 우리의 삶 속에서 오직 주님의 이름만이 영광을 받으시기 원합니다. 우리가 이 땅에서 구하는 모든 것이 주님의 뜻에 맞춰지게 하시며, 그 이름에만 영광이 돌려지기를 소망합니다. 기도할 때마다 주님의 이름만이 거룩히 여김을 받으시고, 우리를 통해 하나님의 이름이 높여지고, 그 뜻을 이룰 수 있도록 인도하소서.

✓ **하나님의 성품을 묵상하는 침묵기도** (말씀을 통해 발견한 하나님의 성품을 고백하며 기도합니다.)

✓ **회개와 감사 및 간구기도** (말씀으로 깨달은 회개의 내용과 중보의 제목으로 기도합니다.)

✓ **감사일기**   일째

5. 31. (토) | 대하 28-33장

✓ **한 주간의 영성훈련을 점검합니다.** (참여가 어려웠던 이유를 기록한 후 개선할 내용을 적어봅시다.)
- [ ] 1년 성경통독
- [ ] 말씀묵상 및 필사
- [ ] 침묵기도
- [ ] 감사와 회개의 기도
- [ ] 감사일기

*열심히 참여 (○), 조금 부족 (△), 참여 못함 (×)

✓ **순례자의 노트를 작성하는 동안 가장 은혜로웠던 순간을 적어보세요.**

___

✓ (1인) **가정예배**

· 사도신경   · 찬송 : 370장 (주 안에 있는 나에게)
· 성경읽기 : 이사야 41:1-20   · 기도 : 본인 또는 가족 중   · 주기도문

· 주간 암송구절
　두려워하지 말라 내가 너와 함께 함이라 놀라지 말라 나는 네 하나님이 됨이라 내가 너를 굳세게 하리라 참으로 너를 도와 주리라 참으로 나의 의로운 오른손으로 너를 붙들리라 (사 41:10)

6. 1. (일)

✓ **주일설교 묵상**

___

Jun.

| 성령 강림 주일

성경 묵상의 원리와 방법 2

4. 심층 탐구

말씀을 분석하고, 말씀이 담고 있는 의미와 메시지를 탐구합니다. 도움을 받을 수 있는 자료가 있다면 말씀이 포함하는 단어, 문장 구조, 시대 문화적 배경 등을 이해하고 그 의미를 파악할 수도 있습니다. 다른 공인된 번역 성경을 함께 보는 것도 큰 도움이 됩니다.

5. 적용

성경 묵상의 목적은 말씀에서 얻은 영적 깨달음과 지혜를 우리의 삶과 신앙 생활에 적용하는 것입니다. 묵상의 결과를 통해 순종해야 할 일, 기도해야 할 일, 내 삶의 변화를 위해 적용해야 할 일을 기록하고 실천하십시오.

6. 시간을 정하기

성경 묵상은 꾸준한 훈련을 통해 묵상의 깊이가 깊어집니다. 정해진 시간에 성경 묵상을 진행하고, 교회 공동체의 묵상 방법을 적용해서 성실하게 하나님과 대화하십시오.

| 대하 34-36장 | 6. 2. (월)

말씀묵상 및 필사 (반복해서 본문을 읽고 묵상한 후 필사합니다.)
- 자기 허물을 능히 깨달을 자 누구리요 나를 숨은 허물에서 벗어나게 하소서 (시 19:12)

- 우리 구주 하나님의 자비와 사람 사랑하심이 나타날 때에 우리를 구원하시되 우리가 행한 바 의로운 행위로 말미암지 아니하고 오직 그의 긍휼하심을 따라 중생의 씻음과 성령의 새롭게 하심으로 하셨나니 (딛 3:4-5)

✓ **말씀으로 드리는 고백기도**

하나님 아버지, 숨은 허물을 스스로 깨달을 수 없는 우리의 연약함을 고백합니다. 우리의 죄악을 완전히 씻으시고, 죄를 깨끗게 하소서. 이제 우리의 허물을 아오니, 죄가 항상 우리 앞에 있음을 압니다(시편 51:2-3). 오직 주님의 긍휼로 우리를 새롭게 하여 주시고, 성령님의 능력으로 제 마음을 씻어 주소서. 주님 앞에서 날마다 정결하고 겸손한 마음으로 살게 하소서.

✓ **하나님의 성품을 묵상하는 침묵기도** (말씀을 통해 발견한 하나님의 성품을 고백하며 기도합니다.)

✓ **회개와 감사 및 간구기도** (말씀으로 깨달은 회개의 내용과 중보의 제목으로 기도합니다.)

✓ **감사일기**   일째

6. 3. (화)　| 스 1-3장 |

말씀묵상 및 필사 (반복해서 본문을 읽고 묵상한 후 필사합니다.)

· 여호와는 마음이 상한 자를 가까이 하시고 충심으로 통회하는 자를 구원하시는도다 (시 34:18)

· 예수께서 이르시되 여자여 어찌하여 울며 누구를 찾느냐 하시니 (요 20:15a)

✓ **말씀으로 드리는 고백기도**
　　주님, 우리가 고통 중에 주님을 부를 때마다 들으시고 구원하여 주시니 감사합니다(시 120:1). 마음이 상한 자에게 늘 가까이 오셔서 위로하시고, 눈물 흘리는 자의 아픔을 헤아려 주소서. 우리가 어떤 상황에서도 주님의 부드러운 음성을 듣게 하시고, 주님을 찾는 모든 눈물 속에 주님의 임재와 사랑을 허락해 주소서. 이제 새로운 소망으로 우리를 일으켜 주소서.

✓ **하나님의 성품을 묵상하는 침묵기도** (말씀을 통해 발견한 하나님의 성품을 고백하며 기도합니다.)

✓ **회개와 감사 및 간구기도** (말씀으로 깨달은 회개의 내용과 중보의 제목으로 기도합니다.)

✓ **감사일기**　　일째

| 스 4-6장 | 6. 4. (수)

말씀묵상 및 필사 (반복해서 본문을 읽고 묵상한 후 필사합니다.)
- 사람이 준행하면 그로 말미암아 삶을 얻을 내 율례를 주며 내 규례를 알게 하였고 (겔 20:11)

- 내가 율법이나 선지자를 폐하러 온 줄로 생각하지 말라 폐하러 온 것이 아니요 완전하게 하려 함이라 (마 5:17)

✔ **말씀으로 드리는 고백기도**
   하나님 아버지, 주님의 율례와 규례가 우리의 삶을 이끄는 생명의 길임을 반드시 깨닫게 하소서. 주님께서 우리에게 친히 오셔서 율법을 완성하시고 우리에게 참된 길을 보여주셨습니다. 그 사랑 안에서 순종하며 살아가기를 원합니다. 너희가 나를 사랑하면 나의 계명을 지키리라(요 14:15)고 말씀하신 주님의 음성을 기억하고 주님의 뜻을 이루는 삶을 살게하소서.

✔ **하나님의 성품을 묵상하는 침묵기도** (말씀을 통해 발견한 하나님의 성품을 고백하며 기도합니다.)

✔ **회개와 감사 및 간구기도** (말씀으로 깨달은 회개의 내용과 중보의 제목으로 기도합니다.)

✔ **감사일기**　　　일째

6. 5. (목) | 스 7-10장 |

말씀묵상 및 필사 (반복해서 본문을 읽고 묵상한 후 필사합니다.)
- 우리 하나님이여 이제 우리가 주께 감사하오며 주의 영화로운 이름을 찬양하나이다 (대상 29:13)

- 그러므로 너희가 그리스도 예수를 주로 받았으니 그 안에서 행하되 (골 2:6)

✓ **말씀으로 드리는 고백기도**
　주님, 우리의 모든 감사와 찬양을 주님께 올려드립니다. 영화로운 이름 앞에 우리의 마음을 드리며, 그리스도 예수 안에서 주님의 뜻을 행하는 삶이 되게 하소서. 주님께서 주신 은혜를 잊지 않고, 범사에 우리 주 예수 그리스도의 이름으로 항상 아버지 하나님께 감사하며(엡 5:20), 매일 매순간 감사와 순종의 걸음을 내딛게 하소서. 우리의 길을 인도하시는 예수님을 사랑합니다.

✓ **하나님의 성품을 묵상하는 침묵기도** (말씀을 통해 발견한 하나님의 성품을 고백하며 기도합니다.)

✓ **회개와 감사 및 간구기도** (말씀으로 깨달은 회개의 내용과 중보의 제목으로 기도합니다.)

✓ **감사일기**　　　일째

| 느 1-3장 | 6. 6. (금)

말씀묵상 및 필사 (반복해서 본문을 읽고 묵상한 후 필사합니다.)

- 너희는 하늘로 눈을 들며 그 아래의 땅을 살피라 하늘이 연기 같이 사라지고 땅이 옷 같이 해어지며 거기에 사는 자들이 하루살이 같이 죽으려니와 나의 구원은 영원히 있고 나의 공의는 폐하여지지 아니하리라 (사 51:6)

- 내가 들으니 보좌에서 큰 음성이 나서 이르되 보라 하나님의 장막이 사람들과 함께 있으매 하나님이 그들과 함께 계시리니 그들은 하나님의 백성이 되고 하나님은 친히 그들과 함께 계셔서 (계 21:3)

✓ **말씀으로 드리는 고백기도**

　영원하신 하나님, 하늘과 땅이 변하고 모든 것이 사라져도 주님의 구원과 공의는 영원히 변치 않음을 믿습니다. 주님께서 옛적에 땅의 기초를 놓으셨고 하늘도 주님의 손으로 지으신 것임을 믿습니다(시 102:25). 우리의 연약함 가운데서도 항상 우리와 함께 하시고, 친히 우리를 보호하시는 주님을 찬양합니다. 주님의 영원한 동행과 약속을 의지하며 날마다 주님의 백성으로 살아가게 하소서.

✓ **하나님의 성품을 묵상하는 침묵기도** (말씀을 통해 발견한 하나님의 성품을 고백하며 기도합니다.)

✓ **회개와 감사 및 간구기도** (말씀으로 깨달은 회개의 내용과 중보의 제목으로 기도합니다.)

✓ **감사일기**　　**일째**

6. 7. (토) | 느 4-10장

✓ **한 주간의 영성훈련을 점검합니다.** (참여가 어려웠던 이유를 기록한 후 개선할 내용을 적어봅시다.)
- [ ] 1년 성경통독
- [ ] 말씀묵상 및 필사
- [ ] 침묵기도
- [ ] 감사와 회개의 기도
- [ ] 감사일기

*열심히 참여(○), 조금 부족(△), 참여 못함(×)

✓ **순례자의 노트를 작성하는 동안 가장 은혜로웠던 순간을 적어보세요.**

_____
_____
_____
_____
_____
_____
_____

✓ (1인) **가정예배**
- 사도신경
- 찬송 : 214장 (나 주의 도움 받고자)
- 성경읽기 : 이사야 43:1-7
- 기도 : 본인 또는 가족 중
- 주기도문

- 주간 암송구절

  야곱아 너를 창조하신 여호와께서 지금 말씀하시느니라 이스라엘아 너를 지으신 이가 말씀하시느니라 너는 두려워하지 말라 내가 너를 구속하였고 내가 너를 지명하여 불렀나니 너는 내 것이라 (사 43:1)

6. 8. (일)

✓ **주일설교 묵상**

_____
_____
_____
_____
_____
_____

| 느 11-13장 | 6. 9. (월)

말씀묵상 및 필사 (반복해서 본문을 읽고 묵상한 후 필사합니다.)

- 하늘과 모든 하늘의 하늘과 땅과 그 위의 만물은 본래 네 하나님 여호와께 속한 것이로되 (신 10:14)

- 이 모든 날 마지막에는 아들을 통하여 우리에게 말씀하셨으니 이 아들을 만유의 상속자로 세우시고 또 그로 말미암아 모든 세계를 지으셨느니라 (히 1:2)

✓ **말씀으로 드리는 고백기도**

　전능하신 하나님, 하늘과 땅, 그 안의 모든 것이 주님의 손길로 지어진 것을 믿음으로 고백합니다. 만유의 상속자로 세우신 예수 그리스도 안에서 우리를 구원하시고, 주님의 영광을 드러내시는 은혜를 찬양합니다. 이 세상을 창조하신 하나님의 말씀에 순종하며, 우리의 삶 속에서 주님의 주권을 인정하게 하소서.

✓ **하나님의 성품을 묵상하는 침묵기도** (말씀을 통해 발견한 하나님의 성품을 고백하며 기도합니다.)

✓ **회개와 감사 및 간구기도** (말씀으로 깨달은 회개의 내용과 중보의 제목으로 기도합니다.)

✓ **감사일기**　　　일째

6. 10. (화)　　| 에 1-3장 |

말씀묵상 및 필사 (반복해서 본문을 읽고 묵상한 후 필사합니다.)
- 여호와께서 너희 앞에서 행하시며 이스라엘의 하나님이 너희 뒤에서 호위하시리니 너희가 황급히 나오지 아니하며 도망하듯 다니지 아니하리라 (사 52:12)

- 그들이 이르러 교회를 모아 하나님이 함께 행하신 모든 일과 이방인들에게 믿음의 문을 여신 것을 보고하고 (행 14:27)

✓ **말씀으로 드리는 고백기도**
　주님, 앞서 행하셔서 우리를 인도하시고 우리의 뒤에서 친히 호위하시며 지켜 주시는(출 14:19) 은혜에 감사합니다. 공동체를 통해 이 은혜를 날마다 누리며 주님의 신실하심을 의지하게 하소서. 어떤 상황에서도 두려움 없이 나아갈 수 있도록 인도하소서. 또한 믿음의 문을 여시고, 우리로 하여금 주님의 일하심을 전하게 하소서. 주님의 보호 아래, 담대히 복음을 전하게 하소서.

✓ **하나님의 성품을 묵상하는 침묵기도** (말씀을 통해 발견한 하나님의 성품을 고백하며 기도합니다.)

✓ **회개와 감사 및 간구기도** (말씀으로 깨달은 회개의 내용과 중보의 제목으로 기도합니다.)

✓ **감사일기**　　　일째

| 에 4-6장 | 6. 11. (수)

말씀묵상 및 필사 (반복해서 본문을 읽고 묵상한 후 필사합니다.)

· 죄악이 나를 이겼사오니 우리의 허물을 주께서 사하시리이다 (시 65:3)

· 또 범죄와 육체의 무할례로 죽었던 너희를 하나님이 그와 함께 살리시고 우리의 모든 죄를 사하시고 우리를 거스르고 불리하게 하는 법조문으로 쓴 증서를 지우시고 제하여 버리사 십자가에 못 박으시고 (골 2:13-14)

✓ **말씀으로 드리는 고백기도**
   주님, 우리의 죄악이 우리를 지배할 때에 주님의 긍휼로 우리의 죄를 사하시고 구속하여 주시니 감사합니다. 우리가 죄로 인해 죽을 수밖에 없었지만, 주님은 십자가에서 우리를 대신하여 모든 죄를 용서하시고 자유를 주셨습니다. 우리의 연약함과 허물을 용서하시고, 주님의 구속의 사랑을 기억하며 새롭게 살아갈 수 있도록 도와주소서.

✓ **하나님의 성품을 묵상하는 침묵기도** (말씀을 통해 발견한 하나님의 성품을 고백하며 기도합니다.)

✓ **회개와 감사 및 간구기도** (말씀으로 깨달은 회개의 내용과 중보의 제목으로 기도합니다.)

✓ **감사일기**   일째

6. 12. (목) | 에 7-10장 |

말씀묵상 및 필사 (반복해서 본문을 읽고 묵상한 후 필사합니다.)

- 너희가 어찌하여 양식이 아닌 것을 위하여 은을 달아 주며 배부르게 하지 못할 것을 위하여 수고하느냐 내게 듣고 들을지어다 그리하면 너희가 좋은 것을 먹을 것이며 너희 자신들이 기름진 것으로 즐거움을 얻으리라 (사 55:2)

- 그들과 함께 음식 잡수실 때에 떡을 가지사 축사하시고 떼어 그들에게 주시니 그들의 눈이 밝아져 그인 줄 알아 보더니 예수는 그들에게 보이지 아니하시는지라 (눅 24:30-31)

✔ **말씀으로 드리는 고백기도**

하나님, 우리는 종종 세상의 욕망과 헛된 것들에 마음을 쏟으며 참된 기쁨과 만족을 놓치고 살아갑니다. 주님께서 주시는 진정한 양식과 즐거움이 무엇인지 깨닫게 하시고, 우리의 마음을 주님께 향하게 하소서. 예수님께서 제자들에게 떡을 나누어 주시며 그들의 눈을 열어 보이신 것처럼, 우리에게도 주님의 뜻을 밝히 비추시고, 주님과의 친밀한 교제를 통해 만족하게 하소서.

✔ **하나님의 성품을 묵상하는 침묵기도** (말씀을 통해 발견한 하나님의 성품을 고백하며 기도합니다.)

✔ **회개와 감사 및 간구기도** (말씀으로 깨달은 회개의 내용과 중보의 제목으로 기도합니다.)

✔ **감사일기**   일째

| 욥 1-3장 | 6. 13. (금)

말씀묵상 및 필사 (반복해서 본문을 읽고 묵상한 후 필사합니다.)
- 여호와께서 그가 기뻐하시는 모든 일을 천지와 바다와 모든 깊은 데서 다 행하셨도다 (시 135:6)

- 그러면 우리가 주를 노여워하시게 하겠느냐 우리가 주보다 강한 자냐 (고전 10:22)

✓ **말씀으로 드리는 고백기도**

주님, 주님은 천지와 바다, 모든 깊은 곳에서도 주님의 뜻을 이루시며 모든 것을 다스리십니다. 이 세상 어디에도 주님보다 강한 자가 없음을 믿음으로 고백합니다. 천지의 주인이신 주님을 나의 주인으로 모시고 주님을 기쁘시게 하는 삶을 살게 하소서. 주님의 마음을 먼저 생각하며 주님의 시선으로 세상을 보게 하소서. 성령님, 주님의 기쁨을 쫓으며 살아가도록 도우소서.

✓ **하나님의 성품을 묵상하는 침묵기도** (말씀을 통해 발견한 하나님의 성품을 고백하며 기도합니다.)

✓ **회개와 감사 및 간구기도** (말씀으로 깨달은 회개의 내용과 중보의 제목으로 기도합니다.)

✓ **감사일기**　　　**일째**

6. 14. (토) | 욥 4-10장

✓ **한 주간의 영성훈련을 점검합니다.** (참여가 어려웠던 이유를 기록한 후 개선할 내용을 적어봅시다.)
- [ ] 1년 성경통독
- [ ] 말씀묵상 및 필사
- [ ] 침묵기도
- [ ] 감사와 회개의 기도
- [ ] 감사일기

*열심히 참여 (○), 조금 부족 (△), 참여 못함 (×)

✓ **순례자의 노트를 작성하는 동안 가장 은혜로웠던 순간을 적어보세요.**

___

✓ (1인) **가정예배**
- 사도신경
- 찬송 : 540장 (주의 음성을 내가 들으니)
- 성경읽기 : 잠언 3:1-10
- 기도 : 본인 또는 가족 중
- 주기도문

· 주간 암송구절
  너는 마음을 다하여 여호와를 신뢰하고 네 명철을 의지하지 말라 너는 범사에 그를 인정하라 그리하면 네 길을 지도하시리라 스스로 지혜롭게 여기지 말지어다 여호와를 경외하며 악을 떠날지어다 (잠 3:5-7)

6. 15. (일)

✓ **주일설교 묵상**

___

| 욥 11-14장 | 6. 16. (월)

말씀묵상 및 필사 (반복해서 본문을 읽고 묵상한 후 필사합니다.)

- 아침에 나로 하여금 주의 인자한 말씀을 듣게 하소서 내가 주를 의뢰함이니이다 내가 다닐 길을 알게 하소서 내가 내 영혼을 주께 드림이니이다 (시 143:8)

- 그 후에 예수께서 나가사 레위라 하는 세리가 세관에 앉아 있는 것을 보시고 나를 따르라 하시니 그가 모든 것을 버리고 일어나 따르니라 (눅 5:27-28)

✔ **말씀으로 드리는 고백기도**

주님, 하루를 시작하며 주님의 인자하신 말씀을 듣게 하시니 감사합니다. 주님께서 제게 주시는 길을 따르기 원합니다. 레위처럼 모든 것을 버리고 주님을 따르며, 내 마음과 힘과 성품을 다해 주님을 사랑하게 하소서(신 6:5). 주님, 제 영혼을 주님께 드리니 제 삶을 인도하소서. 제 믿음이 주님을 향한 의지로 충만하게 하시고, 언제나 주님을 의지하며 살아가게 하소서.

✔ **하나님의 성품을 묵상하는 침묵기도** (말씀을 통해 발견한 하나님의 성품을 고백하며 기도합니다.)

✔ **회개와 감사 및 간구기도** (말씀으로 깨달은 회개의 내용과 중보의 제목으로 기도합니다.)

✔ **감사일기**   일째

6. 17. (화)　|욥 15-17장　|

말씀묵상 및 필사 (반복해서 본문을 읽고 묵상한 후 필사합니다.)

- 나와 내 백성이 무엇이기에 이처럼 즐거운 마음으로 드릴 힘이 있었나이까 모든 것이 주께로 말미암았사오니 우리가 주의 손에서 받은 것으로 주께 드렸을 뿐이니이다 (대상 29:14)

- 각각 은사를 받은 대로 하나님의 여러 가지 은혜를 맡은 선한 청지기 같이 서로 봉사하라 (벧전 4:10)

✓ **말씀으로 드리는 고백기도**

　주님, 모든 것이 주님의 손에서 나왔음을 고백합니다. 우리가 가진 모든 것이 주님의 은혜로 주어진 것임을 깨닫고, 그 은혜에 감사하며 살게 하소서. 받은 은사를 서로 나누고, 각자의 자리에서 선한 청지기처럼 봉사하며 주님의 뜻을 이루는 삶을 살게 하소서. 주님, 우리의 마음을 주님께 드리오니, 우리의 모든 일이 주님의 영광을 드러내게 하소서.

✓ **하나님의 성품을 묵상하는 침묵기도** (말씀을 통해 발견한 하나님의 성품을 고백하며 기도합니다.)

✓ **회개와 감사 및 간구기도** (말씀으로 깨달은 회개의 내용과 중보의 제목으로 기도합니다.)

✓ **감사일기**　　일째

| 욥 18-19장 | 6. 18. (수)

말씀묵상 및 필사 (반복해서 본문을 읽고 묵상한 후 필사합니다.)

· 사람이 마음으로 자기의 길을 계획할지라도 그의 걸음을 인도하시는 이는 여호와시니라 (잠 16:9)

· 또 이르되 내가 이렇게 하리라 내 곳간을 헐고 더 크게 짓고 내 모든 곡식과 물건을 거기 쌓아 두리라 하나님은 이르시되 어리석은 자여 오늘 밤에 네 영혼을 도로 찾으리니 그러면 네 준비한 것이 누구의 것이 되겠느냐 하셨으니 (눅 12:18,20)

✓ **말씀으로 드리는 고백기도**

주님, 우리의 계획이 아무리 정교하고 확실해 보일지라도, 결국 모든 걸음을 주님께서 인도하신다는 사실을 믿습니다. 내 삶의 방향을 주님께 맡기며, 내 의지와 계획이 하나님의 뜻 안에서 이루어지길 기도합니다. 주님, 이 세상의 부와 물질에 마음을 두지 않고 영원한 가치를 추구하게 하시고, 내 모든 자원과 시간을 주님의 뜻에 맞게 사용하도록 도와주소서.

✓ **하나님의 성품을 묵상하는 침묵기도** (말씀을 통해 발견한 하나님의 성품을 고백하며 기도합니다.)

✓ **회개와 감사 및 간구기도** (말씀으로 깨달은 회개의 내용과 중보의 제목으로 기도합니다.)

✓ **감사일기**   일째

6. 19. (목) | 욥 20-21장

말씀묵상 및 필사 (반복해서 본문을 읽고 묵상한 후 필사합니다.)
- 그에게 권세와 영광과 나라를 주고 모든 백성과 나라들과 다른 언어를 말하는 모든 자들이 그를 섬기게 하였으니 그의 권세는 소멸되지 아니하는 영원한 권세요 그의 나라는 멸망하지 아니할 것이니라 (단 7:14)

- 예수 그리스도는 어제나 오늘이나 영원토록 동일하시니라 (히 13:8)

✓ **말씀으로 드리는 고백기도**
　주님, 주님께서 주신 영원한 권세와 나라를 생각하며 그 크신 영광에 무릎을 꿇습니다. 주님은 어제나 오늘이나 영원토록 동일하시며, 모든 시대와 모든 민족을 주님의 권세 아래 두셨음을 고백합니다. 우리의 삶도 주님의 영원한 나라 안에서 살아가기를 원합니다. 주님, 우리의 모든 계획과 생각이 주님의 뜻에 맞춰지게 하시고, 주님의 영원한 권세와 통치를 믿으며 주님만을 섬기게 하소서.

✓ **하나님의 성품을 묵상하는 침묵기도** (말씀을 통해 발견한 하나님의 성품을 고백하며 기도합니다.)

✓ **회개와 감사 및 간구기도** (말씀으로 깨달은 회개의 내용과 중보의 제목으로 기도합니다.)

✓ **감사일기**　　일째

| 욥 22~24장 | 6. 20. (금)

말씀묵상 및 필사 (반복해서 본문을 읽고 묵상한 후 필사합니다.)

- 할렐루야, 내가 정직한 자들의 모임과 회중 가운데에서 전심으로 여호와께 감사하리로다 (시 111:1)

- 그리스도의 말씀이 너희 속에 풍성히 거하여 모든 지혜로 피차 가르치며 권면하고 시와 찬송과 신령한 노래를 부르며 감사하는 마음으로 하나님을 찬양하고 (골 3:16)

✓ **말씀으로 드리는 고백기도**

　주님, 정직한 자들의 모임 가운데서 온 마음으로 주님을 찬양하게 하시니 감사합니다. 그리스도의 말씀이 우리 안에 풍성하게 하시고, 그 말씀으로 서로를 가르치며 권면하며, 시와 찬송과 신령한 노래로 주님을 높이게 하소서. 주님을 사랑하는 마음으로 주님의 이름을 높여가는 삶을 살게 하소서. 내가 여호와를 항상 송축하며 내 입술로 그를 찬송하리로다(시 34:1).

✓ **하나님의 성품을 묵상하는 침묵기도** (말씀을 통해 발견한 하나님의 성품을 고백하며 기도합니다.)

✓ **회개와 감사 및 간구기도** (말씀으로 깨달은 회개의 내용과 중보의 제목으로 기도합니다.)

✓ **감사일기**　　일째

6. 21. (토)　｜욥 25-28장

✓ **한 주간의 영성훈련을 점검합니다.** (참여가 어려웠던 이유를 기록한 후 개선할 내용을 적어봅시다.)
- [ ] 1년 성경통독
- [ ] 말씀묵상 및 필사
- [ ] 침묵기도
- [ ] 감사와 회개의 기도
- [ ] 감사일기

*열심히 참여 (○), 조금 부족 (△), 참여 못함 (×)

✓ **순례자의 노트를 작성하는 동안 가장 은혜로웠던 순간을 적어보세요.**

_____
_____
_____
_____
_____
_____
_____

✓ (1인)　**가정예배**
- 사도신경
- 찬송 : 453장 (예수 더 알기 원하네)
- 성경읽기 : 시편 37:1-9
- 기도 : 본인 또는 가족 중
- 주기도문

- 주간 암송구절
  또 여호와를 기뻐하라 그가 네 마음의 소원을 네게 이루어 주시리로다 (시 37:4)

6. 22. (일)

✓ **주일설교 묵상**

_____
_____
_____
_____
_____
_____

| 욥 29-31장 | 6. 23. (월)

말씀묵상 및 필사 (반복해서 본문을 읽고 묵상한 후 필사합니다.)

- 여호와여 주는 우리 하나님이시오니 원하건대 사람이 주를 이기지 못하게 하옵소서 (대하 14:11b)

- 너희는 다시 무서워하는 종의 영을 받지 아니하고 양자의 영을 받았으므로 우리가 아빠 아버지라고 부르짖느니라 (롬 8:15)

✔ **말씀으로 드리는 고백기도**

주님, 주님께서 너는 내 아들이라 오늘 내가 너를 낳았다 말씀해 주셨습니다(시 2:7). 우리가 주님을 아버지라 부를 수 있다는 놀라운 은혜를 찬양합니다. 주님께서는 우리에게 사랑하는 아들의 영을 주셔서, 주님의 자녀로서 당당하게 주님의 이름을 부를 수 있게 하셨습니다. 주님, 우리의 모든 삶이 주님의 뜻 안에서 이루어지기를 원합니다. 주님의 능력과 은혜로 살아가게 하소서.

✔ **하나님의 성품을 묵상하는 침묵기도** (말씀을 통해 발견한 하나님의 성품을 고백하며 기도합니다.)

✔ **회개와 감사 및 간구기도** (말씀으로 깨달은 회개의 내용과 중보의 제목으로 기도합니다.)

✔ **감사일기**   일째

6. 24. (화) | 욥 32-34장

말씀묵상 및 필사 (반복해서 본문을 읽고 묵상한 후 필사합니다.)

- 주께서는 용서하시는 하나님이시라 은혜로우시며 긍휼히 여기시며 더디 노하시며 인자가 풍부하시므로 그들을 버리지 아니하셨나이다 (느 9:17b)

- 우리가 우리에게 죄 지은 모든 사람을 용서하오니 우리 죄도 사하여 주시옵고 우리를 시험에 들게 하지 마시옵소서 (눅 11:4)

✔ **말씀으로 드리는 고백기도**

주님, 주님의 용서하심에 감사합니다. 우리가 주님 앞에서 죄를 고백할 때, 주님은 신실하고 의로우셔서 우리의 죄를 용서하시고 우리를 깨끗하게 하십니다. 주님, 우리도 우리에게 죄 지은 사람들을 용서하게 하시고, 주님의 마음을 따라 살아가게 하소서. 매일 주님의 뜻을 따르며 죄의 유혹에 넘어가지 않도록 지켜주시고, 주님의 평안으로 우리의 마음을 채워 주소서.

✔ **하나님의 성품을 묵상하는 침묵기도** (말씀을 통해 발견한 하나님의 성품을 고백하며 기도합니다.)

✔ **회개와 감사 및 간구기도** (말씀으로 깨달은 회개의 내용과 중보의 제목으로 기도합니다.)

✔ **감사일기**   일째

| 욥 35-37장 | 6. 25. (수)

말씀묵상 및 필사 (반복해서 본문을 읽고 묵상한 후 필사합니다.)

- 아모스가 아마샤에게 대답하여 이르되 나는 선지자가 아니며 선지자의 아들도 아니라 나는 목자요 뽕나무를 재배하는 자로서 양 떼를 따를 때에 여호와께서 나를 데려다가 여호와께서 내게 이르시기를 가서 내 백성 이스라엘에게 예언하라 하셨나니 (암 7:14-15)

- 세베대의 아들로서 시몬의 동업자인 야고보와 요한도 놀랐음이라 예수께서 시몬에게 이르시되 무서워하지 말라 이제 후로는 네가 사람을 취하리라 하시니 (눅 5:10)

✔ **말씀으로 드리는 고백기도**

주님, 아모스 선지자처럼 우리가 비록 평범한 삶을 살고 있을지라도, 주님의 부르심을 받으면 그 길을 따를 수 있는 믿음을 주소서. 시몬과 그의 동료들처럼 주님의 말씀에 순종하여 많은 사람을 주님께로 인도하는 자로 살게 하시며, 주님의 사명을 이루어가는 삶을 살게 하소서. 주님, 우리의 삶을 통해 주님의 뜻이 이루어지길 기도합니다.

✔ **하나님의 성품을 묵상하는 침묵기도** (말씀을 통해 발견한 하나님의 성품을 고백하며 기도합니다.)

✔ **회개와 감사 및 간구기도** (말씀으로 깨달은 회개의 내용과 중보의 제목으로 기도합니다.)

✔ **감사일기**   일째

6. 26. (목)　|욥 38-40:5장

말씀묵상 및 필사 (반복해서 본문을 읽고 묵상한 후 필사합니다.)
- 주께서 나의 슬픔이 변하여 내게 춤이 되게 하시며 나의 베옷을 벗기고 기쁨으로 띠 띠우셨나이다 (시 30:11)

- 예수께서 보시고 불러 이르시되 여자여 네가 네 병에서 놓였다 하시고 안수하시니 여자가 곧 펴고 하나님께 영광을 돌리는지라 (눅 13:12-13)

✓ **말씀으로 드리는 고백기도**
　주님, 우리의 슬픔이 주님의 손길을 만나 기쁨으로 변하는 놀라운 은혜를 만납니다. 예수님께서 고통받는 이들을 찾아주시고, 그들을 치유하시며 영광을 받으신 것처럼, 우리도 주님의 은혜로 새롭게 되기를 소망합니다. 우리의 눈물을 주님께서 기억하시고(시 56:8), 우리의 삶에 기쁨과 평안을 주실 줄 믿습니다. 나의 회복이 주님의 영광이 되게 하소서.

✓ **하나님의 성품을 묵상하는 침묵기도** (말씀을 통해 발견한 하나님의 성품을 고백하며 기도합니다.)

✓ **회개와 감사 및 간구기도** (말씀으로 깨달은 회개의 내용과 중보의 제목으로 기도합니다.)

✓ **감사일기**　　일째

| 욥 40:6-42장 | 6. 27. (금)

말씀묵상 및 필사 (반복해서 본문을 읽고 묵상한 후 필사합니다.)
- 여호와께 감사하고 그의 이름을 불러 아뢰며 그가 하는 일을 만민 중에 알게 할지어다 (시 105:1)

- 내가 달려갈 길과 주 예수께 받은 사명 곧 하나님의 은혜의 복음을 증언하는 일을 마치려 함에는 나의 생명조차 조금도 귀한 것으로 여기지 아니하노라 (행 20:24)

✓ **말씀으로 드리는 고백기도**
　주님, 주님께서 우리에게 주신 은혜와 사명을 깨닫게 하시니 감사합니다. 우리가 주님의 이름을 높이며, 주님이 하신 놀라운 일을 모든 민족 가운데 알리게 하소서. 주님께서 우리에게 주신 복음의 사명을 다하는 길을 두려움 없이 달려가게 하시고, 우리 삶이 주님의 영광을 드러내는 도구가 되게 하소서. 나의 생명도 주님의 뜻을 이루는 데 사용되기 원합니다. 성령님, 우리를 도우소서.

✓ **하나님의 성품을 묵상하는 침묵기도** (말씀을 통해 발견한 하나님의 성품을 고백하며 기도합니다.)

✓ **회개와 감사 및 간구기도** (말씀으로 깨달은 회개의 내용과 중보의 제목으로 기도합니다.)

✓ **감사일기**　　일째

6. 28. (토) | 시 1-8편

✓ 한 주간의 영성훈련을 점검합니다. (참여가 어려웠던 이유를 기록한 후 개선할 내용을 적어봅시다.)
- [ ] 1년 성경통독
- [ ] 말씀묵상 및 필사
- [ ] 침묵기도
- [ ] 감사와 회개의 기도
- [ ] 감사일기

*열심히 참여 (○), 조금 부족 (△), 참여 못함 (×)

✓ 순례자의 노트를 작성하는 동안 가장 은혜로웠던 순간을 적어보세요.

_____
_____
_____
_____
_____
_____
_____
_____

✓ (1인) 가정예배
- 사도신경
- 찬송 : 246장 (나 가나안 땅 귀한 성에)
- 성경읽기 : 빌립보서 4:10-20
- 기도 : 본인 또는 가족 중
- 주기도문

- 주간 암송구절
  나의 하나님이 그리스도 예수 안에서 영광 가운데 그 풍성한 대로 너희 모든 쓸 것을 채우시리라 (빌 4:19)

6. 29. (일)

✓ 주일설교 묵상

_____
_____
_____
_____
_____
_____
_____

| 시 9-14편 | 6. 30. (월)

말씀묵상 및 필사 (반복해서 본문을 읽고 묵상한 후 필사합니다.)
- 학대 받은 자가 부끄러이 돌아가게 하지 마시고 가난한 자와 궁핍한 자가 주의 이름을 찬송하게 하소서 (시 74:21)

- 임금이 대답하여 이르시되 내가 진실로 너희에게 이르노니 너희가 여기 내 형제 중에 지극히 작은 자 하나에게 한 것이 곧 내게 한 것이니라 하시고 (마 25:40)

✔ **말씀으로 드리는 고백기도**
주님, 우리가 공동체 안에서 주님의 이름을 찬양하는 자들과 함께 있게 하시니 감사합니다. 이제 가난하고 궁핍한 자들, 고통받고 억압받는 자들과 함께 찬양할 수 있게 하소서. 우리를 통해 그들의 입술에서 주님을 찬송하는 소리가 울려 퍼지게 하소서. 우리의 마음이 주님의 사랑으로 가득 차서 이웃을 섬기고 돕는 삶을 살게 하소서.

✔ **하나님의 성품을 묵상하는 침묵기도** (말씀을 통해 발견한 하나님의 성품을 고백하며 기도합니다.)

✔ **회개와 감사 및 간구기도** (말씀으로 깨달은 회개의 내용과 중보의 제목으로 기도합니다.)

✔ **감사일기**   일째

Jul.

| 맥추 감사 주일

성경 묵상을 위해 필요한 자세와 태도 1

1. 열린 마음

성경 묵상은 하나님의 말씀을 듣고 이해하는 것입니다. 신비하고 영적인 세계에 대해 두려워하지 말고 열린 마음으로 말씀 묵상에 임하십시오.

2. 겸손

묵상을 위해 가장 필요한 자세는 겸손입니다. 인간의 지식과 이성에 의존하지 말고, 성령님께서 주시는 신령한 지혜와 인도하심을 의지하십시오.

3. 순종

하나님의 말씀을 듣고, 그 말씀에 따라 순종하고자 하는 마음이 묵상보다 먼저 있어야 합니다. 무슨 말씀을 하시든지 듣고 행하고자 하는 마음을 하나님께서 기뻐하십니다.

| 7. 1. (화) | 시 15-18편 |

말씀묵상 및 필사 (반복해서 본문을 읽고 묵상한 후 필사합니다.)

- 유다 족속아, 이스라엘 족속아, 너희가 이방인 가운데에서 저주가 되었었으나 이제는 내가 너희를 구원하여 너희가 복이 되게 하리니 두려워하지 말지니라 손을 견고히 할지니라 (슥 8:13)

- 악을 악으로, 욕을 욕으로 갚지 말고 도리어 복을 빌라 이를 위하여 너희가 부르심을 받았으니 이는 복을 이어받게 하려 하심이라 (벧전 3:9)

_____

✓ **말씀으로 드리는 고백기도**

하나님 아버지, 우리는 세상 속에서 종종 상처를 받고 힘든 상황에 직면합니다. 그러나 주님께서 말씀을 통해 우리가 세상을 향해 복을 빌고 악을 악으로 갚지 않도록 가르쳐 주셨습니다. 우리의 마음을 온전히 주님께 두고, 세상의 논리와는 다르게 선을 행하며, 그 안에서 주님의 뜻을 실천하는 삶을 살게 하소서(롬 12:21). 모든 일에서 주님의 은혜와 사랑이 흐르게 하소서.

✓ **하나님의 성품을 묵상하는 침묵기도** (말씀을 통해 발견한 하나님의 성품을 고백하며 기도합니다.)

✓ **회개와 감사 및 간구기도** (말씀으로 깨달은 회개의 내용과 중보의 제목으로 기도합니다.)

✓ **감사일기**   일째

| 시 19-21편 | 7. 2. (수)

말씀묵상 및 필사 (반복해서 본문을 읽고 묵상한 후 필사합니다.)

- 오직 그만이 나의 반석이요 나의 구원이시요 나의 요새이시니 내가 흔들리지 아니하리로다 (시 62:6)

- 그러므로 내 사랑하는 형제들아 견실하며 흔들리지 말고 항상 주의 일에 더욱 힘쓰는 자들이 되라 이는 너희 수고가 주 안에서 헛되지 않은 줄 앎이라 (고전 15:58)

✓ **말씀으로 드리는 고백기도**

주님, 우리의 삶을 반석 위에 세워 주셔서 감사합니다. 세상에서 불확실함과 흔들림이 있을지라도, 주님의 약속이 우리의 소망이요 기초가 되기 때문에 두려움 없이 나아갈 수 있습니다. 우리를 견고히 세워 주셔서 주님의 일에 힘쓰며 언제나 흔들림 없이 주님의 뜻을 이루어 가게 하소서. 우리의 수고가 주님 안에서 헛되지 않음을 믿습니다. 아멘.

✓ **하나님의 성품을 묵상하는 침묵기도** (말씀을 통해 발견한 하나님의 성품을 고백하며 기도합니다.)

✓ **회개와 감사 및 간구기도** (말씀으로 깨달은 회개의 내용과 중보의 제목으로 기도합니다.)

✓ **감사일기**   일째

7. 3. (목)　| 시 22-25편

말씀묵상 및 필사 (반복해서 본문을 읽고 묵상한 후 필사합니다.)

- 나 여호와가 의로 너를 불렀은즉 내가 네 손을 잡아 너를 보호하며 너를 세워 백성의 언약과 이방의 빛이 되게 하리니 (사 42:6)

- 누가 우리를 그리스도의 사랑에서 끊으리요 환난이나 곤고나 박해나 기근이나 적신이나 위험이나 칼이랴 (롬 8:35)

✓ **말씀으로 드리는 고백기도**

　사랑의 하나님, 주님께서 우리를 불러 주시고 그 사랑 안에서 하나님의 뜻을 이루게 하셨음을 믿습니다. 환난과 어려움 속에서도 주님의 사랑은 결코 변하지 않음을 신뢰합니다. 주님의 보호와 인도하심을 힘입어, 우리가 주님의 빛이 되어 이 세상에서 사랑을 나누고 복음을 전하는 삶을 살게 하소서. 어떤 어려움도 우리를 주님의 사랑에서 끊을 수 없음을 고백합니다.

✓ **하나님의 성품을 묵상하는 침묵기도** (말씀을 통해 발견한 하나님의 성품을 고백하며 기도합니다.)

✓ **회개와 감사 및 간구기도** (말씀으로 깨달은 회개의 내용과 중보의 제목으로 기도합니다.)

✓ **감사일기**　　일째

| 시 26-30편 | 7. 4. (금)

말씀묵상 및 필사 (반복해서 본문을 읽고 묵상한 후 필사합니다.)
- 그가 임하시는 날을 누가 능히 당하며 그가 나타나는 때에 누가 능히 서리요 그는 금을 연단하는 자의 불과 표백하는 자의 잿물과 같을 것이라 (말 3:2)

- 천사가 이르되 무서워하지 말라 보라 내가 온 백성에게 미칠 큰 기쁨의 좋은 소식을 너희에게 전하노라 (눅 2:10)

✓ **말씀으로 드리는 고백기도**
거룩한 하나님, 영광 중에 나타나실 주님을 기대하며 우리의 삶을 준비하게 하소서. 주님의 임재 앞에 모든 것이 무릎 꿇고, 주님의 영광이 충만하게 나타날 그 날을 소망합니다(빌 2:10). 주님의 임하심이 우리에게 두려움이 아닌 기쁨이 되게 하시고, 그 빛을 세상에 전하는 자들이 되게 하소서. 주님의 구원의 소식이 우리 마음에 깊이 새겨지게 하소서.

✓ **하나님의 성품을 묵상하는 침묵기도** (말씀을 통해 발견한 하나님의 성품을 고백하며 기도합니다.)

✓ **회개와 감사 및 간구기도** (말씀으로 깨달은 회개의 내용과 중보의 제목으로 기도합니다.)

✓ **감사일기**   일째

7. 5. (토)　|시 31-37편

✓ **한 주간의 영성훈련을 점검합니다.** (참여가 어려웠던 이유를 기록한 후 개선할 내용을 적어봅시다.)
- ☐ 1년 성경통독
- ☐ 말씀묵상 및 필사
- ☐ 침묵기도
- ☐ 감사와 회개의 기도
- ☐ 감사일기

*열심히 참여 (○), 조금 부족 (△), 참여 못함 (×)

✓ **순례자의 노트를 작성하는 동안 가장 은혜로웠던 순간을 적어보세요.**

___

✓ (1인)　**가정예배**
- 사도신경
- 찬송 : 539장 (너 예수께 조용히 나가)
- 성경읽기 : 마태복음 6:19-34
- 기도 : 본인 또는 가족 중
- 주기도문

- 주간 암송구절
  그런즉 너희는 먼저 그의 나라와 그의 의를 구하라 그리하면 이 모든 것을 너희에게 더하시리라 (마 6:33)

7. 6. (일)

✓ **주일설교 묵상**

| 시 38-41편 | 7. 7. (월)

말씀묵상 및 필사 (반복해서 본문을 읽고 묵상한 후 필사합니다.)
- 여호와가 너를 항상 인도하여 메마른 곳에서도 네 영혼을 만족하게 하며 네 뼈를 건고하게 하리니 너는 물 댄 동산 같겠고 물이 끊어지지 아니하는 샘 같을 것이라 (사 58:11)

- 그 안에는 신성의 모든 충만이 육체로 거하시고 너희도 그 안에서 충만하여졌으니 그는 모든 통치자와 권세의 머리시라 (골 2:9-10)

✓ **말씀으로 드리는 고백기도**
  생명의 주님, 주님께서 우리에게 생명을 주시고, 우리의 영혼이 언제나 목마르지 않게 하시니 감사합니다(요 4:14). 주님의 성품으로 우리의 삶을 채우시고, 그 안에서 참된 만족과 기쁨을 누리게 하소서. 물 댄 동산처럼 풍성한 은혜로 우리의 삶을 채우시며, 우리 안에 주님의 권세와 통치가 온전히 이루어지게 하소서.

✓ **하나님의 성품을 묵상하는 침묵기도** (말씀을 통해 발견한 하나님의 성품을 고백하며 기도합니다.)

✓ **회개와 감사 및 간구기도** (말씀으로 깨달은 회개의 내용과 중보의 제목으로 기도합니다.)

✓ **감사일기**   일째

7. 8. (화) | 시 42-46편

말씀묵상 및 필사 (반복해서 본문을 읽고 묵상한 후 필사합니다.)
- 내가 낙헌제로 주께 제사하리이다 여호와여 주의 이름에 감사하오리니 주의 이름이 선하심이니이다 (시 54:6)

- 만일 누가 말하려면 하나님의 말씀을 하는 것 같이 하고 누가 봉사하려면 하나님이 공급하시는 힘으로 하는 것 같이 하라 이는 범사에 예수 그리스도로 말미암아 하나님이 영광을 받으시게 하려 함이니 그에게 영광과 권능이 세세에 무궁하도록 있느니라 아멘 (벧전 4:11)

✓ **말씀으로 드리는 고백기도**
　거룩하신 하나님, 주님의 이름을 높이고 찬양할 수 있게 하시니 감사합니다. 우리의 말과 행동이 언제나 주님의 이름을 거룩하게 하고, 주님의 뜻에 합당하기를 원합니다. 우리가 하는 모든 일이 주 예수 그리스도의 이름 안에서, 그분의 은혜와 능력으로 이루어지게 하시고, 그로 인해 하나님께 영광을 돌리게 하소서(골 3:17). 우리의 삶이 주님의 선하심을 증거하게 하소서.

✓ **하나님의 성품을 묵상하는 침묵기도** (말씀을 통해 발견한 하나님의 성품을 고백하며 기도합니다.)

✓ **회개와 감사 및 간구기도** (말씀으로 깨달은 회개의 내용과 중보의 제목으로 기도합니다.)

✓ **감사일기**　　일째

| 시 47-50편 | 7. 9. (수)

말씀묵상 및 필사 (반복해서 본문을 읽고 묵상한 후 필사합니다.)

- 하나님이 그들에게 복을 주시며 하나님이 그들에게 이르시되 생육하고 번성하여 땅에 충만하라, 땅을 정복하라, 바다의 물고기와 하늘의 새와 땅에 움직이는 모든 생물을 다스리라 하시니라 (창 1:28)

- 알지 못하고 맞을 일을 행한 종은 적게 맞으리라 무릇 많이 받은 자에게는 많이 요구할 것이요 많이 맡은 자에게는 많이 달라 할 것이니라 (눅 12:48)

✓ **말씀으로 드리는 고백기도**

　창조의 하나님, 주님께서 우리에게 주신 생명과 복을 기뻐합니다. 우리가 받은 축복을 헛되이 사용하지 않게 하시고, 주님의 뜻대로 충만하게 하여 세상에 선한 영향을 미치게 하소서. 또한 우리가 맡은 책임을 충실히 이행하며, 주님께서 우리에게 요구하시는 뜻을 깨달아 성실히 살아가게 하소서. 주님께서 주신 은혜와 능력으로 서로 섬기며, 그리스도의 사랑을 실천하는 삶을 살게 하소서.

✓ **하나님의 성품을 묵상하는 침묵기도** (말씀을 통해 발견한 하나님의 성품을 고백하며 기도합니다.)

✓ **회개와 감사 및 간구기도** (말씀으로 깨달은 회개의 내용과 중보의 제목으로 기도합니다.)

✓ **감사일기**　　　**일째**

7. 10. (목) | 시 51-55편

말씀묵상 및 필사 (반복해서 본문을 읽고 묵상한 후 필사합니다.)

- 주 여호와 앞에서 잠잠할지어다 이는 여호와의 날이 가까웠으므로 여호와께서 희생을 준비하고 그가 청할 자들을 구별하셨음이니라 (습 1:7)

- 주인이 와서 깨어 있는 것을 보면 그 종들은 복이 있으리로다 내가 진실로 너희에게 이르노니 주인이 띠를 띠고 그 종들을 자리에 앉히고 나아와 수종들리라 (눅 12:37)

✓ **말씀으로 드리는 고백기도**

주님, 깨어 있으라는 주님의 음성을 기억합니다. 언제 주님이 다시 오실지 모르지만 항상 주님을 기다리며 깨어 있기를 원합니다. 여호와의 날이 가까운 이때, 우리의 마음이 주님의 뜻을 깊이 깨닫고, 언제든지 준비된 자로 주님의 오심을 맞이할 수 있게 하소서. 우리에게 남은 시간 동안 주님께서 맡기신 일을 충실히 수행하며, 주님의 뜻을 따르는 삶을 살게 하소서.

✓ **하나님의 성품을 묵상하는 침묵기도** (말씀을 통해 발견한 하나님의 성품을 고백하며 기도합니다.)

✓ **회개와 감사 및 간구기도** (말씀으로 깨달은 회개의 내용과 중보의 제목으로 기도합니다.)

✓ **감사일기**   일째

| 시 56-60편 | 7. 11. (금)

말씀묵상 및 필사 (반복해서 본문을 읽고 묵상한 후 필사합니다.)

- 이르되 내가 받는 고난으로 말미암아 여호와께 불러 아뢰었더니 주께서 내게 대답하셨고 내가 스올의 뱃속에서 부르짖었더니 주께서 내 음성을 들으셨나이다 (욘 2:2)

- 너희에게는 심지어 머리털까지도 다 세신 바 되었나니 두려워하지 말라 너희는 많은 참새보다 더 귀하니라 (눅 12:7)

✓ **말씀으로 드리는 고백기도**

주님, 고난과 어려움 속에서 주님께 부르짖을 때마다, 우리의 기도를 들으시고 응답하시는 하나님을 찬양합니다(시 120:1). 우리가 당하는 모든 일 속에서 주님의 섭리와 사랑을 경험하게 하소서. 주님의 은혜로 우리를 돌보시며, 우리를 천하보다 귀한 존재로 여겨주심을 믿습니다. 주님의 뜻 안에서 우리의 삶이 보호받고 인도받는다는 확신을 가지고, 두려움 없이 살아가게 하소서.

✓ **하나님의 성품을 묵상하는 침묵기도** (말씀을 통해 발견한 하나님의 성품을 고백하며 기도합니다.)

✓ **회개와 감사 및 간구기도** (말씀으로 깨달은 회개의 내용과 중보의 제목으로 기도합니다.)

✓ **감사일기**   일째

7. 12. (토) | 시 61-68편 |

✓ 한 주간의 영성훈련을 점검합니다. (참여가 어려웠던 이유를 기록한 후 개선할 내용을 적어봅시다.)
- ☐ 1년 성경통독   ☐ 말씀묵상 및 필사   ☐ 침묵기도
- ☐ 감사와 회개의 기도   ☐ 감사일기   *열심히 참여 (○), 조금 부족 (△), 참여 못함 (×)

✓ 순례자의 노트를 작성하는 동안 가장 은혜로웠던 순간을 적어보세요.

✓ (1인)   가정예배
- · 사도신경   · 찬송 : 488장 (이 몸의 소망 무언가)
- · 성경읽기 : 요한복음 6:26-36   · 기도 : 본인 또는 가족 중   · 주기도문

· 주간 암송구절
  예수께서 이르시되 나는 생명의 떡이니 내게 오는 자는 결코 주리지 아니할 터이요 나를 믿는 자는 영원히 목마르지 아니하리라 (요 6:35)

7. 13. (일)

✓ 주일설교 묵상

| 시 69-72편 | 7. 14. (월)

말씀묵상 및 필사 (반복해서 본문을 읽고 묵상한 후 필사합니다.)

- 그가 그의 누각에서부터 산에 물을 부어 주시니 주께서 하시는 일의 결실이 땅을 만족시켜 주는도다 (시 104:13)

- 범사에 감사하라 이것이 그리스도 예수 안에서 너희를 향하신 하나님의 뜻이니라 (살전 5:18)

✓ **말씀으로 드리는 고백기도**

　하나님, 주님께서 주시는 모든 은혜와 축복은 우리의 생각과 이해를 뛰어넘는 것(빌 4:7)임을 고백합니다. 주님이 주시는 복으로 우리의 삶을 채우시고, 그 결실로 우리의 영혼을 만족하게 하소서. 모든 일에 감사함으로 주님을 찬양하며, 주님의 뜻을 따르는 삶을 살게 하소서. 우리가 받은 것이 평안과 기쁨의 근원임을 깨닫게 하소서.

✓ **하나님의 성품을 묵상하는 침묵기도** (말씀을 통해 발견한 하나님의 성품을 고백하며 기도합니다.)

✓ **회개와 감사 및 간구기도** (말씀으로 깨달은 회개의 내용과 중보의 제목으로 기도합니다.)

✓ **감사일기**　　　**일째**

| 7. 15. (화) | 시 73-75편 |

말씀묵상 및 필사 (반복해서 본문을 읽고 묵상한 후 필사합니다.)
- 그들이 다시는 이방의 노략거리가 되지 아니하며 땅의 짐승들에게 잡아먹히지도 아니하고 평안히 거주하리니 놀랠 사람이 없으리라 (겔 34:28)

- 너희 발을 위하여 곧은 길을 만들어 저는 다리로 하여금 어그러지지 않고 고침을 받게 하라 (히 12:13)

✔ **말씀으로 드리는 고백기도**
　평강의 하나님, 주님께서 우리의 삶을 평안하게 하시고, 지금까지 그 어떤 위협도 우리를 해치지 못하도록 지켜 주셔서 감사합니다. 우리의 길을 인도하시며, 우리가 걸어갈 길을 주님 안에서 굳건하게 하시고, 어떤 어려움도 우리의 믿음을 흔들지 못하도록 보호하소서. 우리의 발걸음이 주님의 뜻에 맞춰 바로 서게 하시고, 주님의 평강이 우리의 마음을 이끌어가게 하소서(골 3:15).

✔ **하나님의 성품을 묵상하는 침묵기도** (말씀을 통해 발견한 하나님의 성품을 고백하며 기도합니다.)

✔ **회개와 감사 및 간구기도** (말씀으로 깨달은 회개의 내용과 중보의 제목으로 기도합니다.)

✔ **감사일기**　　　일째

| 시 76-78편 | 7. 16. (수)

말씀묵상 및 필사 (반복해서 본문을 읽고 묵상한 후 필사합니다.)
· 내가 알기에는 나의 대속자가 살아 계시니 마침내 그가 땅 위에 서실 것이라 (욥 19:25)

· 또 죽기를 무서워하므로 한평생 매여 종 노릇 하는 모든 자들을 놓아 주려 하심이니 (히 2:15)

✓ **말씀으로 드리는 고백기도**
 우리를 대속하신 주님, 우리를 죄와 죽음에서 자유롭게 하심에 감사합니다. 우리의 연약함과 고통을 대신 짊어지시고, 죽음의 권세를 이기시어 우리에게 새로운 생명을 주신 주님의 은혜를 찬양합니다(사 53:4). 우리가 주님 안에서 두려움 없이 자유하게 살아가며, 주님께서 우리를 위해 행하신 구원의 역사를 날마다 기억하고 감사하는 삶을 살게 하소서.

✓ **하나님의 성품을 묵상하는 침묵기도** (말씀을 통해 발견한 하나님의 성품을 고백하며 기도합니다.)

✓ **회개와 감사 및 간구기도** (말씀으로 깨달은 회개의 내용과 중보의 제목으로 기도합니다.)

✓ **감사일기**   일째

7. 17. (목)　| 시 79-83편 |

말씀묵상 및 필사 (반복해서 본문을 읽고 묵상한 후 필사합니다.)

- 근심이 사람의 마음에 있으면 그것으로 번뇌하게 되나 선한 말은 그것을 즐겁게 하느니라 (잠 12:25)

- 그러므로 너희는 하나님이 택하사 거룩하고 사랑 받는 자처럼 긍휼과 자비와 겸손과 온유와 오래 참음을 옷 입고 누가 누구에게 불만이 있거든 서로 용납하여 피차 용서하되 주께서 너희를 용서하신 것 같이 너희도 그리하고 (골 3:12-13)

✓ **말씀으로 드리는 고백기도**

　사랑의 하나님, 우리의 마음 속에 근심과 번뇌가 있을 때, 그 어떤 말로도 우리의 심령을 위로할 수 없음을 고백합니다(잠 15:13). 그러나 주님께서 주시는 선하신 말씀과 위로가 우리의 마음을 채우고, 그 기쁨으로 우리의 삶이 변화됨을 믿습니다. 이제 우리가 받은 은혜대로 긍휼하고 선한 마음으로 서로 용서하고 살아가게 하소서. 주님의 사랑이 우리의 관계 속에 넘쳐 흐르게 하소서.

✓ **하나님의 성품을 묵상하는 침묵기도** (말씀을 통해 발견한 하나님의 성품을 고백하며 기도합니다.)

✓ **회개와 감사 및 간구기도** (말씀으로 깨달은 회개의 내용과 중보의 제목으로 기도합니다.)

✓ **감사일기**　　일째

| 시 84-89편 | 7. 18. (금)

말씀묵상 및 필사 (반복해서 본문을 읽고 묵상한 후 필사합니다.)

· 너는 악을 갚겠다 말하지 말고 여호와를 기다리라 그가 너를 구원하시리라 (잠 20:22)

· 삼가 누가 누구에게든지 악으로 악을 갚지 말게 하고 서로 대하든지 모든 사람을 대하든지 항상 선을 따르라 (살전 5:15)

✓ **말씀으로 드리는 고백기도**

　주님, 우리의 마음 속에 원망과 미움이 생길 때, 우리가 악으로 악을 갚으려는 유혹에 빠지지 않게 하시고, 주님께서 주시는 평안과 지혜로 대처할 수 있게 하소서. 우리 스스로 복수하려는 마음을 버리고, 오히려 사랑과 선을 선택하게 하시며, 모든 상황 속에서 주님의 정의와 구원을 기다릴 수 있는 믿음을 주소서(롬 12:19). 주님께서 평화와 의의 길을 이루실 줄 믿습니다.

✓ **하나님의 성품을 묵상하는 침묵기도** (말씀을 통해 발견한 하나님의 성품을 고백하며 기도합니다.)

✓ **회개와 감사 및 간구기도** (말씀으로 깨달은 회개의 내용과 중보의 제목으로 기도합니다.)

✓ **감사일기**　　　일째

7. 19. (토) | 시 90-100편

✓ **한 주간의 영성훈련을 점검합니다.** (참여가 어려웠던 이유를 기록한 후 개선할 내용을 적어봅시다.)
- [ ] 1년 성경통독
- [ ] 말씀묵상 및 필사
- [ ] 침묵기도
- [ ] 감사와 회개의 기도
- [ ] 감사일기

*열심히 참여 (○), 조금 부족 (△), 참여 못함 (×)

✓ **순례자의 노트를 작성하는 동안 가장 은혜로웠던 순간을 적어보세요.**

_____
_____
_____
_____
_____
_____
_____
_____

✓ (1인) **가정예배**
- 사도신경
- 찬송 : 401장 (주의 곁에 있을 때)
- 성경읽기 : 시편 46:1-11
- 기도 : 본인 또는 가족 중
- 주기도문

- 주간 암송구절
  이르시기를 너희는 가만히 있어 내가 하나님 됨을 알지어다 내가 뭇 나라 중에서 높임을 받으리라 내가 세계 중에서 높임을 받으리라 하시도다 (시 46:10)

7. 20. (일)

✓ **주일설교 묵상**

_____
_____
_____
_____
_____
_____

| 시 101-105편 | 7. 21. (월)

말씀묵상 및 필사 (반복해서 본문을 읽고 묵상한 후 필사합니다.)
- 내가 그를 위하여 내 율법을 만 가지로 기록하였으나 그들은 이상한 것으로 여기도다 (호 8:12)

- 하나님 앞에서는 율법을 듣는 자가 의인이 아니요 오직 율법을 행하는 자라야 의롭다 하심을 얻으리니 (롬 2:13)

✓ **말씀으로 드리는 고백기도**

 의로우신 하나님, 주님께서 주신 율법은 우리의 삶을 올바르게 인도하는 빛이 됩니다. 주님의 율법을 마음에 두고 그것을 지키는 자가 복이 있음을 믿습니다(시 119:1). 그러나 때로 우리는 그 율법을 이상하게 여기고, 그것을 따르지 않으려는 마음이 생깁니다. 성령님, 우리의 마음을 새롭게 하시고, 주님께서 주시는 말씀에 순종하여, 우리의 삶을 의롭고 온전하게 하소서.

✓ **하나님의 성품을 묵상하는 침묵기도** (말씀을 통해 발견한 하나님의 성품을 고백하며 기도합니다.)

✓ **회개와 감사 및 간구기도** (말씀으로 깨달은 회개의 내용과 중보의 제목으로 기도합니다.)

✓ **감사일기**   일째

| 7. 22. (화) | 시 106-110편 |

말씀묵상 및 필사 (반복해서 본문을 읽고 묵상한 후 필사합니다.)

- 하나님의 도는 완전하고 여호와의 말씀은 순수하니 그는 자기에게 피하는 모든 자의 방패시로다 (시 18:30)

- 그러므로 내일 일을 위하여 염려하지 말라 내일 일은 내일이 염려할 것이요 한 날의 괴로움은 그 날로 족하니라 (마 6:34)

_____
_____
_____
_____
_____
_____
_____
_____
_____
_____

✓ **말씀으로 드리는 고백기도**

　하나님, 주님의 도는 완전하며, 주님의 말씀은 순수하여 우리의 길을 밝히시고 보호하여 주심을 믿습니다. 우리가 염려와 두려움에 사로잡힐 때, 주님의 말씀을 통해 다시 한 번 우리의 믿음을 굳건하게 하소서. 주님께서 주시는 평안과 신뢰 속에서 오늘을 살아가게 하시고, 내일을 걱정하지 않게 하소서. 우리의 모든 염려와 걱정을 주님께 맡깁니다. 성령님, 함께 하소서.

✓ **하나님의 성품을 묵상하는 침묵기도** (말씀을 통해 발견한 하나님의 성품을 고백하며 기도합니다.)

✓ **회개와 감사 및 간구기도** (말씀으로 깨달은 회개의 내용과 중보의 제목으로 기도합니다.)

✓ **감사일기**　　　일째
_____
_____

| 시 111-114편 | 7. 23. (수)

말씀묵상 및 필사 (반복해서 본문을 읽고 묵상한 후 필사합니다.)

· 여호와께서 이르시되 네가 수고도 아니하였고 재배도 아니하였고 하룻밤에 났다가 하룻밤에 말라 버린 이 박넝쿨을 아꼈거든 하물며 이 큰 성읍 니느웨에는 좌우를 분변하지 못하는 자가 십이만여 명이요 가축도 많이 있나니 내가 어찌 아끼지 아니하겠느냐 하시니라 (욘 4:10-11)

· 내가 의인을 부르러 온 것이 아니요 죄인을 불러 회개시키러 왔노라 (눅 5:32)

___

✓ **말씀으로 드리는 고백기도**

자비로우신 하나님, 주님의 은혜와 사랑 때문에 우리가 구원받았음을 고백합니다. 주님께서는 의인이 아닌 죄인을 부르셨고, 우리가 그 사랑을 통해 회개하고 변화될 수 있도록 길을 열어주셨습니다. 주님의 마음을 본받아 다른 이들을 향한 자비와 긍휼을 실천하며 살아가게 하소서. 주변 사람들에게도 주님의 사랑을 나누고, 그들을 위해 기도하게 하소서.

✓ **하나님의 성품을 묵상하는 침묵기도** (말씀을 통해 발견한 하나님의 성품을 고백하며 기도합니다.)

✓ **회개와 감사 및 간구기도** (말씀으로 깨달은 회개의 내용과 중보의 제목으로 기도합니다.)

✓ **감사일기**   일째

7. 24. (목) | 시 115-118편

말씀묵상 및 필사 (반복해서 본문을 읽고 묵상한 후 필사합니다.)
- 건축자가 버린 돌이 집 모퉁이의 머릿돌이 되었나니 이는 여호와께서 행하신 것이요 우리 눈에 기이한 바로다 (시 118:22-23)

- 사람에게는 버린 바가 되었으나 하나님께는 택하심을 입은 보배로운 산 돌이신 예수께 나아가 (벧전 2:4)

___

✓ 말씀으로 드리는 고백기도
   주님, 주님께서 행하신 놀라운 일들로 우리의 삶이 새로워졌음을 고백합니다. 예수님께서 회복되지 못할 자리에서 우리의 구속자가 되시고, 하나로 만드시는 역사를 이루셨습니다. 주님의 평화를 경험하며, 다른 사람들과 화평을 이루는 삶을 살게 하시고, 우리를 통해 주님의 사랑과 구원의 역사를 세상에 나타내소서.

✓ 하나님의 성품을 묵상하는 침묵기도 (말씀을 통해 발견한 하나님의 성품을 고백하며 기도합니다.)

✓ 회개와 감사 및 간구기도 (말씀으로 깨달은 회개의 내용과 중보의 제목으로 기도합니다.)

✓ 감사일기   일째

| 시 119편 | 7. 25. (금)

말씀묵상 및 필사 (반복해서 본문을 읽고 묵상한 후 필사합니다.)
- 여호와께서 이와 같이 말씀하시니라 내가 이 백성에게 이 큰 재앙을 내린 것 같이 허락한 모든 복을 그들에게 내리리라 (렘 32:42)

- 적은 무리여 무서워 말라 너희 아버지께서 그 나라를 너희에게 주시기를 기뻐하시느니라 (눅 12:32)

✓ **말씀으로 드리는 고백기도**
　사랑과 은혜가 풍성하신 하나님, 주님께서 우리에게 평안과 복을 주셔서 감사합니다. 비록 우리가 경험하는 고난과 재앙 속에서도 주님은 우리의 미래와 희망을 준비해 두셨음을 믿습니다 (렘 29:11). 주님께서 우리를 향한 선하신 뜻을 이루시며, 그 뜻 안에서 평안과 복을 누리게 하소서. 우리를 불안과 두려움에서 건져내시고, 주님의 사랑 안에서 담대히 살아가게 하소서.

✓ **하나님의 성품을 묵상하는 침묵기도** (말씀을 통해 발견한 하나님의 성품을 고백하며 기도합니다.)

✓ **회개와 감사 및 간구기도** (말씀으로 깨달은 회개의 내용과 중보의 제목으로 기도합니다.)

✓ **감사일기**　　일째

7. 26. (토) | 시 120-129편

✓ **한 주간의 영성훈련을 점검합니다.** (참여가 어려웠던 이유를 기록한 후 개선할 내용을 적어봅시다.)
- [ ] 1년 성경통독
- [ ] 말씀묵상 및 필사
- [ ] 침묵기도
- [ ] 감사와 회개의 기도
- [ ] 감사일기

*열심히 참여(○), 조금 부족(△), 참여 못함(×)

✓ **순례자의 노트를 작성하는 동안 가장 은혜로웠던 순간을 적어보세요.**

_____
_____
_____
_____
_____
_____
_____

✓ (1인) **가정예배**

· 사도신경   · 찬송 : 250장 (구주의 십자가 보혈로)
· 성경읽기 : 마태복음 11:25-30   · 기도 : 본인 또는 가족 중   · 주기도문

· 주간 암송구절
  수고하고 무거운 짐 진 자들아 다 내게로 오라 내가 너희를 쉬게 하리라 나는 마음이 온유하고 겸손하니 나의 멍에를 메고 내게 배우라 그리하면 너희 마음이 쉼을 얻으리니 이는 내 멍에는 쉽고 내 짐은 가벼움이라 하시니라 (마 11:28-30)

7. 27. (일)

✓ **주일설교 묵상**

_____
_____
_____
_____
_____
_____

| 시 130-134편 | 7. 28. (월)

말씀묵상 및 필사 (반복해서 본문을 읽고 묵상한 후 필사합니다.)

- 그러나 주께 피하는 모든 사람은 다 기뻐하며 주의 보호로 말미암아 영원히 기뻐 외치고 주의 이름을 사랑하는 자들은 주를 즐거워하리이다 (시 5:11)

- 내가 아버지의 계명을 지켜 그의 사랑 안에 거하는 것 같이 너희도 내 계명을 지키면 내 사랑 안에 거하리라 내가 이것을 너희에게 이름은 내 기쁨이 너희 안에 있어 너희 기쁨을 충만하게 하려 함이라 (요 15:10-11)

✓ **말씀으로 드리는 고백기도**

사랑의 주님, 주님의 보호와 사랑 안에서 기쁨을 누리게 하시니 감사합니다. 우리가 주님의 계명을 지키며 주님의 사랑 안에 거할 때, 주님의 기쁨이 우리 안에 충만하게 된다고 말씀하셨습니다. 우리의 삶을 주님의 말씀과 뜻에 맞추어 살아가게 하시고, 그 안에서 참된 기쁨을 경험하게 하소서. 주님의 사랑이 우리를 감싸고, 그 사랑 안에서 기쁨과 평안을 누리며 살아가게 하소서.

✓ **하나님의 성품을 묵상하는 침묵기도** (말씀을 통해 발견한 하나님의 성품을 고백하며 기도합니다.)

✓ **회개와 감사 및 간구기도** (말씀으로 깨달은 회개의 내용과 중보의 제목으로 기도합니다.)

✓ **감사일기**   일째

7. 29. (화)　| 시 135-137편

말씀묵상 및 필사 (반복해서 본문을 읽고 묵상한 후 필사합니다.)

· 만군의 하나님 여호와시여 나는 주의 이름으로 일컬음을 받는 자라 내가 주의 말씀을 얻어 먹었사오니 주의 말씀은 내게 기쁨과 내 마음의 즐거움이오나 (렘 15:16)

· 주여 이제도 그들의 위협함을 굽어보시옵고 또 종들로 하여금 담대히 하나님의 말씀을 전하게 하여 주시오며 (행 4:29)

_____
_____
_____
_____
_____
_____
_____
_____
_____

✓ **말씀으로 드리는 고백기도**

　사랑의 하나님, 주님의 말씀을 먹으며 그 안에서 기쁨과 즐거움을 찾게 하시니 감사합니다. 주님의 말씀은 우리 마음에 큰 기쁨을 주고, 우리의 삶에 소망과 확신이 됩니다. 또한 주님의 법을 즐거운 마음으로 따르고, 기쁨으로 말씀을 의지하고 사랑하게 하소서 (시 119:47-48). 이제부터 말씀을 담대히 전할 수 있도록 우리에게 용기와 힘을 주소서.

✓ **하나님의 성품을 묵상하는 침묵기도** (말씀을 통해 발견한 하나님의 성품을 고백하며 기도합니다.)

✓ **회개와 감사 및 간구기도** (말씀으로 깨달은 회개의 내용과 중보의 제목으로 기도합니다.)

✓ **감사일기**　　　일째
_____
_____

| 시 138-141편 | 7. 30. (수)

말씀묵상 및 필사 (반복해서 본문을 읽고 묵상한 후 필사합니다.)

- 하나님이여 주의 인자를 따라 내게 은혜를 베푸시며 주의 많은 긍휼을 따라 내 죄악을 지워 주소서 (시 51:1)

- 이러므로 내가 네게 말하노니 그의 많은 죄가 사하여졌도다 이는 그의 사랑함이 많음이라 사함을 받은 일이 적은 자는 적게 사랑하느니라 (눅 7:47)

✓ **말씀으로 드리는 고백기도**

긍휼이 풍성하신 하나님, 우리의 많은 죄악을 사하시며 은혜를 베풀어 주셔서 감사합니다. 주님의 용서의 은혜를 경험할 때, 우리 마음도 주님을 사랑함으로 가득 채워지기 원합니다. 주님의 사랑이 크고 깊음을 알게 하시고, 우리가 받은 용서가 우리로 하여금 다른 사람을 용서하고 사랑할 수 있는 능력이 되게 하소서. 우리를 항상 용서하시고 인도하시는 주님의 은혜를 찬양합니다.

✓ **하나님의 성품을 묵상하는 침묵기도** (말씀을 통해 발견한 하나님의 성품을 고백하며 기도합니다.)

✓ **회개와 감사 및 간구기도** (말씀으로 깨달은 회개의 내용과 중보의 제목으로 기도합니다.)

✓ **감사일기**   일째

7. 31. (목) | 시 142-145편

말씀묵상 및 필사 (반복해서 본문을 읽고 묵상한 후 필사합니다.)
- 너희가 자기를 위하여 공의를 심고 인애를 거두라 너희 묵은 땅을 기경하라 지금이 곧 여호와를 찾을 때니 마침내 여호와께서 오사 공의를 비처럼 너희에게 내리시리라 (호 10:12)

- 하나님을 따라 의와 진리의 거룩함으로 지으심을 받은 새 사람을 입으라 (엡 4:24)

✓ **말씀으로 드리는 고백기도**
　거룩하고 의로우신 하나님, 주님의 말씀을 따라 우리의 삶을 새롭게 하여 주소서. 주님께서 주시는 의와 진리로 우리의 마음을 기경하게 하시고, 묵은 땅을 갈아 새로운 결실을 맺게 하소서. 주님의 거룩함을 따라 의로운 삶을 살아갈 수 있도록 도우시고, 하나님의 택하신 거룩하고 사랑받는 자처럼 살아가게 하소서(골 3:12).

✓ **하나님의 성품을 묵상하는 침묵기도** (말씀을 통해 발견한 하나님의 성품을 고백하며 기도합니다.)

✓ **회개와 감사 및 간구기도** (말씀으로 깨달은 회개의 내용과 중보의 제목으로 기도합니다.)

✓ **감사일기**　　　일째

Aug.

| 이단 경계 주일

성경 묵상을 위해 필요한 자세와 태도 2

4. 집중

   말씀을 묵상할 때는 집중해서 하나님의 말씀에 몰입하는 것이 중요합니다. 집중을 방해하는 모든 산만한 생각을 정리하는 것도 묵상 훈련의 중요한 과정입니다.

5. 인내

   깊고 성숙한 성경 묵상은 짧은 시간에 이루어지지 않습니다. 오랜 시간 꾸준히 참여하고 적용해야 얻을 수 있습니다. 묵상은 인내와 성실이 요구되는 과정입니다.

6. 성찰

   묵상을 통해 깨닫게 된 내용으로 자신의 삶을 돌아보십시오. 주님 앞에 기도할 것이 무엇인지, 돌이키고 고쳐야 하는 것이 무엇인지, 새롭게 붙잡고 가야할 뜻이 무엇인지 찾으려고 힘써야 합니다.

| 시 146-150편 | 8. 1. (금)

말씀묵상 및 필사 (반복해서 본문을 읽고 묵상한 후 필사합니다.)

- 여호와가 네 형벌을 제거하였고 네 원수를 쫓아냈으며 이스라엘 왕 여호와가 네 가운데 계시니 네가 다시는 화를 당할까 두려워하지 아니할 것이라 (습 3:15)

- 빌라도가 예수께 물어 이르되 네가 유대인의 왕이냐 대답하여 이르시되 네 말이 옳도다 (눅 23:3)

✓ **말씀으로 드리는 고백기도**

주님, 주님은 우리의 형벌을 제거하시고, 우리의 원수를 쫓아내시는 분이십니다. 할렐루야. 이제 우리가 두려워하지 않고, 주님의 임재 속에서 평안을 누리게 하소서. 세상에서 겪는 어려움과 시련이 우리를 흔들지 않도록, 우리 마음 속에 언제나 주님의 평강이 넘치게 하소서. 예수 그리스도, 그 이름 안에서 우리로 구속 받게 하시는 주님의 은혜를 찬양합니다.

✓ **하나님의 성품을 묵상하는 침묵기도** (말씀을 통해 발견한 하나님의 성품을 고백하며 기도합니다.)

✓ **회개와 감사 및 간구기도** (말씀으로 깨달은 회개의 내용과 중보의 제목으로 기도합니다.)

✓ **감사일기**　　**일째**

8. 2. (토)　　행 1-6장

✓ **한 주간의 영성훈련을 점검합니다.** (참여가 어려웠던 이유를 기록한 후 개선할 내용을 적어봅시다.)
- ☐ 1년 성경통독
- ☐ 말씀묵상 및 필사
- ☐ 침묵기도
- ☐ 감사와 회개의 기도
- ☐ 감사일기

*열심히 참여 (○), 조금 부족 (△), 참여 못함 (×)

✓ **순례자의 노트를 작성하는 동안 가장 은혜로웠던 순간을 적어보세요.**

_____
_____
_____
_____
_____
_____
_____
_____

✓ (1인)　**가정예배**
- · 사도신경
- · 찬송 : 410장 (내 맘에 한 노래 있어)
- · 성경읽기 : 요한복음 14:25-31
- · 기도 : 본인 또는 가족 중
- · 주기도문

· 주간 암송구절
　평안을 너희에게 끼치노니 곧 나의 평안을 너희에게 주노라 내가 너희에게 주는 것은 세상이 주는 것과 같지 아니하니라 너희는 마음에 근심하지도 말고 두려워하지도 말라 (요 14:27)

8. 3. (일)

✓ **주일설교 묵상**

_____
_____
_____
_____
_____
_____

| 행 7-8장 | 8. 4. (월)

말씀묵상 및 필사 (반복해서 본문을 읽고 묵상한 후 필사합니다.)

- 그들이 그 날 바람이 불 때 동산에 거니시는 여호와 하나님의 소리를 듣고 아담과 그의 아내가 여호와 하나님의 낯을 피하여 동산 나무 사이에 숨은지라 (창 3:8)

- 숨은 것이 장차 드러나지 아니할 것이 없고 감추인 것이 장차 알려지고 나타나지 않을 것이 없느니라 (눅 8:17)

✓ **말씀으로 드리는 고백기도**

　주님, 숨길 수 없는 주님의 빛 앞에 서게 하소서. 아담이 죄로 인해 숨었으나, 주님께서 여전히 찾아오셨던 것처럼, 약함과 잘못 속에서 헤메는 우리에게 친히 찾아 오소서. 숨겨진 것이 모두 드러날 그 날, 우리의 구원이신 주님을 시인하며 찬송하게 하소서. 주님의 사랑이 모든 두려움을 몰아내고, 진리 안에서 자유함을 누리게 하시며, 온전한 회개와 믿음으로 주님과 동행하게 하소서.

✓ **하나님의 성품을 묵상하는 침묵기도** (말씀을 통해 발견한 하나님의 성품을 고백하며 기도합니다.)

✓ **회개와 감사 및 간구기도** (말씀으로 깨달은 회개의 내용과 중보의 제목으로 기도합니다.)

✓ **감사일기**　　　일째

8. 5. (화)　|행 9-10장

말씀묵상 및 필사 (반복해서 본문을 읽고 묵상한 후 필사합니다.)
- 왕이 심히 기뻐서 명하여 다니엘을 굴에서 올리라 하매 그들이 다니엘을 굴에서 올린즉 그의 몸이 조금도 상하지 아니하였으니 이는 그가 자기의 하나님을 믿음이었더라 (단 6:23)

- 그러므로 너희 담대함을 버리지 말라 이것이 큰 상을 얻게 하느니라 (히 10:35)

✓ **말씀으로 드리는 고백기도**
　주님, 다니엘의 믿음과 담대함을 본받아 우리도 주님께 모든 것을 맡기며 신뢰하게 하소서. 시련과 고난 속에서도 흔들리지 않고 주님을 의지하며, 그 믿음으로 인해 주님의 기쁨이 되고 큰 상급을 얻게 하소서(히 11:6). 우리의 담대함은 주님께로부터 나옵니다. 모든 두려움을 이기게 하시고, 믿음의 걸음을 통해 주님의 영광을 나타내게 하소서.

✓ **하나님의 성품을 묵상하는 침묵기도** (말씀을 통해 발견한 하나님의 성품을 고백하며 기도합니다.)

✓ **회개와 감사 및 간구기도** (말씀으로 깨달은 회개의 내용과 중보의 제목으로 기도합니다.)

✓ **감사일기**　　일째

| 행 11-13장 | 8. 6. (수)

말씀묵상 및 필사 (반복해서 본문을 읽고 묵상한 후 필사합니다.)

- 네 어머니의 아들 곧 네 형제나 네 자녀나 네 품의 아내나 너와 생명을 함께 하는 친구가 가만히 너를 꾀어 이르기를 너와 네 조상들이 알지 못하던 다른 신들, 너는 그를 따르지 말며 듣지 말며 긍휼히 여기지 말며 애석히 여기지 말며 덮어 숨기지 말고 (신 13:6,8)

- 그의 영광의 풍성함을 따라 그의 성령으로 말미암아 너희 속사람을 능력으로 강건하게 하시오며 믿음으로 말미암아 그리스도께서 너희 마음에 계시게 하시옵고 너희가 사랑 가운데서 뿌리가 박히고 터가 굳어져서 (엡 3:16-17)

✓ **말씀으로 드리는 고백기도**

주님, 우리의 속사람을 성령님의 능력으로 강건하게 하소서. 이 세상에 많은 유혹과 거짓 신들이 우리를 꾀려 해도, 오직 주님만을 따르고 의지하는 믿음을 주소서. 우리의 마음에 그리스도께서 늘 거하시고 사랑 가운데 뿌리를 내리고 굳건히 서게 하시며, 주님의 영으로 인도받는 삶, 하나님의 자녀라 일컬음을 받는 삶을 살게 하소서(롬 8:14).

✓ **하나님의 성품을 묵상하는 침묵기도** (말씀을 통해 발견한 하나님의 성품을 고백하며 기도합니다.)

✓ **회개와 감사 및 간구기도** (말씀으로 깨달은 회개의 내용과 중보의 제목으로 기도합니다.)

✓ **감사일기**   일째

8. 7. (목)　| 행 14-16장 |

말씀묵상 및 필사 (반복해서 본문을 읽고 묵상한 후 필사합니다.)

· 이제 구하옵나니 이미 말씀하신 대로 주의 큰 권능을 나타내옵소서 이르시기를 (민 14:17)

· 이는 그리스도께서 내 안에서 말씀하시는 증거를 너희가 구함이니 그는 너희에게 대하여 약하지 않고 도리어 너희 안에서 강하시니라 (고후 13:3)

_____

_____

_____

_____

_____

_____

_____

_____

_____

_____

✓ **말씀으로 드리는 고백기도**

　주님, 주님의 권능을 우리 삶 속에서 나타내소서. 주님께서 이미 말씀하신 약속이 이루어짐을 믿으며, 우리 안에서 강하게 역사하시는 그리스도의 능력을 의지합니다. 우리의 말과 행동이 우리 자신의 뜻이 아니라, 주님의 뜻에 따라 이루어지게 하시고, 주님의 영광을 드러내게 하소서. 우리의 연약함 속에서도 주님께서 강하게 일하실 줄 믿습니다.

✓ **하나님의 성품을 묵상하는 침묵기도** (말씀을 통해 발견한 하나님의 성품을 고백하며 기도합니다.)

✓ **회개와 감사 및 간구기도** (말씀으로 깨달은 회개의 내용과 중보의 제목으로 기도합니다.)

✓ **감사일기**　　　일째

_____

_____

| 행 17-18장 | 8. 8. (금)

말씀묵상 및 필사 (반복해서 본문을 읽고 묵상한 후 필사합니다.)

- 나 여호와는 포도원지기가 됨이여 때때로 물을 주며 밤낮으로 간수하여 아무든지 이를 해치지 못하게 하리로다 (사 27:3)

- 평강의 하나님이 친히 너희를 온전히 거룩하게 하시고 또 너희의 온 영과 혼과 몸이 우리 주 예수 그리스도께서 강림하실 때에 흠 없게 보전되기를 원하노라 (살전 5:23)

_____
_____
_____
_____
_____
_____
_____
_____
_____

✔ **말씀으로 드리는 고백기도**

주님, 포도원을 지키시며 밤낮으로 간수하시는 주님의 사랑에 감사합니다. 우리를 푸른 초장과 쉴 만한 물가로 인도하시는 목자 되신 주님(시 23:1-2), 우리의 영과 혼과 몸을 흠 없이 보전하사 주님 앞에 온전히 거룩한 자로 세워주소서. 평강의 하나님이 친히 우리를 붙드시고, 주님의 강림하실 그 날까지 변함없는 은혜로 보호하여 주소서.

✔ **하나님의 성품을 묵상하는 침묵기도** (말씀을 통해 발견한 하나님의 성품을 고백하며 기도합니다.)

✔ **회개와 감사 및 간구기도** (말씀으로 깨달은 회개의 내용과 중보의 제목으로 기도합니다.)

✔ **감사일기**   일째

8. 9. (토)　|행 19-23장

✓ **한 주간의 영성훈련을 점검합니다.** (참여가 어려웠던 이유를 기록한 후 개선할 내용을 적어봅시다.)
- [ ] 1년 성경통독
- [ ] 말씀묵상 및 필사
- [ ] 침묵기도
- [ ] 감사와 회개의 기도
- [ ] 감사일기

*열심히 참여 (○), 조금 부족 (△), 참여 못함 (×)

✓ **순례자의 노트를 작성하는 동안 가장 은혜로웠던 순간을 적어보세요.**

✓ (1인)　**가정예배**
- 사도신경
- 찬송 : 212장 (겸손히 주를 섬길 때)
- 성경읽기 : 빌립보서 4:2-9
- 기도 : 본인 또는 가족 중
- 주기도문

- 주간 암송구절

  아무 것도 염려하지 말고 다만 모든 일에 기도와 간구로, 너희 구할 것을 감사함으로 하나님께 아뢰라 그리하면 모든 지각에 뛰어난 하나님의 평강이 그리스도 예수 안에서 너희 마음과 생각을 지키시리라 (빌 4:6-7)

8. 10. (일)

✓ **주일설교 묵상**

| 행 24-26장 | 8. 11. (월)

말씀묵상 및 필사 (반복해서 본문을 읽고 묵상한 후 필사합니다.)

- 모세와 아론이 바로에게 들어가서 그에게 이르되 히브리 사람의 하나님 여호와께서 말씀하시기를 네가 어느 때까지 내 앞에 겸비하지 아니하겠느냐 내 백성을 보내라 그들이 나를 섬길 것이라 (출 10:3)

- 내가 너희에게 이르노니 이에 저 바리새인이 아니고 이 사람이 의롭다 하심을 받고 그의 집으로 내려갔느니라 무릇 자기를 높이는 자는 낮아지고 자기를 낮추는 자는 높아지리라 하시니라 (눅 18:14)

✓ **말씀으로 드리는 고백기도**

겸손의 본이 되시는 예수님, 우리 마음의 교만을 내려놓고 겸손히 주님 앞에 나아가게 하소서. 스스로 높아지려는 마음을 낮추고, 온전히 주님을 의지하며 살아가는 믿음을 주소서. 모세와 아론이 바로 앞에서 전한 하나님의 말씀처럼, 우리의 삶이 오직 주님을 섬기는 데 헌신하게 하시며, 자기를 낮추는 자를 높이시는 주님의 은혜를 경험하게 하소서.

✓ **하나님의 성품을 묵상하는 침묵기도** (말씀을 통해 발견한 하나님의 성품을 고백하며 기도합니다.)

✓ **회개와 감사 및 간구기도** (말씀으로 깨달은 회개의 내용과 중보의 제목으로 기도합니다.)

✓ **감사일기**   일째

8. 12. (화) | 행 27-28장

말씀묵상 및 필사 (반복해서 본문을 읽고 묵상한 후 필사합니다.)
- 주여 주께서 지으신 모든 민족이 와서 주의 앞에 경배하며 주의 이름에 영광을 돌리리이다 (시 86:9)

- 이는 남의 규범으로 이루어 놓은 것으로 자랑하지 아니하고 너희 지역을 넘어 복음을 전하려 함이라 (고후 10:16)

✓ **말씀으로 드리는 고백기도**
　주님, 모든 민족과 백성이 주님의 이름 앞에 나아가 경배하며 보좌에 앉으신 주님의 영광을 찬양할 그날을 고대합니다(계 7:9-10). 주님께서 맡기신 복음을 온 세상에 전하기 위해 우리의 삶을 사용하시고, 우리의 걸음을 복음의 빛으로 인도하여 주소서. 우리가 자랑할 것은 오직 주님의 은혜와 구원뿐임을 고백하며, 모든 열방이 주님의 구원을 찬양하도록 우리의 삶이 증거가 되게 하소서.

✓ **하나님의 성품을 묵상하는 침묵기도** (말씀을 통해 발견한 하나님의 성품을 고백하며 기도합니다.)

✓ **회개와 감사 및 간구기도** (말씀으로 깨달은 회개의 내용과 중보의 제목으로 기도합니다.)

✓ **감사일기**　　　일째

| 롬 1-3장 | 8. 13. (수)

말씀묵상 및 필사 (반복해서 본문을 읽고 묵상한 후 필사합니다.)

· 너는 그들에게 말하라 주 여호와의 말씀이니라 나의 삶을 두고 맹세하노니 나는 악인이 죽는 것을 기뻐하지 아니하고 악인이 그의 길에서 돌이켜 떠나 사는 것을 기뻐하노라 이스라엘 족속아 돌이키고 돌이키라 너희 악한 길에서 떠나라 어찌 죽고자 하느냐 하셨다 하라 (겔 33:11)

· 대답하여 이르되 옷 두 벌 있는 자는 옷 없는 자에게 나눠 줄 것이요 먹을 것이 있는 자도 그렇게 할 것이니라 하고 (눅 3:11)

✓ **말씀으로 드리는 고백기도**

　주님, 악인의 길에서 떠나 돌이키기를 원하시는 하나님의 사랑과 긍휼을 찬양합니다. 우리 마음이 악을 미워하고 선을 사랑하며, 나누는 삶으로 주님의 뜻을 이뤄가게 하소서. 가진 것을 이웃과 나누며, 정의를 세우는 삶을 살게 하시고, 주님께서 기뻐하시는 회개와 순종의 열매를 맺게 하소서 (암 5:15). 우리가 악에서 떠나 선한 길로 나아가도록 성령님께서 우리를 붙드시고 인도하여 주소서.

✓ **하나님의 성품을 묵상하는 침묵기도** (말씀을 통해 발견한 하나님의 성품을 고백하며 기도합니다.)

✓ **회개와 감사 및 간구기도** (말씀으로 깨달은 회개의 내용과 중보의 제목으로 기도합니다.)

✓ **감사일기**　　　일째

8. 14. (목)　| 롬 4-6장

말씀묵상 및 필사 (반복해서 본문을 읽고 묵상한 후 필사합니다.)
- 주는 내가 항상 피하여 숨을 바위가 되소서 주께서 나를 구원하라 명령하셨으니 이는 주께서 나의 반석이시오 나의 요새이심이니이다 (시 71:3)

- 수고하고 무거운 짐 진 자들아 다 내게로 오라 내가 너희를 쉬게 하리라 (마 11:28)

✓ **말씀으로 드리는 고백기도**
　주님, 피난처와 요새가 되셔서 우리의 수고와 짐을 맡아주시니 감사합니다. 무거운 마음을 가지고 주님께 나아갈 때, 주님의 품에서 참된 쉼을 얻게 하소서. 환난 가운데서도 선하신 주님을 의지하며, 우리의 바위 되신 주님 안에 머물게 하소서. 주님께 피하는 모든 이들에게 평안과 구원을 베푸시고, 그들의 삶 속에 주님의 선하심을 알게 하소서(나 1:7)

✓ **하나님의 성품을 묵상하는 침묵기도** (말씀을 통해 발견한 하나님의 성품을 고백하며 기도합니다.)

✓ **회개와 감사 및 간구기도** (말씀으로 깨달은 회개의 내용과 중보의 제목으로 기도합니다.)

✓ **감사일기**　　　일째

| 롬 7-9장 | 8. 15. (금)

말씀묵상 및 필사 (반복해서 본문을 읽고 묵상한 후 필사합니다.)
- 여호와의 말씀에 시온의 딸아 노래하고 기뻐하라 이는 내가 와서 네 가운데에 머물 것임이라 (슥 2:10)

- 이것들을 증언하신 이가 이르시되 내가 진실로 속히 오리라 하시거늘 아멘 주 예수여 오시옵소서 (계 22:20)

___

✓ **말씀으로 드리는 고백기도**
　주님, 우리 가운데 거하시겠다고 약속하셨습니다. 주님의 임재를 기다리며 기쁨으로 노래하게 하시고, 속히 다시 오시겠다는 주님의 말씀을 믿음으로 붙잡게 하소서. 우리의 삶 속에 주님의 장막을 세우시고, 우리가 주님과 늘 동행하는 백성이 되게 하소서(레 26:11-12). "아멘, 주 예수여 오시옵소서"라는 고백으로 날마다 소망을 품고 살아가게 하소서.

✓ **하나님의 성품을 묵상하는 침묵기도** (말씀을 통해 발견한 하나님의 성품을 고백하며 기도합니다.)

✓ **회개와 감사 및 간구기도** (말씀으로 깨달은 회개의 내용과 중보의 제목으로 기도합니다.)

✓ **감사일기**　　　**일째**

8. 16. (토)　| 롬 10-16장

✓ **한 주간의 영성훈련을 점검합니다.** (참여가 어려웠던 이유를 기록한 후 개선할 내용을 적어봅시다.)
- ☐ 1년 성경통독
- ☐ 말씀묵상 및 필사
- ☐ 침묵기도
- ☐ 감사와 회개의 기도
- ☐ 감사일기

*열심히 참여 (○), 조금 부족 (△), 참여 못함 (×)

✓ **순례자의 노트를 작성하는 동안 가장 은혜로웠던 순간을 적어보세요.**

___

✓ (1인)　**가정예배**
- 사도신경
- 찬송 : 87장 (내 주님 입으신 그 옷은)
- 성경읽기 : 로마서 8:24-30
- 기도 : 본인 또는 가족 중
- 주기도문

· 주간 암송구절
　우리가 알거니와 하나님을 사랑하는 자 곧 그의 뜻대로 부르심을 입은 자들에게는 모든 것이 합력하여 선을 이루느니라 (롬 8:28)

8. 17. (일)

✓ **주일설교 묵상**

| 고전 1-3장 | 8. 18. (월)

말씀묵상 및 필사 (반복해서 본문을 읽고 묵상한 후 필사합니다.)

- 여호와의 종 모세가 너희에게 명령하여 이르기를 너희의 하나님 여호와께서 너희에게 안식을 주시며 이 땅을 너희에게 주시리라 하였나니 너희는 그 말을 기억하라 (수 1:13)

- 그러므로 우리가 저 안식에 들어가기를 힘쓸지니 이는 누구든지 저 순종하지 아니하는 본에 빠지지 않게 하려 함이라 (히 4:11)

✔ **말씀으로 드리는 고백기도**

주님, 우리에게 안식과 평안을 약속하셨습니다. 주님 안에서 참된 안식을 누리게 하소서. 이 땅에서 경험하는 평안은 주님의 선물임을 깨닫고, 그 안식에 들어가기를 힘쓰게 하시며, 주님께 순종하는 삶을 살도록 인도하소서(레 25:18). 불신과 불순종의 길에서 벗어나, 주님께서 주신 참된 평안과 안식을 누리며, 이 땅에서 주님과 동행하는 삶을 살게 하소서.

✔ **하나님의 성품을 묵상하는 침묵기도** (말씀을 통해 발견한 하나님의 성품을 고백하며 기도합니다.)

✔ **회개와 감사 및 간구기도** (말씀으로 깨달은 회개의 내용과 중보의 제목으로 기도합니다.)

✔ **감사일기**   일째

8. 19. (화) | 고전 4-6장

말씀묵상 및 필사 (반복해서 본문을 읽고 묵상한 후 필사합니다.)
- 여호와께서 아시는 한 날이 있으리니 낮도 아니요 밤도 아니라 어두워 갈 때에 빛이 있으리로다 (슥 14:7)

- 밤이 깊고 낮이 가까웠으니 그러므로 우리가 어둠의 일을 벗고 빛의 갑옷을 입자 (롬 13:12)

✓ **말씀으로 드리는 고백기도**
　주님, 어두운 세상에서 주님의 빛을 찾을 수 있도록 도와주소서. 어둠의 일들을 벗어버리고, 빛의 갑옷을 입고 주님의 뜻을 따르며 살아가게 하소서. 예수님께서 이 땅에 오셔서 우리에게 생명의 빛을 비추셨듯이, 저희도 그 빛을 따라가며 하나님의 나라를 세우는 도구가 되게 하소서. 주님, 주님의 빛이 우리 삶의 길을 인도하시고, 언제나 그 빛을 의지하며 살아가게 하소서.

✓ **하나님의 성품을 묵상하는 침묵기도** (말씀을 통해 발견한 하나님의 성품을 고백하며 기도합니다.)

✓ **회개와 감사 및 간구기도** (말씀으로 깨달은 회개의 내용과 중보의 제목으로 기도합니다.)

✓ **감사일기**　　　일째

| 고전 7-9장 | 8. 20. (수)

말씀묵상 및 필사 (반복해서 본문을 읽고 묵상한 후 필사합니다.)

- 내가 땅의 기초를 놓을 때에 네가 어디 있었느냐 네가 깨달아 알았거든 말할지니라, 이르기를 네가 여기까지 오고 더 넘어가지 못하리니 네 높은 파도가 여기서 그칠지니라 하였노라 (욥 38:4,11)

- 태초에 말씀이 계시니라 이 말씀이 하나님과 함께 계셨으니 이 말씀은 곧 하나님이시니라, 만물이 그로 말미암아 지은 바 되었으니 지은 것이 하나도 그가 없이는 된 것이 없느니라 (요 1:1,3)

✓ **말씀으로 드리는 고백기도**

하나님, 주님이 창조하신 이 세상과 만물을 우리는 온전히 이해할 수 없지만, 그 크고 놀라운 창조의 섭리에 찬양과 경배를 드립니다. 모든 것이 주님의 말씀으로 시작되었고, 우리의 삶과 역사는 주님의 손에 달려 있음을 고백합니다(창 1:1-3). 우리의 한계를 넘지 못하게 하시고, 주님의 뜻 안에서만 평안과 힘을 찾게 하소서.

✓ **하나님의 성품을 묵상하는 침묵기도** (말씀을 통해 발견한 하나님의 성품을 고백하며 기도합니다.)

✓ **회개와 감사 및 간구기도** (말씀으로 깨달은 회개의 내용과 중보의 제목으로 기도합니다.)

✓ **감사일기**   일째

8. 21. (목)　| 고전 10-12장

말씀묵상 및 필사 (반복해서 본문을 읽고 묵상한 후 필사합니다.)
- 네 평생에 너를 능히 대적할 자가 없으리니 내가 모세와 함께 있었던 것 같이 너와 함께 있을 것임이니라 내가 너를 떠나지 아니하며 버리지 아니하리니 (수 1:5)

- 하나님의 약속은 얼마든지 그리스도 안에서 예가 되니 그런즉 그로 말미암아 우리가 아멘 하여 하나님께 영광을 돌리게 되느니라 (고후 1:20)

✓ **말씀으로 드리는 고백기도**
　하나님, 어려움에 처할 때마다 주님의 약속을 의지하며 그 안에서 평안을 찾습니다. 주님은 항상 우리와 함께 하시며, 떠나지 않으신다고 약속하셨습니다. 이제 두려움 없이 나아가며, 어떤 상황에서도 주님을 신뢰합니다. 하나님이 우리를 위하시면 누구도 우리를 대적할 수 없음을 믿습니다 (롬 8:31).

✓ **하나님의 성품을 묵상하는 침묵기도** (말씀을 통해 발견한 하나님의 성품을 고백하며 기도합니다.)

✓ **회개와 감사 및 간구기도** (말씀으로 깨달은 회개의 내용과 중보의 제목으로 기도합니다.)

✓ **감사일기**　　일째

| 고전 13-16장 | 8. 22. (금)

말씀묵상 및 필사 (반복해서 본문을 읽고 묵상한 후 필사합니다.)
- 산들이 예루살렘을 두름과 같이 여호와께서 그의 백성을 지금부터 영원까지 두르시리로다 (시 125:2)

- 또 주께서 우리가 너희를 사랑함과 같이 너희도 피차간과 모든 사람에 대한 사랑이 더욱 많아 넘치게 하사 너희 마음을 굳건하게 하시고 우리 주 예수께서 그의 모든 성도와 함께 강림하실 때에 하나님 우리 아버지 앞에서 거룩함에 흠이 없게 하시기를 원하노라 (살전 3:12-13)

✓ **말씀으로 드리는 고백기도**
　하나님, 주님은 우리를 항상 둘러싸시고 지켜주십니다. 두려움 없이 주님께 의지하며 나아가게 하시고, 서로를 사랑하며 그 사랑이 넘쳐 흐르게 하소서. 주님의 은혜로 우리의 마음이 굳건하게 세워지고, 주 예수 그리스도께서 다시 오실 때 우리 모두가 흠 없고 거룩하게 서게 하소서. 친히 우리의 하나님이 되시고 주님의 의로운 오른손으로 붙들어 주소서(사 41:10).

✓ **하나님의 성품을 묵상하는 침묵기도** (말씀을 통해 발견한 하나님의 성품을 고백하며 기도합니다.)

✓ **회개와 감사 및 간구기도** (말씀으로 깨달은 회개의 내용과 중보의 제목으로 기도합니다.)

✓ **감사일기**　　　**일째**

| 8. 23. (토) | 고후 1-6장 |

✓ **한 주간의 영성훈련을 점검합니다.** (참여가 어려웠던 이유를 기록한 후 개선할 내용을 적어봅시다.)
- ☐ 1년 성경통독
- ☐ 말씀묵상 및 필사
- ☐ 침묵기도
- ☐ 감사와 회개의 기도
- ☐ 감사일기

*열심히 참여 (○), 조금 부족 (△), 참여 못함 (×)

✓ **순례자의 노트를 작성하는 동안 가장 은혜로웠던 순간을 적어보세요.**

___

✓ (1인)　**가정예배**
- 사도신경
- 찬송 : 93장 (예수는 나의 힘이요)
- 성경읽기 : 고린도전서 15:50-58
- 기도 : 본인 또는 가족 중
- 주기도문

- 주간 암송구절
　우리 주 예수 그리스도로 말미암아 우리에게 승리를 주시는 하나님께 감사하노니 (고전 15:57)

| 8. 24. (일) |

✓ **주일설교 묵상**

___

| 고후 7-9장 | 8. 25. (월)

말씀묵상 및 필사 (반복해서 본문을 읽고 묵상한 후 필사합니다.)

- 너희는 살려면 선을 구하고 악을 구하지 말지어다 만군의 하나님 여호와께서 너희의 말과 같이 너희와 함께 하시리라 (암 5:14)

- 아무에게도 악을 악으로 갚지 말고 모든 사람 앞에서 선한 일을 도모하라 (롬 12:17)

✓ **말씀으로 드리는 고백기도**

주님, 악을 악으로 갚지 않게 하시고, 항상 선을 구하며 주님께서 부르신 뜻을 따르게 하소서(벧전 3:9). 주님께서 우리와 함께 하시며, 우리가 행하는 모든 선한 일이 주님의 영광을 드러내기 원합니다. 이 세상에서 악을 마주할 때에도 우리의 마음이 용서와 사랑으로 가득 차게 하시고, 모든 사람 앞에서 선한 일을 도모하며 주님의 사랑을 전하게 하소서.

✓ **하나님의 성품을 묵상하는 침묵기도** (말씀을 통해 발견한 하나님의 성품을 고백하며 기도합니다.)

✓ **회개와 감사 및 간구기도** (말씀으로 깨달은 회개의 내용과 중보의 제목으로 기도합니다.)

✓ **감사일기**   일째

8. 26. (화) | 고후 10-11장

말씀묵상 및 필사 (반복해서 본문을 읽고 묵상한 후 필사합니다.)

· 만군의 여호와가 이르노라 보라 내가 내 사자를 보내리니 그가 내 앞에서 길을 준비할 것이요 또 너희가 구하는 바 주가 갑자기 그의 성전에 임하시리니 곧 너희가 사모하는 바 언약의 사자가 임하실 것이라 (말 3:1)

· 요한이 모든 사람에게 대답하여 이르되 나는 물로 너희에게 세례를 베풀거니와 나보다 능력이 많으신 이가 오시나니 나는 그의 신발끈을 풀기도 감당하지 못하겠노라 그는 성령과 불로 너희에게 세례를 베푸실 것이요 (눅 3:16)

✓ **말씀으로 드리는 고백기도**
　주님, 성령 하나님의 능력으로 날마다 우리 마음을 새롭게 하시고, 주님의 영이 임재하셔서 우리의 삶을 변화시키소서. 주님의 충만하신 은혜가 우리 가운데 가득 차게 하시고, 아직 주님을 모르는 자들에게 주님의 오심을 준비하는 도구로 우리를 사용하소서. 날마다 주님의 다시 오심을 기다립니다. 주님 오심을 준비하는 지혜로운 자로 살게 하소서.

✓ **하나님의 성품을 묵상하는 침묵기도** (말씀을 통해 발견한 하나님의 성품을 고백하며 기도합니다.)

✓ **회개와 감사 및 간구기도** (말씀으로 깨달은 회개의 내용과 중보의 제목으로 기도합니다.)

✓ **감사일기**　　일째

| 고후 12-13장 | 8. 27. (수)

말씀묵상 및 필사 (반복해서 본문을 읽고 묵상한 후 필사합니다.)

- 이 성읍이 세계 열방 앞에서 나의 기쁜 이름이 될 것이며 찬송과 영광이 될 것이요 그들은 내가 이 백성에게 베푼 모든 복을 들을 것이요 내가 이 성읍에 베푼 모든 복과 모든 평안으로 말미암아 두려워하며 떨리라 (렘 33:9)

- 하나님이 오른손으로 예수를 높이시매 그가 약속하신 성령을 아버지께 받아서 너희가 보고 듣는 이것을 부어 주셨느니라 (행 2:33)

✔ **말씀으로 드리는 고백기도**

하나님, 성령으로 우리에게 힘을 주시고, 주님을 향한 찬송과 영광이 우리의 삶 속에 넘쳐 흐르게 하소서. 주님의 이름이 모든 열방에서 찬송받고, 그 복음을 들은 사람들이 두려워하며 주님을 경외하게 하소서. 예수님께서 약속하신 성령님께서 우리에게 필요한 모든 은혜를 부어주시기 기도합니다. 우리의 삶이 주님의 기쁨이 되게 하소서.

✔ **하나님의 성품을 묵상하는 침묵기도** (말씀을 통해 발견한 하나님의 성품을 고백하며 기도합니다.)

✔ **회개와 감사 및 간구기도** (말씀으로 깨달은 회개의 내용과 중보의 제목으로 기도합니다.)

✔ **감사일기**   일째

8. 28. (목) | 잠 1-4장

말씀묵상 및 필사 (반복해서 본문을 읽고 묵상한 후 필사합니다.)
- 여호와여 주의 도를 내게 가르치소서 내가 주의 진리에 행하오리니 일심으로 주의 이름을 경외하게 하소서 (시 86:11)

- 이러므로 우리가 하나님께 끊임없이 감사함은 너희가 우리에게 들은 바 하나님의 말씀을 받을 때에 사람의 말로 받지 아니하고 하나님의 말씀으로 받음이니 진실로 그러하도다 이 말씀이 또한 너희 믿는 자 가운데에서 역사하느니라 (살전 2:13)

✓ **말씀으로 드리는 고백기도**
　사랑의 하나님, 주님의 도를 배우고 그 진리 가운데 행할 수 있도록 우리의 마음을 열어주소서. 주님의 말씀을 사람의 말이 아닌 하나님의 말씀으로 받아들이고, 그 말씀이 우리의 삶 속에서 역사하여 주님의 뜻을 이루게 하소서. 성령님께서 우리에게 모든 것을 가르쳐 주시고, 주님의 말씀과 뜻이 생각나게 하소서(요 14:26).

✓ **하나님의 성품을 묵상하는 침묵기도** (말씀을 통해 발견한 하나님의 성품을 고백하며 기도합니다.)

✓ **회개와 감사 및 간구기도** (말씀으로 깨달은 회개의 내용과 중보의 제목으로 기도합니다.)

✓ **감사일기**　　　일째

| 잠 5-8장 | 8. 29. (금)

말씀묵상 및 필사 (반복해서 본문을 읽고 묵상한 후 필사합니다.)
- 주를 찬송함과 주께 영광 돌림이 종일토록 내 입에 가득하리이다 (시 71:8)

- 한밤중에 바울과 실라가 기도하고 하나님을 찬송하매 죄수들이 듣더라 (행 16:25)

✓ **말씀으로 드리는 고백기도**

　주님, 내 입술이 주님을 찬송하고 주님께 영광을 돌리는 일이 끊임없이 이어지게 하소서. 하루 종일 주님의 사랑과 은혜를 노래하며, 그 은혜가 나의 삶을 통해 세상에 드러나게 하소서. 바울과 실라처럼 어려움 속에서도 찬송을 잃지 않게 하시고, 내가 주님을 찬양하는 그 모습이 다른 이들에게도 주님의 사랑을 전하는 통로가 되게 하소서. 주님의 이름을 높이며 살아가기 원합니다.

✓ **하나님의 성품을 묵상하는 침묵기도** (말씀을 통해 발견한 하나님의 성품을 고백하며 기도합니다.)

✓ **회개와 감사 및 간구기도** (말씀으로 깨달은 회개의 내용과 중보의 제목으로 기도합니다.)

✓ **감사일기**　　　**일째**

8. 30. (토) | 잠 9-16장

✓ **한 주간의 영성훈련을 점검합니다.** (참여가 어려웠던 이유를 기록한 후 개선할 내용을 적어봅시다.)
- ☐ 1년 성경통독
- ☐ 말씀묵상 및 필사
- ☐ 침묵기도
- ☐ 감사와 회개의 기도
- ☐ 감사일기

*열심히 참여 (○), 조금 부족 (△), 참여 못함 (×)

✓ **순례자의 노트를 작성하는 동안 가장 은혜로웠던 순간을 적어보세요.**

_____
_____
_____
_____
_____
_____
_____
_____

✓ (1인) **가정예배**
- 사도신경
- 찬송 : 183장 (빈 들에 마른 풀 같이)
- 성경읽기 : 요한일서 5:1-12
- 기도 : 본인 또는 가족 중
- 주기도문

- 주간 암송구절
  무릇 하나님께로부터 난 자마다 세상을 이기느니라 세상을 이기는 승리는 이것이니 우리의 믿음이니라 (요일 5:4)

8. 31. (일)

✓ **주일설교 묵상**

_____
_____
_____
_____
_____
_____

Sep.

성경 묵상을 통해 얻을 수 있는 유익 1

1. 성장

말씀 묵상은 믿음을 자라게 합니다. 모든 그리스도인은 말씀으로 일하시는 하나님을 경험하며 성화되어 갑니다. 말씀으로 하나님에 대한 이해가 커지면 그분을 더욱 의지하게 되고 그분과 함께 하는 생명과 빛의 삶을 누리게 됩니다.

2. 그리스도를 닮아감

그리스도인의 삶의 궁극적인 목적은 예수 그리스도를 닮는 것입니다. 말씀 안에서 창조주 하나님과 자신의 참 모습을 발견하고, 복음 안에서 삶의 통합을 이루어 가는 것이 가장 소중한 은혜입니다.

3. 복음 전파의 사명

말씀을 통해 예수 그리스도의 삶을 깨닫게 되면 우리 안에 그분을 향한 사랑과 열망이 커져 갑니다. 하나님이 기뻐하시는 십자가의 복음을 전하고자 하는 거룩한 사명이 생깁니다.

| 잠 17-19장 | 9. 1. (월)

말씀묵상 및 필사 (반복해서 본문을 읽고 묵상한 후 필사합니다.)

- 여호와께서 이르시되 내가 애굽에 있는 내 백성의 고통을 분명히 보고 그들이 그들의 감독자로 말미암아 부르짖음을 듣고 그 근심을 알고 (출 3:7)

- 다만 이뿐 아니라 우리가 환난 중에도 즐거워하나니 이는 환난은 인내를, 인내는 연단을, 연단은 소망을 이루는 줄 앎이로다 소망이 우리를 부끄럽게 하지 아니함은 우리에게 주신 성령으로 말미암아 하나님의 사랑이 우리 마음에 부은 바 됨이니 (롬 5:3-5)

✓ **말씀으로 드리는 고백기도**

주님, 애굽에서 고통받는 백성을 기억하시고 그들의 부르짖음을 들으셨던 하나님을 찬양합니다. 오늘도 우리의 환난과 눈물을 외면하지 않으시는 주님을 의지하며 나아갑니다. 고난 속에서도 우리를 향한 하나님의 사랑이 충만하오니, 인내하며 연단을 받아 소망에 이르게 하소서. 우리 마음이 상할 때마다 주님의 위로로 채우시고, 통회하는 자를 품으시는 그 자비로 새 힘을 주소서 (시 34:18).

✓ **하나님의 성품을 묵상하는 침묵기도** (말씀을 통해 발견한 하나님의 성품을 고백하며 기도합니다.)

✓ **회개와 감사 및 간구기도** (말씀으로 깨달은 회개의 내용과 중보의 제목으로 기도합니다.)

✓ **감사일기**   일째

9. 2. (화)　|잠 20-21장|

말씀묵상 및 필사 (반복해서 본문을 읽고 묵상한 후 필사합니다.)
- 야곱이 길을 가는데 하나님의 사자들이 그를 만난지라 (창 32:1)

- 모든 천사들은 섬기는 영으로서 구원 받을 상속자들을 위하여 섬기라고 보내심이 아니냐 (히 1:14)

___

✓ **말씀으로 드리는 고백기도**
　주님, 길을 떠나는 야곱을 천군 천사로 보호하셨던 하나님을 찬양합니다. 우리의 삶 속에서도 천사들을 보내시고 구원의 여정을 도우시는 주님의 신실하심을 의지합니다(시 91:11). 담대히 걸어가게 하소서. 주님께서 인도하시는 모든 길에서 주님의 손길을 느끼게 하시고, 두려움이 아닌 믿음으로 나아가게 하소서. 우리의 길을 지키시는 하나님께 감사합니다.

✓ **하나님의 성품을 묵상하는 침묵기도** (말씀을 통해 발견한 하나님의 성품을 고백하며 기도합니다.)

✓ **회개와 감사 및 간구기도** (말씀으로 깨달은 회개의 내용과 중보의 제목으로 기도합니다.)

✓ **감사일기**　　일째

___

| 잠 22-24장 | 9. 3. (수)

말씀묵상 및 필사 (반복해서 본문을 읽고 묵상한 후 필사합니다.)

- 왕이 대답하여 다니엘에게 이르되 너희 하나님은 참으로 모든 신들의 신이시요 모든 왕의 주재시로다 네가 능히 이 은밀한 것을 나타내었으니 네 하나님은 또 은밀한 것을 나타내시는 이시로다 (단 2:47)

- 내가 확신하노니 사망이나 생명이나 천사들이나 권세자들이나 현재 일이나 장래 일이나 능력이나 높음이나 깊음이나 다른 어떤 피조물이라도 우리를 우리 주 그리스도 예수 안에 있는 하나님의 사랑에서 끊을 수 없으리라 (롬 8:38-39)

✓ **말씀으로 드리는 고백기도**

　모든 신들의 신이시며 왕들의 주재이신 하나님, 은밀한 것을 밝히 드러내시며 우리의 삶을 인도하시는 주님을 찬양합니다. 사망도 생명도, 어떤 권세나 능력도 우리를 그리스도 예수 안에 있는 하나님의 사랑에서 끊을 수 없음을 확신합니다. 주님의 오묘하심을 다 헤아릴 수 없지만, 그 사랑의 깊이를 날마다 경험하며 신뢰하게 하소서.

✓ **하나님의 성품을 묵상하는 침묵기도** (말씀을 통해 발견한 하나님의 성품을 고백하며 기도합니다.)

✓ **회개와 감사 및 간구기도** (말씀으로 깨달은 회개의 내용과 중보의 제목으로 기도합니다.)

✓ **감사일기**　　　일째

9. 4. (목)　|잠 25-29장

말씀묵상 및 필사 (반복해서 본문을 읽고 묵상한 후 필사합니다.)
- 주의 진리로 나를 지도하시고 교훈하소서 주는 내 구원의 하나님이시니 내가 종일 주를 기다리나이다 (시 25:5)

- 예수께서 이르시되 내가 곧 길이요 진리요 생명이니 나로 말미암지 않고는 아버지께로 올 자가 없느니라 (요 14:6)

✓ **말씀으로 드리는 고백기도**
　진리의 하나님, 우리의 길을 밝히시고 교훈하시는 주님을 찬양합니다. 주님은 곧 길이요 진리요 생명이시니, 아버지께로 나아가는 유일한 길을 열어 주신 예수님을 찬양합니다. 종일토록 주님을 기다리며 주님의 말씀 안에 거하길 원하오니, 우리를 진리로 가르치사 자유케 하시고 주님의 생명으로 충만케 하소서. 이 세상의 혼란 속에서도 주님을 따르는 발걸음이 흔들리지 않게 하소서.

✓ **하나님의 성품을 묵상하는 침묵기도** (말씀을 통해 발견한 하나님의 성품을 고백하며 기도합니다.)

✓ **회개와 감사 및 간구기도** (말씀으로 깨달은 회개의 내용과 중보의 제목으로 기도합니다.)

✓ **감사일기**　　　일째

| 잠 30-31장 | 9. 5. (금)

말씀묵상 및 필사 (반복해서 본문을 읽고 묵상한 후 필사합니다.)
- 여호와께서 사람의 걸음을 정하시고 그의 길을 기뻐하시나니 그는 넘어지나 아주 엎드러지지 아니함은 여호와께서 그의 손으로 붙드심이로다 (시 37:23-24)

- 예수께서 즉시 손을 내밀어 그를 붙잡으시며 이르시되 믿음이 작은 자여 왜 의심하였느냐 하시고 (마 14:31)

✓ **말씀으로 드리는 고백기도**

주님, 우리의 걸음을 정하시고 그 길을 기뻐하시는 하나님을 찬양합니다. 넘어질 때에도 손을 내밀어 붙드시고 다시 일으켜 주시는 주님의 사랑에 감사합니다. 바람과 파도를 두려워하며 의심했던 베드로처럼 연약한 우리이지만, 그 순간에도 우리를 놓지 않으시는 주님의 손을 신뢰합니다. 두려움 속에서도 주님의 함께 하심을 기억하게 하시고, 흔들리지 않게 하소서.

✓ **하나님의 성품을 묵상하는 침묵기도** (말씀을 통해 발견한 하나님의 성품을 고백하며 기도합니다.)

✓ **회개와 감사 및 간구기도** (말씀으로 깨달은 회개의 내용과 중보의 제목으로 기도합니다.)

✓ **감사일기**   일째

9. 6. (토)　|전 1-5장|

✓ **한 주간의 영성훈련을 점검합니다.** (참여가 어려웠던 이유를 기록한 후 개선할 내용을 적어봅시다.)
- ☐ 1년 성경통독
- ☐ 말씀묵상 및 필사
- ☐ 침묵기도
- ☐ 감사와 회개의 기도
- ☐ 감사일기

*열심히 참여 (○), 조금 부족 (△), 참여 못함 (×)

✓ **순례자의 노트를 작성하는 동안 가장 은혜로웠던 순간을 적어보세요.**

_____
_____
_____
_____
_____
_____
_____

✓ (1인)　**가정예배**
- 사도신경
- 찬송 : 149장 (주 달려 죽은 십자가)
- 성경읽기 : 히브리서 13:1-6
- 기도 : 본인 또는 가족 중
- 주기도문

- 주간 암송구절
  그러므로 우리가 담대히 말하되 주는 나를 돕는 이시니 내가 무서워하지 아니하겠노라 사람이 내게 어찌하리요 하노라 (히 13:6)

9. 7. (일)

✓ **주일설교 묵상**

_____
_____
_____
_____
_____
_____

| 전 6-8장 | 9. 8. (월)

말씀묵상 및 필사 (반복해서 본문을 읽고 묵상한 후 필사합니다.)

· 그는 공의와 정의를 사랑하심이여 세상에는 여호와의 인자하심이 충만하도다 (시 33:5)

· 그러므로 형제들아 너희가 알 것은 이 사람을 힘입어 죄 사함을 너희에게 전하는 이것이며 또 모세의 율법으로 너희가 의롭다 하심을 얻지 못하던 모든 일에도 이 사람을 힘입어 믿는 자마다 의롭다 하심을 얻는 이것이라 (행 13:38-39)

_____
_____
_____
_____
_____
_____
_____
_____
_____

✓ 말씀으로 드리는 고백기도

공의와 정의를 사랑하시는 하나님, 주님의 인자하심이 세상에 충만함을 찬양합니다. 우리의 죄를 씻어 주시고 율법으로는 얻을 수 없었던 의로움을 예수 그리스도를 통해 허락하신 은혜에 감사합니다. 주님, 정의를 행하며 이웃에게 주님의 사랑을 나누게 하시고, 겸손히 주님과 동행하며 살아가게 하소서. 우리의 삶 속에서 예수님의 공의와 인자를 드러내며 살아가게 하소서(미 6:8).

✓ 하나님의 성품을 묵상하는 침묵기도 (말씀을 통해 발견한 하나님의 성품을 고백하며 기도합니다.)

✓ 회개와 감사 및 간구기도 (말씀으로 깨달은 회개의 내용과 중보의 제목으로 기도합니다.)

✓ 감사일기   일째

_____
_____

9. 9. (화) | 전 9-12장

말씀묵상 및 필사 (반복해서 본문을 읽고 묵상한 후 필사합니다.)
- 그들이 그 얼굴을 시온으로 향하여 그 길을 물으며 말하기를 너희는 오라 잊을 수 없는 영원한 언약으로 여호와와 연합하라 하리라 (렘 50:5)

- 이로 말미암아 그는 새 언약의 중보자시니 이는 첫 언약 때에 범한 죄에서 속량하려고 죽으사 부르심을 입은 자로 하여금 영원한 기업의 약속을 얻게 하려 하심이라 (히 9:15)

✓ **말씀으로 드리는 고백기도**
　영원한 언약으로 우리를 부르신 하나님, 새 언약의 중보자이신 예수 그리스도를 보내시고 우리의 죄를 속량하여 영원한 기업을 약속하심에 감사합니다. 이제 우리의 굳은 마음을 제거하시고 새 마음과 새 영을 주셔서 주님의 길을 따르게 하소서. 우리의 얼굴이 항상 주님을 향하게 하시고, 영원히 변치 않는 주님의 언약 안에서 살아가게 하소서.

✓ **하나님의 성품을 묵상하는 침묵기도** (말씀을 통해 발견한 하나님의 성품을 고백하며 기도합니다.)

✓ **회개와 감사 및 간구기도** (말씀으로 깨달은 회개의 내용과 중보의 제목으로 기도합니다.)

✓ **감사일기**　　일째

| 아 1-4장 |　9. 10. (수)

말씀묵상 및 필사 (반복해서 본문을 읽고 묵상한 후 필사합니다.)

· 여호와의 말씀은 순결함이여 흙 도가니에 일곱 번 단련한 은 같도다 (시 12:6)

· 그러므로 예수께서 자기를 믿은 유대인들에게 이르시되 너희가 내 말에 거하면 참으로 내 제자가 되고 진리를 알지니 진리가 너희를 자유롭게 하리라 (요 8:31-32)

✓ **말씀으로 드리는 고백기도**

　순결하며 단련된 은처럼 완전한 여호와의 말씀을 의지합니다. 주님의 진리 안에 거할 때 참 제자가 되고 자유를 얻는다는 약속을 주셔서 감사합니다. 주님의 말씀을 신뢰하며 살아가게 하시고, 그 순전한 진리가 우리의 마음을 정결케 하여 흔들림 없는 믿음을 갖게 하소서. 말씀 안에 숨겨진 진리를 더욱 깊이 깨닫게 하시고, 참된 자유를 누리게 하소서.

✓ **하나님의 성품을 묵상하는 침묵기도** (말씀을 통해 발견한 하나님의 성품을 고백하며 기도합니다.)

✓ **회개와 감사 및 간구기도** (말씀으로 깨달은 회개의 내용과 중보의 제목으로 기도합니다.)

✓ **감사일기**　　　**일째**

9. 11. (목)　｜아 5-8장　｜

말씀묵상 및 필사 (반복해서 본문을 읽고 묵상한 후 필사합니다.)

· 많은 군대로 구원 얻은 왕이 없으며 용사가 힘이 세어도 스스로 구원하지 못하는도다 (시 33:16)

· 너희 중에는 그렇지 않을지니 너희 중에 누구든지 크고자 하는 자는 너희를 섬기는 자가 되고 (막 10:43)

_____

_____

_____

_____

_____

_____

_____

_____

_____

✓ **말씀으로 드리는 고백기도**

주님, 많은 군대로 구원 얻은 왕도 없고, 용사의 힘도 스스로를 구할 수 없음을 깨닫습니다. 오직 주님의 능력과 은혜만이 우리의 구원이 되심을 고백합니다. 주님, 세상의 힘과 자랑에 의지하지 않고, 오직 하나님의 이름을 자랑하는 믿음의 길로 나아가게 하소서. 세상의 힘과 자랑이 아닌, 주님의 능력 안에서 진정한 구원을 경험하며 살아가게 하소서.

✓ **하나님의 성품을 묵상하는 침묵기도** (말씀을 통해 발견한 하나님의 성품을 고백하며 기도합니다.)

✓ **회개와 감사 및 간구기도** (말씀으로 깨달은 회개의 내용과 중보의 제목으로 기도합니다.)

✓ **감사일기**　　　일째

_____

_____

| 사 1-3장 | 9. 12. (금)

말씀묵상 및 필사 (반복해서 본문을 읽고 묵상한 후 필사합니다.)
- 시온의 딸아 노래할지어다 이스라엘아 기쁘게 부를지어다 예루살렘 딸아 전심으로 기뻐하며 즐거워할지어다 여호와가 네 형벌을 제거하였고 네 원수를 쫓아냈으며 이스라엘 왕 여호와가 네 가운데 계시니 네가 다시는 화를 당할까 두려워하지 아니할 것이라 (습 3:14-15)

- 친히 나무에 달려 그 몸으로 우리 죄를 담당하셨으니 이는 우리로 죄에 대하여 죽고 의에 대하여 살게 하려 하심이라 그가 채찍에 맞음으로 너희는 나음을 얻었나니 (벧전 2:24)

✔ **말씀으로 드리는 고백기도**
    주님, 우리의 죄를 대신하여 몸으로 그 값을 치르신 예수 그리스도의 은혜에 감사합니다. 주님께서 나무에 달려 우리 죄를 담당하시고, 그 채찍에 맞음으로 나음을 주셨음을 믿습니다. 주님, 우리의 죄가 사하여졌고, 우리의 불법이 용서 받았으며(사 40:2), 더 이상 화를 당할까 두려워하지 않겠습니다. 주님의 구속하심을 날마다 기억하며, 전심으로 주님을 기뻐합니다. 할렐루야

✔ **하나님의 성품을 묵상하는 침묵기도** (말씀을 통해 발견한 하나님의 성품을 고백하며 기도합니다.)

✔ **회개와 감사 및 간구기도** (말씀으로 깨달은 회개의 내용과 중보의 제목으로 기도합니다.)

✔ **감사일기**   **일째**

9. 13. (토)　　ㅣ 사 4-9장

✓ **한 주간의 영성훈련을 점검합니다.** (참여가 어려웠던 이유를 기록한 후 개선할 내용을 적어봅시다.)
- [ ] 1년 성경통독
- [ ] 말씀묵상 및 필사
- [ ] 침묵기도
- [ ] 감사와 회개의 기도
- [ ] 감사일기

*열심히 참여 (○), 조금 부족 (△), 참여 못함 (×)

✓ **순례자의 노트를 작성하는 동안 가장 은혜로웠던 순간을 적어보세요.**

___

✓ (1인)　**가정예배**

· 사도신경　　　　　　　　· 찬송 : 449장 (예수 따라가며)
· 성경읽기 : 에스겔 36:16-28　· 기도 : 본인 또는 가족 중　　· 주기도문

· 주간 암송구절
　또 새 영을 너희 속에 두고 새 마음을 너희에게 주되 너희 육신에서 굳은 마음을 제거하고 부드러운 마음을 줄 것이며 또 내 영을 너희 속에 두어 너희로 내 율례를 행하게 하리니 너희가 내 규례를 지켜 행할지라 (겔 36:26-27)

9. 14. (일)

✓ **주일설교 묵상**

___

| 사 10-12장 | 9. 15. (월)

말씀묵상 및 필사 (반복해서 본문을 읽고 묵상한 후 필사합니다.)

- 오직 너는 스스로 삼가며 네 마음을 힘써 지키라 그리하여 네가 눈으로 본 그 일을 잊어버리지 말라 네가 생존하는 날 동안에 그 일들이 네 마음에서 떠나지 않도록 조심하라 너는 그 일들을 네 아들들과 네 손자들에게 알게 하라 (신 4:9)

- 하나님이 나사렛 예수에게 성령과 능력을 기름 붓듯 하셨으매 그가 두루 다니시며 선한 일을 행하시고 마귀에게 눌린 모든 사람을 고치셨으니 이는 하나님이 함께 하셨음이라 (행 10:38)

✓ **말씀으로 드리는 고백기도**

　하나님, 주님께서 우리에게 베푸신 기이한 일들을 기억하며, 그 은혜를 다음 세대에게 전하게 하소서(시 78:4). 우리가 경험한 주님의 능력과 성령님의 역사하심이 우리의 마음에 새겨지고, 그 진리를 우리의 아들들과 손자들에게 전하게 하소서. 주님의 능력이 우리의 다음 세대를 이끌어, 참된 믿음의 길을 가게 하소서.

✓ **하나님의 성품을 묵상하는 침묵기도** (말씀을 통해 발견한 하나님의 성품을 고백하며 기도합니다.)

✓ **회개와 감사 및 간구기도** (말씀으로 깨달은 회개의 내용과 중보의 제목으로 기도합니다.)

✓ **감사일기**　　**일째**

9. 16. (화)　| 사 13-16장 |

말씀묵상 및 필사 (반복해서 본문을 읽고 묵상한 후 필사합니다.)

- 인도하여다가 예루살렘 가운데에 거주하게 하리니 그들은 내 백성이 되고 나는 진리와 공의로 그들의 하나님이 되리라 (슥 8:8)

- 너희가 그리스도의 것이면 곧 아브라함의 자손이요 약속대로 유업을 이을 자니라 (갈 3:29)

_____
_____
_____
_____
_____
_____
_____
_____
_____
_____
_____

✓ 말씀으로 드리는 고백기도

　하나님, 주님께서 약속하신 대로 우리의 하나님이 되시고, 우리를 진리와 공의로 인도하소서. 우리는 그리스도의 것이며 아브라함의 자손으로 약속된 유업을 이을 자들임을 고백합니다. 주님, 우리의 삶이 그 약속을 이루는 통로가 되게 하시고, 하나님의 평화의 언약 안에서 번성하며, 후대에게 그 약속을 전달하는 믿음의 상속자가 되게 하소서.

✓ 하나님의 성품을 묵상하는 침묵기도 (말씀을 통해 발견한 하나님의 성품을 고백하며 기도합니다.)

✓ 회개와 감사 및 간구기도 (말씀으로 깨달은 회개의 내용과 중보의 제목으로 기도합니다.)

✓ 감사일기　　일째

| 사 17-20장 | 9. 17. (수)

말씀묵상 및 필사 (반복해서 본문을 읽고 묵상한 후 필사합니다.)

- 마음이 완악하여 공의에서 멀리 떠난 너희여 내게 들으라 내가 나의 공의를 가깝게 할 것인즉 그것이 멀지 아니하나니 나의 구원이 지체하지 아니할 것이라 내가 나의 영광인 이스라엘을 위하여 구원을 시온에 베풀리라 (사 46:12-13)

- 하물며 하나님께서 그 밤낮 부르짖는 택하신 자들의 원한을 풀어 주지 아니하시겠느냐 그들에게 오래 참으시겠느냐 (눅 18:7)

✓ **말씀으로 드리는 고백기도**

주님, 우리의 마음이 완악하여 공의에서 멀어졌을지라도, 주님께서 공의를 가까이 하시며 구원을 지체하지 않으시리라 믿습니다. 주님, 우리를 향한 구원의 계획은 결코 늦지 않으며, 항상 우리의 부르짖음을 들으시고 응답하시는 하나님이심을 믿습니다. 주님의 구원은 우리에게 가까워져, 우리가 주님을 경외하며 그의 영광이 우리의 삶과 이 땅에 충만하기를 원합니다(시 85:9).

✓ **하나님의 성품을 묵상하는 침묵기도** (말씀을 통해 발견한 하나님의 성품을 고백하며 기도합니다.)

✓ **회개와 감사 및 간구기도** (말씀으로 깨달은 회개의 내용과 중보의 제목으로 기도합니다.)

✓ **감사일기**   일째

9. 18. (목)　| 사 21-23장

말씀묵상 및 필사 (반복해서 본문을 읽고 묵상한 후 필사합니다.)

- 그 때에 내가 여러 백성의 입술을 깨끗하게 하여 그들이 다 여호와의 이름을 부르며 한 가지로 나를 섬기게 하리니 (습 3:9)

- 그러므로 우리가 흔들리지 않는 나라를 받았은즉 은혜를 받자 이로 말미암아 경건함과 두려움으로 하나님을 기쁘시게 섬길지니 (히 12:28)

✓ **말씀으로 드리는 고백기도**
　주님, 주님의 이름을 부르며, 주님이 기뻐하시는 거룩한 산 제물로 주님을 섬기는 삶을 살기 원합니다(롬 12:1). 우리의 입술이 깨끗하게 되어 주님께 찬양과 영광을 온전히 드릴 수 있게 하소서. 우리는 흔들리지 않는 나라를 받았기에, 그 은혜를 감사하며 경건함과 두려움으로 하나님을 기쁘게 섬기기 소망합니다. 우리의 삶이 주님을 향한 거룩한 예배가 되게 하소서.

✓ **하나님의 성품을 묵상하는 침묵기도** (말씀을 통해 발견한 하나님의 성품을 고백하며 기도합니다.)

✓ **회개와 감사 및 간구기도** (말씀으로 깨달은 회개의 내용과 중보의 제목으로 기도합니다.)

✓ **감사일기**　　일째

| 사 24-27장 | 9. 19. (금)

말씀묵상 및 필사 (반복해서 본문을 읽고 묵상한 후 필사합니다.)

- 여호와여 우리에게 은혜를 베푸소서 우리가 주를 앙망하오니 주는 아침마다 우리의 팔이 되시며 환난 때에 우리의 구원이 되소서 (사 33:2)

- 우리는 낮에 속하였으니 정신을 차리고 믿음과 사랑의 호심경을 붙이고 구원의 소망의 투구를 쓰자 (살전 5:8)

___

✓ **말씀으로 드리는 고백기도**

　사랑의 하나님, 아침마다 우리의 팔이 되어 주시며 환난 중에도 구원이 되시는 주님께 감사합니다. 우리의 마음을 열어 주님의 은혜를 깊이 경험하게 하시고, 믿음과 사랑의 호심경을 붙잡고 구원의 소망을 가진 삶을 살게 하소서. 주님 안에서 우리가 강건해지며, 언제나 주님을 앙망하고 의지하는 자들이 되게 하소서.

✓ **하나님의 성품을 묵상하는 침묵기도** (말씀을 통해 발견한 하나님의 성품을 고백하며 기도합니다.)

✓ **회개와 감사 및 간구기도** (말씀으로 깨달은 회개의 내용과 중보의 제목으로 기도합니다.)

✓ **감사일기**　　　일째

9. 20. (토) | 사 28-33장

✓ 한 주간의 영성훈련을 점검합니다. (참여가 어려웠던 이유를 기록한 후 개선할 내용을 적어봅시다.)
- [ ] 1년 성경통독
- [ ] 말씀묵상 및 필사
- [ ] 침묵기도
- [ ] 감사와 회개의 기도
- [ ] 감사일기

*열심히 참여 (○), 조금 부족 (△), 참여 못함 (×)

✓ 순례자의 노트를 작성하는 동안 가장 은혜로웠던 순간을 적어보세요.

___

✓ (1인) 가정예배
- 사도신경
- 찬송 : 144장 (예수 나를 위하여)
- 성경읽기 : 호세아 6:1-11
- 기도 : 본인 또는 가족 중
- 주기도문

· 주간 암송구절
  오라 우리가 여호와께로 돌아가자 여호와께서 우리를 찢으셨으나 도로 낫게 하실 것이요 우리를 치셨으나 싸매어 주실 것임이라 (호 6:1)

---

9. 21. (일)

✓ 주일설교 묵상

___

| 사 34-35장 | 9. 22. (월)

말씀묵상 및 필사 (반복해서 본문을 읽고 묵상한 후 필사합니다.)

- 여호와께서 내 음성과 내 간구를 들으시므로 내가 그를 사랑하는도다 (시 116:1)

- 그러므로 그들을 본받지 말라 구하기 전에 너희에게 있어야 할 것을 하나님 너희 아버지께서 아시느니라 (마 6:8)

✓ **말씀으로 드리는 고백기도**

하나님 아버지, 우리의 음성과 간구를 들으시며 언제나 우리의 필요를 아시고 채워주시는 은혜에 감사합니다. 우리가 구하기 전에 이미 아시는 하나님의 사랑에 깊이 감사하며, 우리의 모든 염려와 걱정을 주님께 맡기고 기도합니다. 주님의 평강이 우리의 마음과 생각을 지키시고, 항상 주님 안에서 안식하게 하소서(빌 4:6-7).

✓ **하나님의 성품을 묵상하는 침묵기도** (말씀을 통해 발견한 하나님의 성품을 고백하며 기도합니다.)

✓ **회개와 감사 및 간구기도** (말씀으로 깨달은 회개의 내용과 중보의 제목으로 기도합니다.)

✓ **감사일기** 일째

9. 23. (화) | 사 36-39장

말씀묵상 및 필사 (반복해서 본문을 읽고 묵상한 후 필사합니다.)
- 내가 이스라엘에게 이슬과 같으리니 그가 백합화 같이 피겠고 레바논 백향목 같이 뿌리가 박힐 것이라 (호 14:5)

- 백합화를 생각하여 보라 실도 만들지 않고 짜지도 아니하느니라 그러나 내가 너희에게 말하노니 솔로몬의 모든 영광으로도 입은 것이 이 꽃 하나만큼 훌륭하지 못하였느니라 (눅 12:27)

✓ **말씀으로 드리는 고백기도**
　하나님 아버지, 주님의 은혜로 우리 삶에 피어나는 백합화와 같은 주님의 성품과 아름다움을 기뻐합니다(사 35:1). 우리가 주님의 사랑 안에서 뿌리를 내리고 주님의 영광을 드러내는 성숙한 삶을 살 수 있도록 도와주소서. 세상 모든 것보다 더 위대한 주님의 섭리를 따라 사는 영광스러운 삶이 되게 하소서.

✓ **하나님의 성품을 묵상하는 침묵기도** (말씀을 통해 발견한 하나님의 성품을 고백하며 기도합니다.)

✓ **회개와 감사 및 간구기도** (말씀으로 깨달은 회개의 내용과 중보의 제목으로 기도합니다.)

✓ **감사일기**　　일째

| 사 40-42장 | 9. 24. (수)

말씀묵상 및 필사 (반복해서 본문을 읽고 묵상한 후 필사합니다.)

- 하나님이여 주의 생각이 내게 어찌 그리 보배로우신지요 그 수가 어찌 그리 많은지요 (시 139:17)

- 우리가 지금은 거울로 보는 것 같이 희미하나 그 때에는 얼굴과 얼굴을 대하여 볼 것이요 지금은 내가 부분적으로 아나 그 때에는 주께서 나를 아신 것 같이 내가 온전히 알리라 (고전 13:12)

✓ **말씀으로 드리는 고백기도**

　주님, 주님의 생각이 얼마나 귀하고 보배로운지 날마다 깨닫습니다. 우리가 지금은 주님의 깊은 뜻을 온전히 알지 못하지만, 언젠가 주님 앞에 나아가 얼굴과 얼굴을 대면할 날을 기다리며 그 영광을 바라봅니다. 지금의 고난 속에서도 주님의 영원한 영광을 바라보며 그 날의 완전한 이해를 고대합니다(고후 4:17-18). 주님의 뜻을 온전히 알게 될 그 날까지 우리와 함께 하소서.

✓ **하나님의 성품을 묵상하는 침묵기도** (말씀을 통해 발견한 하나님의 성품을 고백하며 기도합니다.)

✓ **회개와 감사 및 간구기도** (말씀으로 깨달은 회개의 내용과 중보의 제목으로 기도합니다.)

✓ **감사일기**　　　**일째**

9. 25. (목)　 | 사 43-45장

말씀묵상 및 필사 (반복해서 본문을 읽고 묵상한 후 필사합니다.)
- 그에게 이르기를 너는 삼가며 조용하라 르신과 아람과 르말리야의 아들이 심히 노할지라도 이들은 연기 나는 두 부지깽이 그루터기에 불과하니 두려워하지 말며 낙심하지 말라 (사 7:4)

- 끝으로 너희가 주 안에서와 그 힘의 능력으로 강건하여지고 (엡 6:10)

_____
_____
_____
_____
_____
_____
_____
_____
_____
_____

✓ **말씀으로 드리는 고백기도**
　하나님, 세상의 어려움과 위협 속에서 두려움이 올 때마다 주님의 약속을 기억하게 하소서. 세상의 소란과 공격에 흔들리지 않도록 도와주시고, 주님 안에서 강건함을 얻어 낙심하지 않게 하소서. 우리의 힘과 능력이 아닌, 오직 주님의 능력 안에서 살아가게 하시고, 주님의 의로운 손길이 항상 우리를 붙드심을 믿습니다.

✓ **하나님의 성품을 묵상하는 침묵기도** (말씀을 통해 발견한 하나님의 성품을 고백하며 기도합니다.)

✓ **회개와 감사 및 간구기도** (말씀으로 깨달은 회개의 내용과 중보의 제목으로 기도합니다.)

✓ **감사일기**　　　일째

| 사 46-48장 | 9. 26. (금)

말씀묵상 및 필사 (반복해서 본문을 읽고 묵상한 후 필사합니다.)

- 그러나 너는 말하기를 나는 무죄하니 그의 진노가 참으로 내게서 떠났다 하거니와 보라 네 말이 나는 죄를 범하지 아니하였다 하였으므로 내가 너를 심판하리라 (렘 2:35)

- 내가 너희에게 이르노니 이와 같이 죄인 한 사람이 회개하면 하늘에서는 회개할 것 없는 의인 아흔아홉으로 말미암아 기뻐하는 것보다 더하리라 (눅 15:7)

✓ **말씀으로 드리는 고백기도**

　주님, 우리의 죄를 깨닫고 회개할 수 있도록 은혜를 베풀어 주셔서 감사합니다. 스스로 의롭다고 여기며 회개를 피하지 않게 하시고, 주님의 구속의 은혜를 온전히 받아들일 수 있도록 성령님께서 도와주소서. 죄인의 회개를 기뻐하시는 주님의 마음을 깨달아 우리의 삶이 주님의 뜻 안에서 변화될 수 있도록 인도하소서. 그리스도의 구속 안에서 새로운 삶을 살게 하심을 찬양합니다(롬 3:24).

✓ **하나님의 성품을 묵상하는 침묵기도** (말씀을 통해 발견한 하나님의 성품을 고백하며 기도합니다.)

✓ **회개와 감사 및 간구기도** (말씀으로 깨달은 회개의 내용과 중보의 제목으로 기도합니다.)

✓ **감사일기**　　**일째**

9. 27. (토)　|사 49-53장

✓ **한 주간의 영성훈련을 점검합니다.** (참여가 어려웠던 이유를 기록한 후 개선할 내용을 적어봅시다.)
- [ ] 1년 성경통독　　　　[ ] 말씀묵상 및 필사　　　　[ ] 침묵기도
- [ ] 감사와 회개의 기도　[ ] 감사일기　　　　　*열심히 참여(○), 조금 부족(△), 참여 못함(×)

✓ **순례자의 노트를 작성하는 동안 가장 은혜로웠던 순간을 적어보세요.**

_____
_____
_____
_____
_____
_____
_____

✓ (1인)　**가정예배**

- 사도신경　　　　　　　　　· 찬송 : 200장 (달고 오묘한 그 말씀)
- 성경읽기 : 요엘 2:18-27　· 기도 : 본인 또는 가족 중　　· 주기도문

· 주간 암송구절
　그런즉 내가 이스라엘 가운데에 있어 너희 하나님 여호와가 되고 다른 이가 없는 줄을 너희가 알 것이라 내 백성이 영원히 수치를 당하지 아니하리로다 (욜 2:27)

9. 28. (일)

✓ **주일설교 묵상**

_____
_____
_____
_____
_____
_____

| 사 54-57장 | 9. 29. (월)

말씀묵상 및 필사 (반복해서 본문을 읽고 묵상한 후 필사합니다.)

· 또 이르시되 네가 내 얼굴을 보지 못하리니 나를 보고 살 자가 없음이니라 (출 33:20)

· 나를 보는 자는 나를 보내신 이를 보는 것이니라 (요 12:45)

✓ **말씀으로 드리는 고백기도**

주님, 주님의 은혜로 우리에게 오신 그리스도를 통해 하나님을 알아가게 하시니 감사합니다. 우리의 눈은 주님의 완전한 영광을 볼 수 없지만, 예수님을 통해 하나님을 알고 따를 수 있다는 놀라운 은혜를 찬양합니다. 주님의 얼굴을 구하며, 우리의 얼굴이 그리스도의 사랑과 진리를 반영할 수 있도록 인도하소서.

✓ **하나님의 성품을 묵상하는 침묵기도** (말씀을 통해 발견한 하나님의 성품을 고백하며 기도합니다.)

✓ **회개와 감사 및 간구기도** (말씀으로 깨달은 회개의 내용과 중보의 제목으로 기도합니다.)

✓ **감사일기**   일째

9. 30. (화) | 사 58-60장

말씀묵상 및 필사 (반복해서 본문을 읽고 묵상한 후 필사합니다.)

- 여호와의 말씀이니라 보라 날이 이를지라 그 때에 파종하는 자가 곡식 추수하는 자의 뒤를 이으며 포도를 밟는 자가 씨 뿌리는 자의 뒤를 이으며 산들은 단 포도주를 흘리며 작은 산들은 녹으리라 내가 내 백성 이스라엘이 사로잡힌 것을 돌이키리니 그들이 황폐한 성읍을 건축하여 거주하며 포도원들을 가꾸고 그 포도주를 마시며 과원들을 만들고 그 열매를 먹으리라 (암 9:13-14)

- 이런 일이 되기를 시작하거든 일어나 머리를 들라 너희 속량이 가까웠느니라 하시더라 (눅 21:28)

✓ **말씀으로 드리는 고백기도**

하나님, 우리의 속량이 가까워짐을 깨닫고, 주님께서 이루실 구원의 완성을 기다립니다. 이 땅에서의 모든 고난과 슬픔이 주님의 약속 안에서 사라질 날을 바라며, 주님의 약속을 확신하게 하소서. 이 땅에서 이루어질 하나님 나라의 확장을 기대하며, 그 날이 올 때까지 주님을 믿고 소망하는 마음을 잃지 않게 하소서(롬 8:23-24).

✓ **하나님의 성품을 묵상하는 침묵기도** (말씀을 통해 발견한 하나님의 성품을 고백하며 기도합니다.)

✓ **회개와 감사 및 간구기도** (말씀으로 깨달은 회개의 내용과 중보의 제목으로 기도합니다.)

✓ **감사일기**   일째

Oct.

| 종교 개혁 주일

성경 묵상을 통해 얻을 수 있는 유익 2

4. 평안

말씀은 우리의 내면을 하나님께로 향하게 합니다. 우리를 불안하게 하는 요소들을 하늘의 시각으로 바라보게 하며, 살아계신 하나님의 음성으로 참된 평안을 누리게 합니다.

5. 변화

말씀은 우리의 생각과 마음을 올바른 방향, 아름답고 선한 하나님의 뜻으로 인도합니다. 더 나아가 생각에 머물지 않고 우리 삶 속의 행동을 구체적으로 변화시킵니다.

6. 지혜

말씀은 아무리 복잡하고 급하게 변화하는 세상 속에서도 참된 지식과 지혜가 됩니다. 하나님의 말씀은 시대와 역사를 초월하는 진리입니다. 묵상은 우리를 지혜로운 자가 되도록 이끌어 줍니다.

7. 축복

말씀을 읽고 따라 살면 하나님의 복을 누릴 수 있습니다. 복있는 사람은 말씀을 통해 즐거워하며 하나님의 신령한 은혜를 누리는 자입니다.

| 사 61-64장 | 10. 1. (수)

말씀묵상 및 필사 (반복해서 본문을 읽고 묵상한 후 필사합니다.)
- 주께서 주의 종 내 아버지 다윗에게 하신 말씀을 지키사 주의 입으로 말씀하신 것을 손으로 이루심이 오늘과 같으니이다 (왕상 8:24)

- 우리도 조상들에게 주신 약속을 너희에게 전파하노니 곧 하나님이 예수를 일으키사 우리 자녀들에게 이 약속을 이루게 하셨다 함이라 시편 둘째 편에 기록한 바와 같이 너는 내 아들이라 오늘 너를 낳았다 하셨고 (행 13:32-33)

✓ **말씀으로 드리는 고백기도**

 사랑의 하나님, 주님께서 다윗과 그 후손들에게 하신 약속을 신실하게 이루어 가셨듯이, 오늘 우리에게도 그 약속을 이루시기 위해 예수 그리스도를 보내주셨습니다. 우리도 그 약속의 성취를 바라보며, 주님의 말씀을 믿고 순종하는 삶을 살아가기 원합니다. 예수님을 통해 주어진 구원의 약속을 확신하며, 그 은혜를 우리의 삶 속에서 증거하게 하소서.

✓ **하나님의 성품을 묵상하는 침묵기도** (말씀을 통해 발견한 하나님의 성품을 고백하며 기도합니다.)

✓ **회개와 감사 및 간구기도** (말씀으로 깨달은 회개의 내용과 중보의 제목으로 기도합니다.)

✓ **감사일기**   일째

10. 2. (목) | 사 65-66장

말씀묵상 및 필사 (반복해서 본문을 읽고 묵상한 후 필사합니다.)

· 주는 내게 두려움이 되지 마옵소서 재앙의 날에 주는 나의 피난처시니이다 (렘 17:17)

· 또한 그로 말미암아 우리가 믿음으로 서 있는 이 은혜에 들어감을 얻었으며 하나님의 영광을 바라고 즐거워하느니라 (롬 5:2)

✔ **말씀으로 드리는 고백기도**
　구원의 하나님, 주님은 우리의 피난처이시며, 우리가 두려움을 느낄 때마다 우리의 영혼을 지켜주십니다. 세상의 고난과 재난 속에서 주님의 은혜와 보호를 의지하며, 믿음으로 주님 앞에 나아갑니다. 주님의 사랑과 평강 속에 거하게 하시고, 어떤 상황에서도 하나님의 영광을 바라며 즐거워할 수 있는 마음을 주소서.

✔ **하나님의 성품을 묵상하는 침묵기도** (말씀을 통해 발견한 하나님의 성품을 고백하며 기도합니다.)

✔ **회개와 감사 및 간구기도** (말씀으로 깨달은 회개의 내용과 중보의 제목으로 기도합니다.)

✔ **감사일기**　　일째

| 렘 1-3장 | 10. 3. (금)

말씀묵상 및 필사 (반복해서 본문을 읽고 묵상한 후 필사합니다.)
- 너희가 행할 일은 이러하니라 너희는 이웃과 더불어 진리를 말하며 너희 성문에서 진실하고 화평한 재판을 베풀고 (슥 8:16)

- 너희가 서로 거짓말을 하지 말라 옛 사람과 그 행위를 벗어 버리고 (골 3:9)

✓ **말씀으로 드리는 고백기도**
　주님, 우리가 이 땅에서 살아갈 때, 항상 진리와 화평을 추구하게 하소서. 이웃과의 관계에서 거짓말과 속임수를 버리고, 서로를 진실로 대하며 주님의 뜻을 따르게 하소서. 또한 우리의 말과 행동이 하나님 앞에서 온전히 순결하고 거룩하게 되어, 주변 사람들에게 주님의 사랑과 정의를 드러내는 삶을 살게 하소서.

✓ **하나님의 성품을 묵상하는 침묵기도** (말씀을 통해 발견한 하나님의 성품을 고백하며 기도합니다.)

✓ **회개와 감사 및 간구기도** (말씀으로 깨달은 회개의 내용과 중보의 제목으로 기도합니다.)

✓ **감사일기**　　　**일째**

10. 4. (토) | 렘 4-10장

✓ **한 주간의 영성훈련을 점검합니다.** (참여가 어려웠던 이유를 기록한 후 개선할 내용을 적어봅시다.)
- ☐ 1년 성경통독
- ☐ 말씀묵상 및 필사
- ☐ 침묵기도
- ☐ 감사와 회개의 기도
- ☐ 감사일기

*열심히 참여 (○), 조금 부족 (△), 참여 못함 (×)

✓ **순례자의 노트를 작성하는 동안 가장 은혜로웠던 순간을 적어보세요.**

_____
_____
_____
_____
_____
_____
_____
_____

✓ (1인) **가정예배**
- 사도신경
- 찬송 : 205장 (주 예수 크신 사랑)
- 성경읽기 : 이사야 61:1-11
- 기도 : 본인 또는 가족 중
- 주기도문

· 주간 암송구절
  주 여호와의 영이 내게 내리셨으니 이는 여호와께서 내게 기름을 부으사 가난한 자에게 아름다운 소식을 전하게 하려 하심이라 나를 보내사 마음이 상한 자를 고치며 포로된 자에게 자유를, 갇힌 자에게 놓임을 선포하며 (사 61:1)

10. 5. (일)

✓ **주일설교 묵상**

_____
_____
_____
_____
_____
_____
_____

| 렘 11-13장 | 10. 6. (월)

말씀묵상 및 필사 (반복해서 본문을 읽고 묵상한 후 필사합니다.)

- 대답하되 두려워하지 말라 우리와 함께 한 자가 그들과 함께 한 자보다 많으니라 하고 (왕하 6:16)

- 너희가 피곤하여 낙심하지 않기 위하여 죄인들이 이같이 자기에게 거역한 일을 참으신 이를 생각하라 (히 12:3)

✓ **말씀으로 드리는 고백기도**

하나님, 세상에서 어려움과 고난을 만날 때마다 두려워하지 않도록 도와주소서. 우리와 함께 하시는 하나님께서 모든 시련을 이길 능력을 주신다는 것을 믿습니다. 예수님께서 우리를 위해 고난을 참으신 것처럼 우리의 삶도 그 믿음으로 담대히 나아가게 하시고, 낙심하지 않도록 인도하소서. 우리를 지키시고 도우시는 주님을 의지합니다.

✓ **하나님의 성품을 묵상하는 침묵기도** (말씀을 통해 발견한 하나님의 성품을 고백하며 기도합니다.)

✓ **회개와 감사 및 간구기도** (말씀으로 깨달은 회개의 내용과 중보의 제목으로 기도합니다.)

✓ **감사일기** 일째

10. 7. (화) | 렘 14-15장

말씀묵상 및 필사 (반복해서 본문을 읽고 묵상한 후 필사합니다.)
- 이웃을 업신여기는 자는 죄를 범하는 자요 빈곤한 자를 불쌍히 여기는 자는 복이 있는 자니라 (잠 14:21)

- 너희 아버지의 자비로우심 같이 너희도 자비로운 자가 되라 (눅 6:36)

✓ **말씀으로 드리는 고백기도**
　하나님, 주님의 자비로우심을 본받아 마음을 열어 이웃을 사랑하게 하소서. 빈곤한 자를 불쌍히 여기고, 사람들을 업신여기지 않으며, 자비롭고 겸손한 마음으로 그들과 함께 하길 원합니다. 주님의 사랑을 본받아, 주변 사람들에게 긍휼을 베풀며 살아가게 하시고, 하나님의 사랑을 실천하게 하소서.

✓ **하나님의 성품을 묵상하는 침묵기도** (말씀을 통해 발견한 하나님의 성품을 고백하며 기도합니다.)

✓ **회개와 감사 및 간구기도** (말씀으로 깨달은 회개의 내용과 중보의 제목으로 기도합니다.)

✓ **감사일기**　　일째

| 렘 16-17장 | 10. 8. (수)

말씀묵상 및 필사 (반복해서 본문을 읽고 묵상한 후 필사합니다.)
- 오직 정의를 물 같이, 공의를 마르지 않는 강 같이 흐르게 할지어다 (암 5:24)

- 악에게 지지 말고 선으로 악을 이기라 (롬 12:21)

✔ **말씀으로 드리는 고백기도**
　하나님, 정의와 공의가 우리의 삶 속에서 흐르도록 도와주소서. 이 세상이 악으로 가득 찬 때, 선으로 악을 이기며, 주님의 뜻을 따라 살기 원합니다. 가난하고 고난당하는 자들을 도우며, 악한 자들에게도 자비를 베풀 수 있는 용기를 주소서(시 82:3). 주님의 의와 사랑을 세상에 나타낼 수 있도록 인도하소서.

✔ **하나님의 성품을 묵상하는 침묵기도** (말씀을 통해 발견한 하나님의 성품을 고백하며 기도합니다.)

✔ **회개와 감사 및 간구기도** (말씀으로 깨달은 회개의 내용과 중보의 제목으로 기도합니다.)

✔ **감사일기**　　**일째**

10. 9. (목)　|　렘 18-20장

말씀묵상 및 필사 (반복해서 본문을 읽고 묵상한 후 필사합니다.)
- 악을 꾀하는 자의 마음에는 속임이 있고 화평을 의논하는 자에게는 희락이 있느니라 (잠 12:20)

- 모든 사람과 더불어 화평함과 거룩함을 따르라 이것이 없이는 아무도 주를 보지 못하리라 (히 12:14)

✓ **말씀으로 드리는 고백기도**
　　하나님, 우리의 마음에 화평을 이룰 수 있는 지혜를 주시고, 속임과 악을 멀리하게 하소서. 모든 사람과 더불어 화평을 이루며, 덕을 세우는 삶을 살기 원합니다(롬 14:19). 이제부터 주님을 온전히 바라보고, 주님의 뜻에 맞게 살아가게 하소서.

✓ **하나님의 성품을 묵상하는 침묵기도** (말씀을 통해 발견한 하나님의 성품을 고백하며 기도합니다.)

✓ **회개와 감사 및 간구기도** (말씀으로 깨달은 회개의 내용과 중보의 제목으로 기도합니다.)

✓ **감사일기**　　일째

| 렘 21-24장 | 10. 10. (금)

말씀묵상 및 필사 (반복해서 본문을 읽고 묵상한 후 필사합니다.)

- 주께서 내 원수의 목전에서 내게 상을 차려 주시고 기름을 내 머리에 부으셨으니 내 잔이 넘치나이다 (시 23:5)

- 우리로 하여금 빛 가운데서 성도의 기업의 부분을 얻기에 합당하게 하신 아버지께 감사하게 하시기를 원하노라 (골 1:12)

✔ **말씀으로 드리는 고백기도**

하나님, 주님께서 우리의 삶에 넘치는 은혜를 베푸시고, 원수의 목전에서조차 우리에게 상을 차려 주시며, 성령님의 기름 부으심으로 축복하시니 감사합니다. 받은 은혜 안에서 우리에게 주어진 성도의 기업을 기억하게 하시고, 그 빛 가운데서 살아갈 수 있도록 도와주소서. 하나님의 뜻을 따르며, 그 은혜에 합당한 삶을 살아갈 수 있도록 도와주소서.

✔ **하나님의 성품을 묵상하는 침묵기도** (말씀을 통해 발견한 하나님의 성품을 고백하며 기도합니다.)

✔ **회개와 감사 및 간구기도** (말씀으로 깨달은 회개의 내용과 중보의 제목으로 기도합니다.)

✔ **감사일기**　　　**일째**

10. 11. (토)　| 렘 25-32장

✓ **한 주간의 영성훈련을 점검합니다.** (참여가 어려웠던 이유를 기록한 후 개선할 내용을 적어봅시다.)
- [ ] 1년 성경통독
- [ ] 말씀묵상 및 필사
- [ ] 침묵기도
- [ ] 감사와 회개의 기도
- [ ] 감사일기

*열심히 참여 (○), 조금 부족 (△), 참여 못함 (×)

✓ **순례자의 노트를 작성하는 동안 가장 은혜로웠던 순간을 적어보세요.**

_____
_____
_____
_____
_____
_____
_____
_____

✓ (1인)　**가정예배**
- 사도신경
- 찬송 : 486장 (이 세상에 근심된 일이 많고)
- 성경읽기 : 요한복음 10:22-30
- 기도 : 본인 또는 가족 중
- 주기도문

- 주간 암송구절
  내가 그들에게 영생을 주노니 영원히 멸망하지 아니할 것이요 또 그들을 내 손에서 빼앗을 자가 없느니라 그들을 주신 내 아버지는 만물보다 크시매 아무도 아버지 손에서 빼앗을 수 없느니라 (요 10:28-29)

10. 12. (일)

✓ **주일설교 묵상**

_____
_____
_____
_____
_____
_____

| 렘 33-35장 | 10. 13. (월)

말씀묵상 및 필사 (반복해서 본문을 읽고 묵상한 후 필사합니다.)

- 오직 은밀한 것을 나타내실 이는 하늘에 계신 하나님이시라 그가 느부갓네살 왕에게 후일에 될 일을 알게 하셨나이다 왕의 꿈 곧 왕이 침상에서 머리 속으로 받은 환상은 이러하니이다 (단 2:28)

- 이 비밀은 만세와 만대로부터 감추어졌던 것인데 이제는 그의 성도들에게 나타났고 (골 1:26)

✔ **말씀으로 드리는 고백기도**

하나님, 모든 비밀을 드러내시고, 만세와 만대로부터 감추어졌던 주님의 뜻을 우리에게 나타내심을 찬양합니다. 우리가 주님의 뜻을 성령님 안에서 온전히 깨닫고, 그 비밀이 우리의 삶 가운데 실현될 수 있도록 인도하소서. 하늘의 지혜와 계시로 우리의 마음을 열어주시고, 그리스도 안에서 누리는 하나님의 영광을 더욱 깊이 경험하게 하소서.

✔ **하나님의 성품을 묵상하는 침묵기도** (말씀을 통해 발견한 하나님의 성품을 고백하며 기도합니다.)

✔ **회개와 감사 및 간구기도** (말씀으로 깨달은 회개의 내용과 중보의 제목으로 기도합니다.)

✔ **감사일기**   일째

10. 14. (화) | 렘 36-38장

말씀묵상 및 필사 (반복해서 본문을 읽고 묵상한 후 필사합니다.)
- 하나님이 지으신 그 모든 것을 보시니 보시기에 심히 좋았더라 저녁이 되고 아침이 되니 이는 여섯째 날이니라 (창 1:31)

- 영원하신 왕 곧 썩지 아니하고 보이지 아니하고 홀로 하나이신 하나님께 존귀와 영광이 영원 무궁하도록 있을지어다 아멘 (딤전 1:17)

✓ **말씀으로 드리는 고백기도**
영원하신 하나님, 주님이 창조하신 모든 것이 심히 좋았음을 믿음으로 고백합니다. 이 땅과 우주를 창조하신 그 지혜와 능력에 경배하며, 주님의 창조물이 매일 새로워지는 것을 경험하게 하소서. 또, 어제나 오늘이나 영원토록 변치 않으시는 주님께 존귀와 영광을 돌립니다(히 13:8). 우리 삶 속에서 주님의 영원한 사랑을 느끼고, 그 사랑을 전하는 삶을 살게 하소서.

✓ **하나님의 성품을 묵상하는 침묵기도** (말씀을 통해 발견한 하나님의 성품을 고백하며 기도합니다.)

✓ **회개와 감사 및 간구기도** (말씀으로 깨달은 회개의 내용과 중보의 제목으로 기도합니다.)

✓ **감사일기**   일째

| 렘 39-41장 | 10. 15. (수)

말씀묵상 및 필사 (반복해서 본문을 읽고 묵상한 후 필사합니다.)

- 당신들은 나를 해하려 하였으나 하나님은 그것을 선으로 바꾸사 오늘과 같이 많은 백성의 생명을 구원하게 하시려 하셨나니 (창 50:20)

- 누가 누구에게 불만이 있거든 서로 용납하여 피차 용서하되 주께서 너희를 용서하신 것 같이 너희도 그리하고 (골 3:13)

✓ **말씀으로 드리는 고백기도**

하나님, 우리를 향한 주님의 크신 사랑과 계획을 찬양합니다. 사람의 악한 의도와 고통도 주님은 선으로 바꾸어 생명을 구원하시며, 그 안에서 우리가 진정한 용서와 사랑을 배울 수 있도록 하십니다. 주님께서 우리를 용서하신 것처럼, 우리도 서로 용서하며 화해의 도구가 되게 하소서. 우리가 마주하는 모든 상황 속에서 주님의 선하심을 믿고 의지하게 하소서.

✓ **하나님의 성품을 묵상하는 침묵기도** (말씀을 통해 발견한 하나님의 성품을 고백하며 기도합니다.)

✓ **회개와 감사 및 간구기도** (말씀으로 깨달은 회개의 내용과 중보의 제목으로 기도합니다.)

✓ **감사일기**   일째

10. 16. (목) | 렘 42-45장

말씀묵상 및 필사 (반복해서 본문을 읽고 묵상한 후 필사합니다.)

- 드라빔들은 허탄한 것을 말하며 복술자는 진실하지 않은 것을 보고 거짓 꿈을 말한즉 그 위로가 헛되므로 백성들이 양 같이 유리하며 목자가 없으므로 곤고를 당하나니 (슥 10:2)

- 빌라도가 이르되 그러면 네가 왕이 아니냐 예수께서 대답하시되 네 말과 같이 내가 왕이니라 내가 이를 위하여 태어났으며 이를 위하여 세상에 왔나니 곧 진리에 대하여 증언하려 함이로라 무릇 진리에 속한 자는 내 음성을 듣느니라 하신대 (요 18:37)

✔ **말씀으로 드리는 고백기도**

주님, 세상은 거짓된 소리와 허망한 꿈으로 가득 차 있으며, 사람들이 진리에서 멀어져 갈 때가 많습니다. 그러나 주님은 진리 자체이시며, 우리의 구원자이십니다. 주님의 음성을 듣고 따르는 자가 되어 진리 가운데 살게 하소서. 주님의 진리 안에서 세상의 거짓과 혼란을 헤쳐 나가며, 이 세상에 주님의 평화와 정의를 전하는 삶을 살게 하소서.

✔ **하나님의 성품을 묵상하는 침묵기도** (말씀을 통해 발견한 하나님의 성품을 고백하며 기도합니다.)

✔ **회개와 감사 및 간구기도** (말씀으로 깨달은 회개의 내용과 중보의 제목으로 기도합니다.)

✔ **감사일기**   일째

| 렘 46-48장 | 10. 17. (금)

말씀묵상 및 필사 (반복해서 본문을 읽고 묵상한 후 필사합니다.)
· 내가 주의 모든 계명에 주의할 때에는 부끄럽지 아니하리이다 (시 119:6)

· 우리 안에 거하시는 성령으로 말미암아 네게 부탁한 아름다운 것을 지키라 (딤후 1:14)

✓ **말씀으로 드리는 고백기도**
  주님, 주님의 계명을 지키며 가는 인생 길에 우리의 삶이 부끄럽지 않게 하소서. 성령님께서 우리와 함께 하시며, 주님께서 맡기신 아름다운 사명을 온전히 지키게 하소서. 세상의 유혹과 어려움 속에서도 주님의 뜻을 이루는 삶을 살 수 있도록 제 마음을 지켜주시고, 성령님과 동행하는 기쁨을 주소서.

✓ **하나님의 성품을 묵상하는 침묵기도** (말씀을 통해 발견한 하나님의 성품을 고백하며 기도합니다.)

✓ **회개와 감사 및 간구기도** (말씀으로 깨달은 회개의 내용과 중보의 제목으로 기도합니다.)

✓ **감사일기**   일째

| 렘 49-52장

✓ **한 주간의 영성훈련을 점검합니다.** (참여가 어려웠던 이유를 기록한 후 개선할 내용을 적어봅시다.)
- ☐ 1년 성경통독
- ☐ 말씀묵상 및 필사
- ☐ 침묵기도
- ☐ 감사와 회개의 기도
- ☐ 감사일기

*열심히 참여 (○), 조금 부족 (△), 참여 못함 (×)

✓ **순례자의 노트를 작성하는 동안 가장 은혜로웠던 순간을 적어보세요.**

_____
_____
_____
_____
_____
_____
_____

✓ (1인)　**가정예배**
- 사도신경
- 찬송 : 263장 (이 세상 험하고)
- 성경읽기 : 요한일서 2:18-29
- 기도 : 본인 또는 가족 중
- 주기도문

- 주간 암송구절
  그가 우리에게 약속하신 것은 이것이니 곧 영원한 생명이니라 (요일 2:25)

10. 19. (일)

✓ **주일설교 묵상**

_____
_____
_____
_____
_____
_____

| 애 1-5장 | 10. 20. (월)

말씀묵상 및 필사 (반복해서 본문을 읽고 묵상한 후 필사합니다.)

· 하나님이 그가 베푸실 은혜를 잊으셨는가, 노하심으로 그가 베푸실 긍휼을 그치셨는가 하였나이다(셀라) (시 77:9)

· 네가 만일 네 입으로 예수를 주로 시인하며 또 하나님께서 그를 죽은 자 가운데서 살리신 것을 네 마음에 믿으면 구원을 받으리라 (롬 10:9)

✓ **말씀으로 드리는 고백기도**

주님, 때때로 주님의 은혜와 긍휼이 멀리 느껴질 때가 있습니다. 그러나 주님께서는 변함없이 저를 향한 사랑을 지속하시며, 언제나 구원의 길을 여시고 저를 붙드시기를 원하십니다. 예수님을 믿고 입으로 시인할 때 주시는 구원의 약속을 믿으며, 주님을 따르는 삶을 살게 하소서. 제 마음과 삶을 온전히 주님께 맡깁니다. 구원의 확신 속에서 담대히 살아가게 하소서.

✓ **하나님의 성품을 묵상하는 침묵기도** (말씀을 통해 발견한 하나님의 성품을 고백하며 기도합니다.)

✓ **회개와 감사 및 간구기도** (말씀으로 깨달은 회개의 내용과 중보의 제목으로 기도합니다.)

✓ **감사일기**   **일째**

| 10. 21. (화) | 겔 1-3장 |

말씀묵상 및 필사 (반복해서 본문을 읽고 묵상한 후 필사합니다.)

· 내 속에 근심이 많을 때에 주의 위안이 내 영혼을 즐겁게 하시나이다 (시 94:19)

· 우리 주 예수 그리스도와 우리를 사랑하시고 영원한 위로와 좋은 소망을 은혜로 주신 하나님 우리 아버지께서 너희 마음을 위로하시고 모든 선한 일과 말에 굳건하게 하시기를 원하노라 (살후 2:16-17)

✓ **말씀으로 드리는 고백기도**

주님, 내 속에 근심이 가득할 때, 주님의 위로로 내 영혼을 채워 주시고 그 어떤 고난도 두렵지 않게 하소서. 세상 속에서는 위로를 찾을 수 없습니다. 주님께서 주시는 영원한 위로와 소망을 붙들고 나아갑니다. 내 마음을 평안하게 하시고, 모든 선한 일과 말에 굳건히 서서 주님의 뜻을 이루어 가게 하소서(요 14:27).

✓ **하나님의 성품을 묵상하는 침묵기도** (말씀을 통해 발견한 하나님의 성품을 고백하며 기도합니다.)

✓ **회개와 감사 및 간구기도** (말씀으로 깨달은 회개의 내용과 중보의 제목으로 기도합니다.)

✓ **감사일기**   일째

| 겔 4-7장 |　　10. 22. (수)

말씀묵상 및 필사 (반복해서 본문을 읽고 묵상한 후 필사합니다.)

- 에브라임은 나의 사랑하는 아들 기뻐하는 자식이 아니냐 내가 그를 책망하여 말할 때마다 깊이 생각하노라 그러므로 그를 위하여 내 창자가 들끓으니 내가 반드시 그를 불쌍히 여기리라 여호와의 말씀이니라 (렘 31:20)

- 이에 일어나서 아버지께로 돌아가니라 아직도 거리가 먼데 아버지가 그를 보고 측은히 여겨 달려가 목을 안고 입을 맞추니 (눅 15:20)

✓ **말씀으로 드리는 고백기도**

　사랑의 하나님, 떠났던 자식처럼 방황하던 저에게 다가와 주시고, 회개의 때를 기다려 주셔서 감사합니다. 주님의 불쌍히 여기심이 제게 크고 깊습니다. 저를 향한 주님의 끝없는 사랑을 경험할 때마다, 다른 이들에게 그 사랑을 나누고자 하는 마음이 생깁니다. 불쌍히 여기시고 용서하신 주님의 사랑을 기억하며, 항상 그 사랑에 의지하여 살아가게 하소서.

✓ **하나님의 성품을 묵상하는 침묵기도** (말씀을 통해 발견한 하나님의 성품을 고백하며 기도합니다.)

✓ **회개와 감사 및 간구기도** (말씀으로 깨달은 회개의 내용과 중보의 제목으로 기도합니다.)

✓ **감사일기**　　　**일째**

10. 23. (목)　| 겔 8-11장 |

말씀묵상 및 필사 (반복해서 본문을 읽고 묵상한 후 필사합니다.)

- 보옵소서 내게 큰 고통을 더하신 것은 내게 평안을 주려 하심이라 주께서 내 영혼을 사랑하사 멸망의 구덩이에서 건지셨고 내 모든 죄를 주의 등 뒤에 던지셨나이다 (사 38:17)

- 예수께서 일어나사 여자 외에 아무도 없는 것을 보시고 이르시되 여자여 너를 고발하던 그들이 어디 있느냐 너를 정죄한 자가 없느냐 대답하되 주여 없나이다 예수께서 이르시되 나도 너를 정죄하지 아니하노니 가서 다시는 죄를 범하지 말라 하시니라 (요 8:10-11)

✓ **말씀으로 드리는 고백기도**

　사랑의 주님, 우리의 모든 죄를 바다 깊은 곳에 던져주시니 감사합니다(미 7:19). 그 죄가 사라진 것처럼, 우리도 새로운 삶을 다짐합니다. 날마다 새롭게 하소서. 예수님께서 우리를 정죄하지 않으시고 은혜를 베푸신 것처럼, 저도 다른 이들에게 그 사랑과 용서를 전하게 하소서. 우리의 마음에 주님의 평안이 가득 채워지게 하소서.

✓ **하나님의 성품을 묵상하는 침묵기도** (말씀을 통해 발견한 하나님의 성품을 고백하며 기도합니다.)

✓ **회개와 감사 및 간구기도** (말씀으로 깨달은 회개의 내용과 중보의 제목으로 기도합니다.)

✓ **감사일기**　　　일째

| 겔 12-14장 | 10. 24. (금)

말씀묵상 및 필사 (반복해서 본문을 읽고 묵상한 후 필사합니다.)
- 그가 이스라엘을 그의 모든 죄악에서 속량하시리로다 (시 130:8)

- 긍휼이 풍성하신 하나님이 우리를 사랑하신 그 큰 사랑을 인하여 허물로 죽은 우리를 그리스도와 함께 살리셨고 (너희는 은혜로 구원을 받은 것이라) (엡 2:4-5)

✓ **말씀으로 드리는 고백기도**

긍휼하신 사랑의 하나님, 우리의 모든 죄악을 속량해 주셔서 감사합니다. 주님께서 예수 그리스도를 통해 우리의 삶을 새롭게 하시고, 은혜로 구원해 주셨음을 고백합니다. 허물로 죽은 자였던 우리를 그리스도 안에서 살리셨습니다. 이 은혜가 우리의 삶의 전부가 되게 하소서. 날마다 주님의 사랑을 깊이 경험하며, 그 사랑을 다른 이들에게 전하는 삶을 살게 하소서.

✓ **하나님의 성품을 묵상하는 침묵기도** (말씀을 통해 발견한 하나님의 성품을 고백하며 기도합니다.)

✓ **회개와 감사 및 간구기도** (말씀으로 깨달은 회개의 내용과 중보의 제목으로 기도합니다.)

✓ **감사일기**   일째

10. 25. (토)　|겔 15-21장

✓ 한 주간의 영성훈련을 점검합니다. (참여가 어려웠던 이유를 기록한 후 개선할 내용을 적어봅시다.)

- [ ] 1년 성경통독　　　- [ ] 말씀묵상 및 필사　　　- [ ] 침묵기도
- [ ] 감사와 회개의 기도　- [ ] 감사일기

*열심히 참여 (○), 조금 부족 (△), 참여 못함 (×)

✓ 순례자의 노트를 작성하는 동안 가장 은혜로웠던 순간을 적어보세요.

_____
_____
_____
_____
_____
_____
_____

✓ (1인)　가정예배

- 사도신경
- 찬송 : 446장 (주 음성 외에는)
- 성경읽기 : 요한계시록 21:1-8
- 기도 : 본인 또는 가족 중
- 주기도문

- 주간 암송구절

　모든 눈물을 그 눈에서 닦아 주시니 다시는 사망이 없고 애통하는 것이나 곡하는 것이나 아픈 것이 다시 있지 아니하리니 처음 것들이 다 지나갔음이러라 (계 21:4)

10. 26. (일)

✓ 주일설교 묵상

_____
_____
_____
_____
_____
_____

| 겔 22-24장 | 10. 27. (월)

말씀묵상 및 필사 (반복해서 본문을 읽고 묵상한 후 필사합니다.)

· 나의 모든 길과 내가 눕는 것을 살펴 보셨으므로 나의 모든 행위를 익히 아시오니 (시 139:3)

· 아무 것도 염려하지 말고 다만 모든 일에 기도와 간구로, 너희 구할 것을 감사함으로 하나님께 아뢰라 (빌 4:6)

✓ **말씀으로 드리는 고백기도**

　주님, 주님은 우리의 모든 길을 살펴보시며, 우리가 구하기 전에 무엇을 필요로 하는지 이미 다 아십니다(마 6:8). 염려가 생길 때, 기도와 간구로 주님께 나아가게 하시고, 모든 일에 감사하는 마음을 잃지 않게 하소서. 삶의 모든 순간을 주님께 맡기며, 주님의 평안과 인도하심을 구합니다. 기도할 때마다 주님께서 응답하시고, 우리의 삶을 통해 주님의 뜻을 이루어 가소서.

✓ **하나님의 성품을 묵상하는 침묵기도** (말씀을 통해 발견한 하나님의 성품을 고백하며 기도합니다.)

✓ **회개와 감사 및 간구기도** (말씀으로 깨달은 회개의 내용과 중보의 제목으로 기도합니다.)

✓ **감사일기**　　일째

10. 28. (화)　| 겔 25-28장

말씀묵상 및 필사 (반복해서 본문을 읽고 묵상한 후 필사합니다.)

- 네 하나님 여호와는 자비하신 하나님이심이라 그가 너를 버리지 아니하시며 너를 멸하지 아니하시며 네 조상들에게 맹세하신 언약을 잊지 아니하시리라 (신 4:31)

- 그러므로 그가 범사에 형제들과 같이 되심이 마땅하도다 이는 하나님의 일에 자비하고 신실한 대제사장이 되어 백성의 죄를 속량하려 하심이라 (히 2:17)

✓ **말씀으로 드리는 고백기도**

　사랑으로 충만하신 하나님, 주님께서는 결코 우리를 버리지 않으시며, 우리를 향한 언약을 언제나 기억하십니다. 예수님께서 우리의 죄를 대신 속량하시고, 형제와 같이 되어 주셨음을 깊이 묵상합니다. 그 은혜와 자비에 감사하며, 우리도 주님의 마음을 따라 이웃에게 사랑을 실천할 수 있도록 도와주소서.

✓ **하나님의 성품을 묵상하는 침묵기도** (말씀을 통해 발견한 하나님의 성품을 고백하며 기도합니다.)

✓ **회개와 감사 및 간구기도** (말씀으로 깨달은 회개의 내용과 중보의 제목으로 기도합니다.)

✓ **감사일기**　　일째

| 겔 29-32장 | 10. 29. (수)

말씀묵상 및 필사 (반복해서 본문을 읽고 묵상한 후 필사합니다.)

- 또 내 영을 너희 속에 두어 너희로 내 율례를 행하게 하리니 너희가 내 규례를 지켜 행할지라 (겔 36:27)

- 그가 또한 우리를 새 언약의 일꾼 되기에 만족하게 하셨으니 율법 조문으로 하지 아니하고 오직 영으로 함이니 율법 조문은 죽이는 것이요 영은 살리는 것이니라 (고후 3:6)

✓ **말씀으로 드리는 고백기도**

　주님, 우리에게 그리스도의 영을 보내 주셔서 주님의 율례와 규례를 따를 수 있게 하시니 감사합니다. 예수님을 통해 새 언약을 주셨고, 그 언약이 이제 성령님 안에서 저희의 삶을 인도함을 믿습니다. 성령님이 우리를 새롭게 하시고, 죽은 율법에서 벗어나 생명의 길로 이끌어 주십니다. 항상 그 길을 따르며 살기 원합니다. 주님의 영 안에서 주님의 뜻을 행하게 하소서.

✓ **하나님의 성품을 묵상하는 침묵기도** (말씀을 통해 발견한 하나님의 성품을 고백하며 기도합니다.)

✓ **회개와 감사 및 간구기도** (말씀으로 깨달은 회개의 내용과 중보의 제목으로 기도합니다.)

✓ **감사일기**　　　**일째**

10. 30. (목)　| 겔 33-36장

말씀묵상 및 필사 (반복해서 본문을 읽고 묵상한 후 필사합니다.)

- 하나님이 자기 형상 곧 하나님의 형상대로 사람을 창조하시되 남자와 여자를 창조하시고 (창 1:27)

- 새 사람을 입었으니 이는 자기를 창조하신 이의 형상을 따라 지식에까지 새롭게 하심을 입은 자니라 (골 3:10)

✓ **말씀으로 드리는 고백기도**
　하나님, 주님께서 우리를 주님의 형상대로 창조하셨습니다. 주님 안에서 창조하신 이의 형상으로 다시 새롭게 되었음을 고백하며 찬양합니다. 매일 그리스도의 형상대로 변화되어 가며, 주님의 의와 진리와 거룩한 삶을 살기를 원합니다(엡 4:24). 우리 안에 주님의 성품이 나타나게 하시고, 세상에서 주님의 모습을 드러내게 하소서.

✓ **하나님의 성품을 묵상하는 침묵기도** (말씀을 통해 발견한 하나님의 성품을 고백하며 기도합니다.)

✓ **회개와 감사 및 간구기도** (말씀으로 깨달은 회개의 내용과 중보의 제목으로 기도합니다.)

✓ **감사일기**　　　일째

| 겔 37-39장 | 10. 31. (금)

말씀묵상 및 필사 (반복해서 본문을 읽고 묵상한 후 필사합니다.)

· 아브라함이 대답하여 이르되 나는 티끌이나 재와 같사오나 감히 주께 아뢰나이다 (창 18:27)

· 구하는 이마다 받을 것이요 찾는 이는 찾아낼 것이요 두드리는 이에게는 열릴 것이니라 (눅 11:10)

✓ **말씀으로 드리는 고백기도**

　주님, 우리가 아브라함처럼 부족하고 연약한 존재임을 고백합니다. 그럼에도 불구하고 주님께서 우리의 기도를 들으시고 응답하시며, 부족한 우리를 귀하게 여기시고 사랑하여 주심을 깨닫습니다. 주님, 그 사랑 안에서 믿음으로 구하고, 찾을 때 주님의 뜻을 따라 찾으며, 두드릴 때 열어 주시는 은혜를 체험하게 하소서. 우리의 모든 기도가 주님의 뜻 안에서 이루어지기를 원합니다.

✓ **하나님의 성품을 묵상하는 침묵기도** (말씀을 통해 발견한 하나님의 성품을 고백하며 기도합니다.)

✓ **회개와 감사 및 간구기도** (말씀으로 깨달은 회개의 내용과 중보의 제목으로 기도합니다.)

✓ **감사일기**　　**일째**

Nov.

| 추수 감사 주일

올바른 성경 묵상을 위한 도전들 1

1. 집중력과 시간 부족

성경 묵상은 집중력과 시간을 필요로 합니다. 현대인들은 디지털 미디어와의 지속적인 상호작용으로 인해 집중력을 잃고 묵상을 위한 시간을 확보하지 못하고 있습니다. 바쁜 일상 속에서도 디지털 미디어를 조금 멀리하고 의도적으로 시간을 정해 묵상에 참여하려는 의지가 요구됩니다.

2. 이해의 어려움

성경은 고대 언어로 기록되어 읽기가 쉽지 않습니다. 문맥 속에서 그 시대의 언어와 역사, 문화를 파악하고 말씀을 이해하는 일은 많은 노력이 필요합니다. 성령님께서 주시는 신령한 지혜를 의지하고 교회 공동체의 도움으로 끝까지 포기하지 않는 자세가 필요합니다.

11. 1. (토)　|　겔 40-45장

✓ **한 주간의 영성훈련을 점검합니다.** (참여가 어려웠던 이유를 기록한 후 개선할 내용을 적어봅시다.)
- ☐ 1년 성경통독　　☐ 말씀묵상 및 필사　　☐ 침묵기도
- ☐ 감사와 회개의 기도　☐ 감사일기　　*열심히 참여 (○), 조금 부족 (△), 참여 못함 (×)

✓ **순례자의 노트를 작성하는 동안 가장 은혜로웠던 순간을 적어보세요.**

_____
_____
_____
_____
_____
_____
_____

✓ (1인)　**가정예배**
- 사도신경　　　　　　　　· 찬송 : 85장 (구주를 생각만 해도)
- 성경읽기 : 로마서 6:15-23　· 기도 : 본인 또는 가족 중　　· 주기도문

· 주간 암송구절
　죄의 삯은 사망이요 하나님의 은사는 그리스도 예수 우리 주 안에 있는 영생이니라 (롬 6:23)

11. 2. (일)

✓ **주일설교 묵상**

_____
_____
_____
_____
_____
_____

303

| 겔 46-48장 | 11. 3. (월)

말씀묵상 및 필사 (반복해서 본문을 읽고 묵상한 후 필사합니다.)

- 여호와를 찬송할지로다 그가 말씀하신 대로 그의 백성 이스라엘에게 태평을 주셨으니 그 종 모세를 통하여 무릇 말씀하신 그 모든 좋은 약속이 하나도 이루어지지 아니함이 없도다 (왕상 8:56)

- 이는 우리 하나님의 긍휼로 인함이라 이로써 돋는 해가 위로부터 우리에게 임하여 (눅 1:78)

✓ **말씀으로 드리는 고백기도**

사랑의 하나님, 주님의 신실하심을 찬양합니다. 이스라엘 백성에게 약속하신 평화를 우리에게도 이루시고, 그 약속을 언제나 신실하게 이루어 가신 주님께 영광을 돌립니다(시 85:8). 돋는 해처럼 우리 삶 속에 주님의 빛이 비추시기를 기도합니다. 주님의 긍휼로 우리의 삶을 채우시고, 우리의 길을 인도하시며, 주님의 약속을 신뢰하게 하소서.

✓ **하나님의 성품을 묵상하는 침묵기도** (말씀을 통해 발견한 하나님의 성품을 고백하며 기도합니다.)

✓ **회개와 감사 및 간구기도** (말씀으로 깨달은 회개의 내용과 중보의 제목으로 기도합니다.)

✓ **감사일기**   일째

11. 4. (화) | 단 1-4장 |

말씀묵상 및 필사 (반복해서 본문을 읽고 묵상한 후 필사합니다.)

- 무릇 우리는 다 부정한 자 같아서 우리의 의는 다 더러운 옷 같으며 우리는 다 잎사귀 같이 시들므로 우리의 죄악이 바람 같이 우리를 몰아가나이다 (사 64:6)

- 아들이 이르되 아버지 내가 하늘과 아버지께 죄를 지었사오니 지금부터는 아버지의 아들이라 일컬음을 감당하지 못하겠나이다 하나 아버지는 종들에게 이르되 제일 좋은 옷을 내어다가 입히고 손에 가락지를 끼우고 발에 신을 신기라 (눅 15:21-22)

✓ **말씀으로 드리는 고백기도**

하나님, 우리가 얼마나 부족하고 부정한 존재인지를 깨닫습니다. 우리의 의는 더럽고 시들었으며, 죄악이 우리의 삶을 몰아가고 있음을 고백합니다. 그럼에도 불구하고 주님은 우리를 용서하시고, 아버지의 사랑으로 새롭게 하십니다. 죄인의 모습으로 돌아온 우리에게 좋은 옷을 입히시고, 새롭게 시작할 기회를 주신 주님을 찬양합니다(사 61:10). 주님의 은혜 안에서 회복케 하소서.

✓ **하나님의 성품을 묵상하는 침묵기도** (말씀을 통해 발견한 하나님의 성품을 고백하며 기도합니다.)

✓ **회개와 감사 및 간구기도** (말씀으로 깨달은 회개의 내용과 중보의 제목으로 기도합니다.)

✓ **감사일기**   일째

| 단 5-8장 | 11. 5. (수)

말씀묵상 및 필사 (반복해서 본문을 읽고 묵상한 후 필사합니다.)

- 여호와여 내가 고통 중에 있사오니 내게 은혜를 베푸소서 내가 근심 때문에 눈과 영혼과 몸이 쇠하였나이다 (시 31:9)

- 밤에 주께서 환상 가운데 바울에게 말씀하시되 두려워하지 말며 침묵하지 말고 말하라 (행 18:9)

_____
_____
_____
_____
_____
_____
_____
_____
_____

✓ **말씀으로 드리는 고백기도**

　하나님, 고난과 고통 속에서 눈물을 흘리고 마음이 상할 때, 주님의 은혜가 절실히 필요합니다. 내면의 근심과 쇠약함을 주님께 고백하며, 주님의 도우심을 구합니다. 두려움과 침묵 속에서도 주님께서 말씀하시고, 힘을 주신다는 사실을 믿습니다. 고난 속에서도 주님의 말씀이 우리에게 힘이 되어, 두려움 없이 나아갈 수 있도록 도와주소서(사 41:10).

✓ **하나님의 성품을 묵상하는 침묵기도** (말씀을 통해 발견한 하나님의 성품을 고백하며 기도합니다.)

✓ **회개와 감사 및 간구기도** (말씀으로 깨달은 회개의 내용과 중보의 제목으로 기도합니다.)

✓ **감사일기**　　　**일째**

_____
_____

11. 6. (목) | 단 9-12장

말씀묵상 및 필사 (반복해서 본문을 읽고 묵상한 후 필사합니다.)
- 내가 그들의 반역을 고치고 기쁘게 그들을 사랑하리니 나의 진노가 그에게서 떠났음이니라 (호 14:4)

- 예수께서 이르시되 내가 진실로 네게 이르노니 오늘 네가 나와 함께 낙원에 있으리라 하시니라 (눅 23:43)

✓ **말씀으로 드리는 고백기도**
　사랑의 하나님, 우리의 반역과 죄에도 불구하고, 주님은 우리를 사랑하시고 용서하십니다. 주님의 진노가 우리에게서 떠나고, 그 대신 기쁨과 평안을 주시는 주님의 은혜를 찬양합니다. 예수님이 우리와 함께 하시며, 영원한 생명을 약속하신 것을 믿습니다(요 14:27). 우리가 죄를 고백하고, 주님의 용서를 받아들이며, 새로운 삶을 살게 하소서.

✓ **하나님의 성품을 묵상하는 침묵기도** (말씀을 통해 발견한 하나님의 성품을 고백하며 기도합니다.)

✓ **회개와 감사 및 간구기도** (말씀으로 깨달은 회개의 내용과 중보의 제목으로 기도합니다.)

✓ **감사일기**　　일째

| 호 1-3장 | 11. 7. (금)

말씀묵상 및 필사 (반복해서 본문을 읽고 묵상한 후 필사합니다.)

- 주의 빛과 주의 진리를 보내시어 나를 인도하시고 주의 거룩한 산과 주께서 계시는 곳에 이르게 하소서 (시 43:3)

- 예수께서 또 말씀하여 이르시되 나는 세상의 빛이니 나를 따르는 자는 어둠에 다니지 아니하고 생명의 빛을 얻으리라 (요 8:12)

✓ **말씀으로 드리는 고백기도**

빛되신 주님, 어두운 길을 걸어갈 때 주님의 빛이 나를 인도하소서. 주님의 진리로 나를 거룩한 산으로 이끌어 주셔서, 주님의 임재 안에서 참된 평안과 소망을 누리게 하소서. 생명의 빛 되신 예수님, 주님을 따를 때 어둠 속에 머무르지 않고, 생명의 빛을 얻을 수 있음을 믿습니다. 주님의 빛이 내 삶을 비추시어, 모든 두려움과 어둠을 물리치고 온전한 길로 나아가게 하소서.

✓ **하나님의 성품을 묵상하는 침묵기도** (말씀을 통해 발견한 하나님의 성품을 고백하며 기도합니다.)

✓ **회개와 감사 및 간구기도** (말씀으로 깨달은 회개의 내용과 중보의 제목으로 기도합니다.)

✓ **감사일기**   일째

11. 8. (토) | 호 4-10장

✓ **한 주간의 영성훈련을 점검합니다.** (참여가 어려웠던 이유를 기록한 후 개선할 내용을 적어봅시다.)
- ☐ 1년 성경통독
- ☐ 말씀묵상 및 필사
- ☐ 침묵기도
- ☐ 감사와 회개의 기도
- ☐ 감사일기

*열심히 참여 (○), 조금 부족 (△), 참여 못함 (×)

✓ **순례자의 노트를 작성하는 동안 가장 은혜로웠던 순간을 적어보세요.**

_____
_____
_____
_____
_____
_____
_____
_____

✓ (1인)   **가정예배**
- 사도신경
- 찬송 : 486장 (이 세상에 근심된 일이 많고)
- 성경읽기 : 창세기 3:9-21
- 기도 : 본인 또는 가족 중
- 주기도문

- 주간 암송구절

  내가 너로 여자와 원수가 되게 하고 네 후손도 여자의 후손과 원수가 되게 하리니 여자의 후손은 네 머리를 상하게 할 것이요 너는 그의 발꿈치를 상하게 할 것이니라 하시고 (창 3:15)

11. 9. (일)

✓ **주일설교 묵상**

_____
_____
_____
_____
_____
_____

| 호 11-14장 | 11. 10. (월)

말씀묵상 및 필사 (반복해서 본문을 읽고 묵상한 후 필사합니다.)

- 악인에게는 하나님이 이르시되 네가 어찌하여 내 율례를 전하며 내 언약을 네 입에 두느냐 네가 교훈을 미워하고 내 말을 네 뒤로 던지며 (시 50:16-17)

- 너희는 나를 불러 주여 주여 하면서도 어찌하여 내가 말하는 것을 행하지 아니하느냐 (눅 6:46)

✓ **말씀으로 드리는 고백기도**

　주님, 주님의 말씀에 순종할 수 있도록 도와주소서. 단지 입술로 주님을 부르지 않게 하시고, 마음으로 주님의 뜻을 따르며, 행동으로 주님을 섬길 수 있게 하소서. 주님의 말씀을 내 삶에 온전히 적용하며, 주님의 뜻을 이루게 하소서.

✓ **하나님의 성품을 묵상하는 침묵기도** (말씀을 통해 발견한 하나님의 성품을 고백하며 기도합니다.)

✓ **회개와 감사 및 간구기도** (말씀으로 깨달은 회개의 내용과 중보의 제목으로 기도합니다.)

✓ **감사일기**　　　일째

11. 11. (화)　| 욜 1-3장 |

말씀묵상 및 필사 (반복해서 본문을 읽고 묵상한 후 필사합니다.)

- 여호와께서 맹인들의 눈을 여시며 여호와께서 비굴한 자들을 일으키시며 여호와께서 의인들을 사랑하시며 (시 146:8)

- 그들이 서로 말하되 길에서 우리에게 말씀하시고 우리에게 성경을 풀어 주실 때에 우리 속에서 마음이 뜨겁지 아니하더냐 하고 (눅 24:32)

✔ **말씀으로 드리는 고백기도**

　우리의 눈을 여시고 마음을 뜨겁게 하시는 하나님, 주님의 은혜로 어두운 길에서 벗어나 주님의 빛을 따라 갈 수 있게 하셨습니다(엡 1:18). 주님의 말씀이 우리 속에서 살아 움직여 우리의 마음을 변화시키며, 주님의 의로움과 사랑으로 우리를 새롭게 하소서. 주님의 길을 따르며, 주님의 진리 안에서 힘을 얻는 자들이 되게 하소서.

✔ **하나님의 성품을 묵상하는 침묵기도** (말씀을 통해 발견한 하나님의 성품을 고백하며 기도합니다.)

✔ **회개와 감사 및 간구기도** (말씀으로 깨달은 회개의 내용과 중보의 제목으로 기도합니다.)

✔ **감사일기**　　일째

| 암 1-2장 | 11. 12. (수)

말씀묵상 및 필사 (반복해서 본문을 읽고 묵상한 후 필사합니다.)

· 나의 유리함을 주께서 계수하셨사오니 나의 눈물을 주의 병에 담으소서 이것이 주의 책에 기록되지 아니하였나이까 (시 56:8)

· 지금 주린 자는 복이 있나니 너희가 배부름을 얻을 것임이요 지금 우는 자는 복이 있나니 너희가 웃을 것임이요 (눅 6:21)

✓ **말씀으로 드리는 고백기도**

  궁휼하신 하나님, 우리의 눈물과 고통을 주님께서 다 기록하시고 기억하시며, 그 속에서 주님의 위로와 회복의 손길을 허락하시니 감사합니다. 우리가 슬퍼할 때마다 그 슬픔을 위로하시고, 결국 기쁨과 평안으로 채워주실 것을 믿습니다(시편 30:5). 우리의 눈물의 간구가 헛되지 않으며, 그 속에서 주님의 은혜와 사랑을 경험하게 하시고, 결국 주님의 약속이 이뤄짐을 보게 하소서.

✓ **하나님의 성품을 묵상하는 침묵기도** (말씀을 통해 발견한 하나님의 성품을 고백하며 기도합니다.)

✓ **회개와 감사 및 간구기도** (말씀으로 깨달은 회개의 내용과 중보의 제목으로 기도합니다.)

✓ **감사일기**   일째

| 11. 13. (목) | 암 3-6장 |

말씀묵상 및 필사 (반복해서 본문을 읽고 묵상한 후 필사합니다.)

- 내가 너와 함께 있어 네가 어디로 가든지 너를 지키며 너를 이끌어 이 땅으로 돌아오게 할지라 내가 네게 허락한 것을 다 이루기까지 너를 떠나지 아니하리라 하신지라 (창 28:15)

- 오직 성령이 너희에게 임하시면 너희가 권능을 받고 예루살렘과 온 유대와 사마리아와 땅 끝까지 이르러 내 증인이 되리라 하시니라 (행 1:8)

✓ **말씀으로 드리는 고백기도**

주님, 주님이 항상 우리와 함께하시며, 모든 걸음마다 지키시고 인도하심을 믿습니다. 세상 끝날까지 우리의 삶을 이끌어 주시고, 성령님의 능력으로 우리가 주님의 증인이 될 수 있도록 도와주소서(마 28:20). 어디로 가든지 주님의 인도하심을 따라 살아가며, 주님의 뜻을 이루는 삶을 살게 하시고, 주님의 권능 안에서 세상에 빛을 비추는 자들이 되게 하소서.

✓ **하나님의 성품을 묵상하는 침묵기도** (말씀을 통해 발견한 하나님의 성품을 고백하며 기도합니다.)

✓ **회개와 감사 및 간구기도** (말씀으로 깨달은 회개의 내용과 중보의 제목으로 기도합니다.)

✓ **감사일기**   일째

| 암 7-9장 | 11. 14. (금)

말씀묵상 및 필사 (반복해서 본문을 읽고 묵상한 후 필사합니다.)
- 주의 말씀대로 나를 붙들어 살게 하시고 내 소망이 부끄럽지 않게 하소서 (시 119:116)

- 너희 마음에 그리스도를 주로 삼아 거룩하게 하고 너희 속에 있는 소망에 관한 이유를 묻는 자에게는 대답할 것을 항상 준비하되 온유와 두려움으로 하고 (벧전 3:15)

✓ **말씀으로 드리는 고백기도**
　주님, 주님의 말씀대로 주님께서 붙들어 주심이 소망이 됩니다. 이 소망이 우리 삶의 중심이 되기를 원합니다. 주님께서 이끌어 가실 때, 이 소망은 결코 부끄럽지 않으리라는 약속을 붙잡습니다(롬 5:5). 예수 그리스도께서 우리 마음의 주인이 되시고, 우리 안에 있는 소망을 증거할 수 있도록 도와주소서.

✓ **하나님의 성품을 묵상하는 침묵기도** (말씀을 통해 발견한 하나님의 성품을 고백하며 기도합니다.)

✓ **회개와 감사 및 간구기도** (말씀으로 깨달은 회개의 내용과 중보의 제목으로 기도합니다.)

✓ **감사일기**　　　일째

11. 15. (토) | 욥 1장, 욘 1-4장

✓ **한 주간의 영성훈련을 점검합니다.** (참여가 어려웠던 이유를 기록한 후 개선할 내용을 적어봅시다.)
- ☐ 1년 성경통독
- ☐ 말씀묵상 및 필사
- ☐ 침묵기도
- ☐ 감사와 회개의 기도
- ☐ 감사일기

*열심히 참여 (○), 조금 부족 (△), 참여 못함 (×)

✓ **순례자의 노트를 작성하는 동안 가장 은혜로웠던 순간을 적어보세요.**

_____
_____
_____
_____
_____
_____
_____

✓ (1인) **가정예배**
- 사도신경
- 찬송 : 270장 (변찮는 주님의 사랑과)
- 성경읽기 : 이사야 7:13-25
- 기도 : 본인 또는 가족 중
- 주기도문

- 주간 암송구절
  그러므로 주께서 친히 징조를 너희에게 주실 것이라 보라 처녀가 잉태하여 아들을 낳을 것이요 그의 이름을 임마누엘이라 하리라 (사 7:14)

11. 16. (일)

✓ **주일설교 묵상**

_____
_____
_____
_____
_____
_____
_____

| 미 1-3장 | 11. 17. (월)

말씀묵상 및 필사 (반복해서 본문을 읽고 묵상한 후 필사합니다.)

- 그가 홀로 하늘을 펴시며 바다 물결을 밟으시며 북두성과 삼성과 묘성과 남방의 밀실을 만드셨으며 (욥 9:8-9)

- 이르되 여러분이여 어찌하여 이러한 일을 하느냐 우리도 여러분과 같은 성정을 가진 사람이라 여러분에게 복음을 전하는 것은 이런 헛된 일을 버리고 천지와 바다와 그 가운데 만물을 지으시고 살아 계신 하나님께로 돌아오게 함이라 (행 14:15)

✓ **말씀으로 드리는 고백기도**

창조주 하나님, 하늘과 땅, 모든 만물을 지으시고 그 가운데 우리를 지켜 주신 주님의 위대하심을 찬양합니다. 주님은 온 우주를 다스리시며, 우리의 삶 속에서 주님의 놀라운 창조의 계획을 이루어 가고 계십니다. 우리가 주님의 뜻에 따라 살아가며, 천지와 바다를 창조하신 하나님께로 향하게 하소서. 헛된 것들을 버리고 주님의 영광을 나타내는 삶을 살게 하소서.

✓ **하나님의 성품을 묵상하는 침묵기도** (말씀을 통해 발견한 하나님의 성품을 고백하며 기도합니다.)

✓ **회개와 감사 및 간구기도** (말씀으로 깨달은 회개의 내용과 중보의 제목으로 기도합니다.)

✓ **감사일기**   **일째**

11. 18. (화) | 미 4-7장 |

말씀묵상 및 필사 (반복해서 본문을 읽고 묵상한 후 필사합니다.)
- 측량할 수 없는 큰 일을, 셀 수 없는 기이한 일을 행하시느니라 (욥 9:10)

- 찬송하리로다 그는 우리 주 예수 그리스도의 하나님이시요 자비의 아버지시요 모든 위로의 하나님이시며 (고후 1:3)

_____
_____
_____
_____
_____
_____
_____
_____
_____
_____

✓ **말씀으로 드리는 고백기도**
　하나님, 주님께서 이루시는 크고 놀라운 일을 바라봅니다. 우리가 이해할 수도 없는 큰 일을 행하시고, 셀 수 없는 기이한 일들을 통해 주님의 영광을 드러내십니다. 능력의 주님께서 항상 함께하시며, 어떤 상황에서도 주님의 평안을 누리게 하소서. 우리의 삶이 주님의 그 크신 능력과 사랑을 증거하는 도구가 되게 하소서.

✓ **하나님의 성품을 묵상하는 침묵기도** (말씀을 통해 발견한 하나님의 성품을 고백하며 기도합니다.)

✓ **회개와 감사 및 간구기도** (말씀으로 깨달은 회개의 내용과 중보의 제목으로 기도합니다.)

✓ **감사일기**　　　일째

| 나 1-3장 | 11. 19. (수)

말씀묵상 및 필사 (반복해서 본문을 읽고 묵상한 후 필사합니다.)

- 여호와는 나의 반석이시요 나의 요새시요 나를 건지시는 이시요 나의 하나님이시요 내가 그 안에 피할 나의 바위시요 나의 방패시요 나의 구원의 뿔이시요 나의 산성이시로다 (시 18:2)

- 내게 나아와 내 말을 듣고 행하는 자마다 누구와 같은 것을 너희에게 보이리라 집을 짓되 깊이 파고 주추를 반석 위에 놓은 사람과 같으니 큰 물이 나서 탁류가 그 집에 부딪치되 잘 지었기 때문에 능히 요동하지 못하게 하였거니와 (눅 6:47-48)

✓ **말씀으로 드리는 고백기도**

　주님은 우리의 반석이시요, 우리의 피난처가 되시며 어떤 어려움 속에서도 우리를 지키시는 산성이 되어 주십니다. 주님의 말씀을 따라 삶을 세우게 하시고, 그 말씀 위에 뿌리를 내린 삶이 흔들리지 않게 하소서. 세상의 유혹과 시련이 우리를 공격할 때에도 주님 안에서 안전하게 피할 수 있음을 믿습니다. 주님의 보호와 인도하심으로 항상 든든히 서 가게 하소서.

✓ **하나님의 성품을 묵상하는 침묵기도** (말씀을 통해 발견한 하나님의 성품을 고백하며 기도합니다.)

✓ **회개와 감사 및 간구기도** (말씀으로 깨달은 회개의 내용과 중보의 제목으로 기도합니다.)

✓ **감사일기**　　　일째

11. 20. (목)　| 합 1-3장 |

말씀묵상 및 필사 (반복해서 본문을 읽고 묵상한 후 필사합니다.)
- 그들이 내가 어릴 때부터 여러 번 나를 괴롭혔으나 나를 이기지 못하였도다 (시 129:2)

- 우리를 너희와 함께 그리스도 안에서 굳건하게 하시고 우리에게 기름을 부으신 이는 하나님이시니 (고후 1:21)

✓ **말씀으로 드리는 고백기도**
　하나님, 세상 속에서 여러 번 괴롭힘을 당하고 어려움을 겪을 때에도 주님의 은혜로 결코 무너지지 않게 하시니 감사합니다. 주님께서 우리를 굳건히 하시고, 그리스도 안에서 기름 부어 주셨기에 어떤 시련과 고난 속에서도 넉넉히 이길 수 있음을 믿습니다(롬 8:37). 우리를 더욱 강하게 하시고 어떤 어려움 속에서도 주님의 승리를 경험하며 나아가게 하소서.

✓ **하나님의 성품을 묵상하는 침묵기도** (말씀을 통해 발견한 하나님의 성품을 고백하며 기도합니다.)

✓ **회개와 감사 및 간구기도** (말씀으로 깨달은 회개의 내용과 중보의 제목으로 기도합니다.)

✓ **감사일기**　　일째

| ✓ 습 1-3장 | 11. 21. (금)

말씀묵상 및 필사 (반복해서 본문을 읽고 묵상한 후 필사합니다.)

· 여호와여 나의 기도를 들으시며 나의 부르짖음에 귀를 기울이소서 내가 눈물 흘릴 때에 잠잠하지 마옵소서 나는 주와 함께 있는 나그네이며 나의 모든 조상들처럼 떠도나이다 (시 39:12)

· 모든 눈물을 그 눈에서 닦아 주시니 다시는 사망이 없고 애통하는 것이나 곡하는 것이나 아픈 것이 다시 있지 아니하리니 처음 것들이 다 지나갔음이러라 (계 21:4)

___

✓ **말씀으로 드리는 고백기도**

　주님, 이 세상에서 나그네처럼 떠도는 삶을 살아가면서 많은 고통과 눈물을 흘릴 때가 있습니다. 그럼에도 불구하고 주님의 위로와 사랑을 기억하며, 주어진 이 고난이 영원한 영광을 위한 준비임을 믿습니다. 주님께서 눈물을 닦아주시고, 모든 아픔과 슬픔을 다 마르도록 하실 날을 기대하며 오늘도 주님을 의지합니다. 고통 속에서도 주님의 평안을 누리며 살게 하소서.

✓ **하나님의 성품을 묵상하는 침묵기도** (말씀을 통해 발견한 하나님의 성품을 고백하며 기도합니다.)

✓ **회개와 감사 및 간구기도** (말씀으로 깨달은 회개의 내용과 중보의 제목으로 기도합니다.)

✓ **감사일기**　　　일째

11. 22. (토) | 학 1-2장, 슥 1-4장

✓ 한 주간의 영성훈련을 점검합니다. (참여가 어려웠던 이유를 기록한 후 개선할 내용을 적어봅시다.)
- [ ] 1년 성경통독
- [ ] 말씀묵상 및 필사
- [ ] 침묵기도
- [ ] 감사와 회개의 기도
- [ ] 감사일기

*열심히 참여(○), 조금 부족(△), 참여 못함(×)

✓ 순례자의 노트를 작성하는 동안 가장 은혜로웠던 순간을 적어보세요.

✓ (1인)　가정예배

- 사도신경
- 찬송 : 217장 (하나님이 말씀하시기를)
- 성경읽기 : 미가 5:2-9
- 기도 : 본인 또는 가족 중
- 주기도문

- 주간 암송구절

　베들레헴 에브라다야 너는 유다 족속 중에 작을지라도 이스라엘을 다스릴 자가 네게서 내게로 나올 것이라 그의 근본은 상고에, 영원에 있느니라 (미 5:2)

11. 23. (일)

✓ 주일설교 묵상

| 슥 5-8장 | 11. 24. (월)

말씀묵상 및 필사 (반복해서 본문을 읽고 묵상한 후 필사합니다.)
- 악을 선하다 하며 선을 악하다 하며 흑암으로 광명을 삼으며 광명으로 흑암을 삼으며 쓴 것으로 단 것을 삼으며 단 것으로 쓴 것을 삼는 자들은 화 있을진저 (사 5:20)

- 그들이 산 자와 죽은 자를 심판하기로 예비하신 이에게 사실대로 고하리라 (벧전 4:5)

✓ **말씀으로 드리는 고백기도**
　주님, 세상의 혼란과 왜곡된 가치관 속에서 참된 진리를 붙잡고 살기 원합니다. 악을 선으로, 선을 악으로 바꾸려는 유혹과 거짓된 길을 따르지 않도록 우리의 마음을 지켜 주소서. 주님의 심판이 진리대로 이루어짐을 믿고, 우리의 삶이 하나님 앞에서 온전하고 순수하게 드려지기를 소망합니다. 우리의 모든 행위와 생각이 주님의 의에 맞도록 인도해 주소서.

✓ **하나님의 성품을 묵상하는 침묵기도** (말씀을 통해 발견한 하나님의 성품을 고백하며 기도합니다.)

✓ **회개와 감사 및 간구기도** (말씀으로 깨달은 회개의 내용과 중보의 제목으로 기도합니다.)

✓ **감사일기**　　일째

11. 25. (화)　|숙 9-11장

말씀묵상 및 필사 (반복해서 본문을 읽고 묵상한 후 필사합니다.)
- 간음하지 말라 (출 20:14)

- 모든 사람은 결혼을 귀히 여기고 침소를 더럽히지 않게 하라 음행하는 자들과 간음하는 자들을 하나님이 심판하시리라 (히 13:4)

✓ **말씀으로 드리는 고백기도**
　하나님, 우리의 마음과 몸이 거룩하게 지켜지기를 원합니다. 세상의 유혹 속에서 결혼의 거룩함과 순결을 지킬 수 있도록 도와주시고, 음행과 간음의 죄에서 벗어나 주님의 뜻에 따라 살 수 있게 하소서. 우리의 관계와 삶이 주님의 뜻 안에서 온전하게 이루어지기를 기도합니다.

✓ **하나님의 성품을 묵상하는 침묵기도** (말씀을 통해 발견한 하나님의 성품을 고백하며 기도합니다.)

✓ **회개와 감사 및 간구기도** (말씀으로 깨달은 회개의 내용과 중보의 제목으로 기도합니다.)

✓ **감사일기**　　일째

| 슥 12-14장 | 11. 26. (수)

말씀묵상 및 필사 (반복해서 본문을 읽고 묵상한 후 필사합니다.)
- 여호와께서 이르시되 내가 네 말대로 사하노라 (민 14:20)

- 그를 향하여 우리가 가진 바 담대함이 이것이니 그의 뜻대로 무엇을 구하면 들으심이라 (요일 5:14)

✓ **말씀으로 드리는 고백기도**
　주님, 주님의 이름으로 구하고, 주님의 뜻에 맞게 기도하며 담대히 나아갑니다. 주님께서 우리의 기도를 들으시고 응답하신다는 약속을 믿습니다. 우리의 마음이 주님의 뜻에 합당하게 되어, 모든 구하는 것들이 주님의 뜻 안에서 이루어지기를 기도합니다. 주님의 은혜 주심과 인도하심을 믿습니다.

✓ **하나님의 성품을 묵상하는 침묵기도** (말씀을 통해 발견한 하나님의 성품을 고백하며 기도합니다.)

✓ **회개와 감사 및 간구기도** (말씀으로 깨달은 회개의 내용과 중보의 제목으로 기도합니다.)

✓ **감사일기**　　일째

11. 27. (목) | 말 1-4장

말씀묵상 및 필사 (반복해서 본문을 읽고 묵상한 후 필사합니다.)
- 하나님은 우리에게 구원의 하나님이시라 사망에서 벗어남은 주 여호와로 말미암거니와 (시 68:20)

- 그러므로 우리에게 큰 대제사장이 계시니 승천하신 이 곧 하나님의 아들 예수시라 우리가 믿는 도리를 굳게 잡을지어다 (히 4:14)

✓ **말씀으로 드리는 고백기도**
  주님, 주님은 구원이시며, 친히 대제사장이 되어 주시니 우리는 주님을 통해 하나님과의 관계를 회복할 수 있습니다. 그리스도를 믿고 의지할 때, 주님이 우리의 구원자이자 대제사장이심을 깊이 깨닫고, 그 믿음을 굳게 잡을 수 있도록 도와주소서. 영원히 변함 없으신 주님을 의지하고 나아가게 하소서(히 7:24-25).

✓ **하나님의 성품을 묵상하는 침묵기도** (말씀을 통해 발견한 하나님의 성품을 고백하며 기도합니다.)

✓ **회개와 감사 및 간구기도** (말씀으로 깨달은 회개의 내용과 중보의 제목으로 기도합니다.)

✓ **감사일기**　　일째

| 갈 1-3장 | 11. 28. (금)

말씀묵상 및 필사 (반복해서 본문을 읽고 묵상한 후 필사합니다.)
- 흩어 구제하여도 더욱 부하게 되는 일이 있나니 과도히 아껴도 가난하게 될 뿐이니라 (잠 11:24)

- 그들에게 이르시되 삼가 모든 탐심을 물리치라 사람의 생명이 그 소유의 넉넉한 데 있지 아니하니라 하시고 (눅 12:15)

✓ **말씀으로 드리는 고백기도**
　하나님, 소유에 대한 올바른 마음을 가지게 하시고, 물질이 삶의 중심이 되지 않도록 인도하소서. 주님께서 주신 자원을 나누며 살아가는 삶을 통해 진정한 부를 경험하게 하시고, 과도한 탐욕이 아닌 사랑과 나눔을 통해 하늘에 보물을 쌓아 두는 삶이 되게 하소서. 삶의 풍성함을 누리기를 원합니다. 성령 하나님, 도우소서.

✓ **하나님의 성품을 묵상하는 침묵기도** (말씀을 통해 발견한 하나님의 성품을 고백하며 기도합니다.)

✓ **회개와 감사 및 간구기도** (말씀으로 깨달은 회개의 내용과 중보의 제목으로 기도합니다.)

✓ **감사일기**　　　일째

11. 29. (토) | 갈 4-6장

✓ **한 주간의 영성훈련을 점검합니다.** (참여가 어려웠던 이유를 기록한 후 개선할 내용을 적어봅시다.)
- ☐ 1년 성경통독
- ☐ 말씀묵상 및 필사
- ☐ 침묵기도
- ☐ 감사와 회개의 기도
- ☐ 감사일기

*열심히 참여 (○), 조금 부족 (△), 참여 못함 (×)

✓ **순례자의 노트를 작성하는 동안 가장 은혜로웠던 순간을 적어보세요.**

_____
_____
_____
_____
_____
_____
_____

✓ (1인) **가정예배**
- · 사도신경
- · 찬송 : 428장 (내 영혼에 햇빛 비치니)
- · 성경읽기 : 누가복음 2:8-14
- · 기도 : 본인 또는 가족 중
- · 주기도문

· 주간 암송구절
　천사가 이르되 무서워하지 말라 보라 내가 온 백성에게 미칠 큰 기쁨의 좋은 소식을 너희에게 전하노라 오늘 다윗의 동네에 너희를 위하여 구주가 나셨으니 곧 그리스도 주시니라 (눅 2:10-11)

11. 30. (일)

✓ **주일설교 묵상**

_____
_____
_____
_____
_____
_____

Dec.

대림절
성탄절
송구 영신 예배

올바른 성경 묵상을 위한 도전들 2

3. 자의적 해석과 오류

성경을 읽는 사람은 자신의 상황 속에서 말씀을 이해하고 적용하고 싶은 유혹을 받습니다. 세상과 이웃을 판단하려는 도구로 말씀을 사용하기도 합니다. 말씀이 가지는 본래의 의미를 먼저 살피십시오. 그리고 성령님께 겸손하게 지혜를 구하고 교회 공동체와 함께 말씀을 적용하려는 노력을 기울여야 합니다. 그렇지 않으면 잘못된 해석과 이해로 심각한 오류를 낳을 수 있습니다.

4. 말씀과 삶의 일치

말씀 묵상은 결코 그리스도인의 삶과 분리될 수 없습니다. 거룩한 삶을 멀리하면서 말씀의 은혜를 누릴 수 없기 때문입니다. 말씀으로 삶을 살아내기 위해 힘쓸 때, 하나님의 다스림과 성령님의 충만하신 은혜가 임할 것입니다.

| 엡 1-3장 | 12. 1. (월)

말씀묵상 및 필사 (반복해서 본문을 읽고 묵상한 후 필사합니다.)

· 여호와께서 영원무궁 하도록 다스리시도다 하였더라 (출 15:18)

· 내 아버지께서 모든 것을 내게 주셨으니 아버지 외에는 아들이 누구인지 아는 자가 없고 아들과 또 아들의 소원대로 계시를 받는 자 외에는 아버지가 누구인지 아는 자가 없나이다 하시고 (눅 10:22)

___

✓ **말씀으로 드리는 고백기도**

영원히 다스리시는 여호와 하나님, 주님의 나라와 평강이 무궁하다는 이사야 선지자의 고백(사 9:7)을 기억합니다. 아들을 통해 아버지를 알게 하시고 주님의 영원하신 통치와 사랑 안에 거하며 온전히 순종하도록 인도하여 주옵소서. 지금도 정의와 공의로 우리의 삶을 새롭게 하시는 주님의 열심을 찬양하며, 모든 영광을 주님께 올려드립니다. 할렐루야.

✓ **하나님의 성품을 묵상하는 침묵기도** (말씀을 통해 발견한 하나님의 성품을 고백하며 기도합니다.)

✓ **회개와 감사 및 간구기도** (말씀으로 깨달은 회개의 내용과 중보의 제목으로 기도합니다.)

✓ **감사일기**   일째

12. 2. (화)　｜엡 4-6장

말씀묵상 및 필사 (반복해서 본문을 읽고 묵상한 후 필사합니다.)

- 내가 이제 조서를 내리노라 내 나라 관할 아래에 있는 사람들은 다 다니엘의 하나님 앞에서 떨며 두려워할지니 그는 살아 계시는 하나님이시요 영원히 변하지 않으실 이시며 그의 나라는 멸망하지 아니할 것이요 그의 권세는 무궁할 것이며 그는 구원도 하시며 건져내기도 하시며 하늘에서든지 땅에서든지 이적과 기사를 행하시는 이로서 다니엘을 구원하여 사자의 입에서 벗어나게 하셨음이라 하였더라 (단 6:26-27)

- 아버지가 아들을 세상의 구주로 보내신 것을 우리가 보았고 또 증언하노니 (요일 4:14)

✓ **말씀으로 드리는 고백기도**

살아 계셔서 역사하시는 하나님, 주님의 나라는 영원하며 권세는 무궁하심을 찬양합니다 (시 145:13). 아버지께서 아들을 세상의 구주로 보내셨음을 증언하며, 그 구원의 은혜를 기억하고 날마다 감사하게 하소서. 주님의 이적과 기사로 우리 삶을 새롭게 하시며, 고난 속에서도 구원의 손길을 붙잡게 하소서.

✓ **하나님의 성품을 묵상하는 침묵기도** (말씀을 통해 발견한 하나님의 성품을 고백하며 기도합니다.)

✓ **회개와 감사 및 간구기도** (말씀으로 깨달은 회개의 내용과 중보의 제목으로 기도합니다.)

✓ **감사일기**　　일째

| 빌 1-4장 |　12. 3. (수)

말씀묵상 및 필사 (반복해서 본문을 읽고 묵상한 후 필사합니다.)

- 너는 마음을 다하여 여호와를 신뢰하고 네 명철을 의지하지 말라 너는 범사에 그를 인정하라 그리하면 네 길을 지도하시리라 (잠 3:5-6)

- 서로 마음을 같이하며 높은 데 마음을 두지 말고 도리어 낮은 데 처하며 스스로 지혜 있는 체 하지 말라 (롬 12:16)

___

✓ **말씀으로 드리는 고백기도**

　주님, 마음을 다해 여호와를 신뢰하며, 스스로의 지혜를 의지하지 않도록 도와주소서. 모든 길을 주님께 맡기며 의지할 때 주님께서 이루심을 믿습니다(시 37:5). 또한 낮은 자리에 거하며 서로 겸손히 마음을 같이하게 하시고, 스스로 지혜롭다 여기지 않는 겸비함을 배우게 하소서. 주님의 인도하심을 찬양합니다. 성령님, 우리의 길을 밝혀 주소서.

✓ **하나님의 성품을 묵상하는 침묵기도** (말씀을 통해 발견한 하나님의 성품을 고백하며 기도합니다.)

✓ **회개와 감사 및 간구기도** (말씀으로 깨달은 회개의 내용과 중보의 제목으로 기도합니다.)

✓ **감사일기**　　**일째**

12. 4. (목)　|골 1-4장|

말씀묵상 및 필사 (반복해서 본문을 읽고 묵상한 후 필사합니다.)
· 그의 호흡이 끊어지면 흙으로 돌아가서 그 날에 그의 생각이 소멸하리로다 (시 146:4)

· 위의 것을 생각하고 땅의 것을 생각하지 말라 (골 3:2)

✓ **말씀으로 드리는 고백기도**
　영원하신 하나님, 우리의 삶이 흙으로 돌아가는 날이 있음을 기억하며, 오직 주님께 마음을 두게 하소서(전 12:7). 땅의 것을 따르지 않고 위의 것을 생각하며, 주님의 영광을 사모하는 삶을 살게 하소서. 우리의 호흡이 주님께로부터 나왔음을 늘 깨닫게 하시고, 순간순간 주님을 경외하며 영원한 생명을 바라보게 하소서.

✓ **하나님의 성품을 묵상하는 침묵기도** (말씀을 통해 발견한 하나님의 성품을 고백하며 기도합니다.)

✓ **회개와 감사 및 간구기도** (말씀으로 깨달은 회개의 내용과 중보의 제목으로 기도합니다.)

✓ **감사일기**　　일째

| 살전 1-5장 | 12. 5. (금)

말씀묵상 및 필사 (반복해서 본문을 읽고 묵상한 후 필사합니다.)
- 다수를 따라 악을 행하지 말며 송사에 다수를 따라 부당한 증언을 하지 말며 (출 23:2)

- 오직 너희의 심령이 새롭게 되어 (엡 4:23)

✓ **말씀으로 드리는 고백기도**

　의로우신 하나님, 많은 사람을 따라 악을 행하지 않게 하시고, 세상의 부당함에 동참하지 않도록 지켜주소서. 우리의 심령이 날마다 새롭게 되기를 간구하며, 마음의 변화를 통해 하나님의 선하시고 온전하신 뜻을 분별하게 하소서(롬 12:2). 주님의 진리 안에서 살아가게 하시며, 세상의 길이 아닌 주님의 의로운 길을 따르게 하소서.

✓ **하나님의 성품을 묵상하는 침묵기도** (말씀을 통해 발견한 하나님의 성품을 고백하며 기도합니다.)

✓ **회개와 감사 및 간구기도** (말씀으로 깨달은 회개의 내용과 중보의 제목으로 기도합니다.)

✓ **감사일기**　　　**일째**

| 12. 6. (토)　　| 살후 1-3장

✓ **한 주간의 영성훈련을 점검합니다.** (참여가 어려웠던 이유를 기록한 후 개선할 내용을 적어봅시다.)
- ☐ 1년 성경통독
- ☐ 말씀묵상 및 필사
- ☐ 침묵기도
- ☐ 감사와 회개의 기도
- ☐ 감사일기

*열심히 참여 (○), 조금 부족 (△), 참여 못함 (×)

✓ **순례자의 노트를 작성하는 동안 가장 은혜로웠던 순간을 적어보세요.**

_____
_____
_____
_____
_____
_____
_____
_____

✓ (1인)　**가정예배**
- 사도신경
- 찬송 : 268장 (죄에서 자유를 얻게 함은)
- 성경읽기 : 요한복음 1:1-14
- 기도 : 본인 또는 가족 중
- 주기도문

- 주간 암송구절
  말씀이 육신이 되어 우리 가운데 거하시매 우리가 그의 영광을 보니 아버지의 독생자의 영광이요 은혜와 진리가 충만하더라 (요 1:14)

　　　　　　　　　　　　　　　　　　　　　　　　　12. 7. (일)

✓ **주일설교 묵상**

_____
_____
_____
_____
_____
_____

| 딤전 1-3장 | 12. 8. (월)

말씀묵상 및 필사 (반복해서 본문을 읽고 묵상한 후 필사합니다.)

- 너희를 내 백성으로 삼고 나는 너희의 하나님이 되리니 나는 애굽 사람의 무거운 짐 밑에서 너희를 빼낸 너희의 하나님 여호와인 줄 너희가 알지라 (출 6:7)

- 또 만물을 그의 발 아래에 복종하게 하시고 그를 만물 위에 교회의 머리로 삼으셨느니라 교회는 그의 몸이니 만물 안에서 만물을 충만하게 하시는 이의 충만함이니라 (엡 1:22-23)

✓ **말씀으로 드리는 고백기도**

언약의 하나님, 주님께서 우리를 주님의 백성으로 삼으시고 저희의 하나님이 되심을 찬양합니다(고후 6:16). 또한 예수 그리스도를 교회의 머리로 삼으시고, 만물을 충만케 하시는 은혜를 찬송합니다. 우리의 삶이 주님의 임재로 가득 차게 하시며, 주님의 백성으로서 온전히 순종하며 살아가게 하소서. 주님께서 주신 자유와 충만함으로 공동체가 더욱 사랑으로 하나 되게 하소서.

✓ **하나님의 성품을 묵상하는 침묵기도** (말씀을 통해 발견한 하나님의 성품을 고백하며 기도합니다.)

✓ **회개와 감사 및 간구기도** (말씀으로 깨달은 회개의 내용과 중보의 제목으로 기도합니다.)

✓ **감사일기**   일째

| 12. 9. (화) | 딤전 4-6장 |

말씀묵상 및 필사 (반복해서 본문을 읽고 묵상한 후 필사합니다.)
- 내가 예루살렘을 즐거워하며 나의 백성을 기뻐하리니 우는 소리와 부르짖는 소리가 그 가운데에서 다시는 들리지 아니할 것이며 (사 65:19)

- 우리는 그의 약속대로 의가 있는 곳인 새 하늘과 새 땅을 바라보도다 (벧후 3:13)

✓ **말씀으로 드리는 고백기도**
　영원하신 하나님, 예루살렘을 새롭게 하시고 우는 소리와 부르짖음이 없는 평화의 날을 약속하신 주님을 찬양합니다. 주님의 약속대로 의가 충만한 새 하늘과 새 땅을 바라보며 소망의 날을 기다립니다. 모든 눈물을 닦아주시고 애통함이 없는 그 날을 기다리며, 주님 안에서 참된 위로와 평안을 누리게 하소서(계 21:4).

✓ **하나님의 성품을 묵상하는 침묵기도** (말씀을 통해 발견한 하나님의 성품을 고백하며 기도합니다.)

✓ **회개와 감사 및 간구기도** (말씀으로 깨달은 회개의 내용과 중보의 제목으로 기도합니다.)

✓ **감사일기**　　일째

| 딤후 1-4장 | 12. 10. (수)

말씀묵상 및 필사 (반복해서 본문을 읽고 묵상한 후 필사합니다.)

· 하나님을 찬송하리로다 그가 내 기도를 물리치지 아니하시고 그의 인자하심을 내게서 거두지도 아니하셨도다 (시 66:20)

· 예수께서 대답하여 이르시되 네가 만일 하나님의 선물과 또 네게 물 좀 달라 하는 이가 누구인줄 알았더라면 네가 그에게 구하였을 것이요 그가 생수를 네게 주었으리라 (요 4:10)

✓ **말씀으로 드리는 고백기도**

인자하신 하나님, 우리의 기도를 물리치지 않으시고 긍휼을 베푸시는 주님을 찬양합니다. 생수를 주시는 예수님의 은혜를 기억하며, 간구할 때 응답하시는 주님의 약속을 신뢰합니다(마 7:7). 우리의 목마름을 채우시고 주님 안에서 참된 만족을 누리게 하소서. 주님의 사랑을 더 깊이 깨닫고, 언제나 주님께 나아가는 믿음을 주소서.

✓ **하나님의 성품을 묵상하는 침묵기도** (말씀을 통해 발견한 하나님의 성품을 고백하며 기도합니다.)

✓ **회개와 감사 및 간구기도** (말씀으로 깨달은 회개의 내용과 중보의 제목으로 기도합니다.)

✓ **감사일기**   **일째**

12. 11. (목) | 딛 1-3장

말씀묵상 및 필사 (반복해서 본문을 읽고 묵상한 후 필사합니다.)

- 주 여호와께서 학자들의 혀를 내게 주사 나로 곤고한 자를 말로 어떻게 도와줄 줄을 알게 하시고 아침마다 깨우치시되 나의 귀를 깨우치사 학자들 같이 알아듣게 하시도다 (사 50:4)

- 새벽 아직도 밝기 전에 예수께서 일어나 나가 한적한 곳으로 가사 거기서 기도하시더니 (막 1:35)

✓ **말씀으로 드리는 고백기도**

주 여호와 하나님, 아침마다 깨우치시며 주님의 말씀을 알아듣게 하시는 은혜를 찬양합니다. 새벽에 기도로 시작하신 예수님처럼, 우리도 아침마다 주님께 나아가 주님의 인자한 말씀을 듣고 순종하게 하소서(시 143:8). 곤고한 자를 돕는 말과 주님의 길을 따라갈 지혜를 허락하셔서, 하루가 주님께 영광이 되게 하소서.

✓ **하나님의 성품을 묵상하는 침묵기도** (말씀을 통해 발견한 하나님의 성품을 고백하며 기도합니다.)

✓ **회개와 감사 및 간구기도** (말씀으로 깨달은 회개의 내용과 중보의 제목으로 기도합니다.)

✓ **감사일기**   일째

| 몬 1장, 히 1-3장 | 12. 12. (금)

말씀묵상 및 필사 (반복해서 본문을 읽고 묵상한 후 필사합니다.)

- 내가 놀라서 말하기를 주의 목전에서 끊어졌다 하였사오나 내가 주께 부르짖을 때에 주께서 나의 간구하는 소리를 들으셨나이다 (시 31:22)

- 나는 선한 목자라 나는 내 양을 알고 양도 나를 아는 것이 (요 10:14)

✓ **말씀으로 드리는 고백기도**

선한 목자 되신 주님, 때로 주님과의 관계가 끊어진 듯 느껴질 때에도 주님은 우리의 부르짖음을 들으시는 분이십니다. 우리의 간구를 들으시고 환난에서 건지시는 주님의 신실하심을 찬송합니다(시 34:17). 우리를 아시고 우리 또한 주님을 알게 하시는 그 친밀함 가운데 거하게 하소서. 삶을 주님의 손에 맡기며, 주님 안에서 평안을 누리게 하소서.

✓ **하나님의 성품을 묵상하는 침묵기도** (말씀을 통해 발견한 하나님의 성품을 고백하며 기도합니다.)

✓ **회개와 감사 및 간구기도** (말씀으로 깨달은 회개의 내용과 중보의 제목으로 기도합니다.)

✓ **감사일기**   일째

12. 13. (토) | 히 4-9장

✓ **한 주간의 영성훈련을 점검합니다.** (참여가 어려웠던 이유를 기록한 후 개선할 내용을 적어봅시다.)
- [ ] 1년 성경통독
- [ ] 말씀묵상 및 필사
- [ ] 침묵기도
- [ ] 감사와 회개의 기도
- [ ] 감사일기

*열심히 참여 (○), 조금 부족 (△), 참여 못함 (×)

✓ **순례자의 노트를 작성하는 동안 가장 은혜로웠던 순간을 적어보세요.**

✓ (1인)   **가정예배**
- 사도신경
- 찬송 : 288장 (예수를 나의 구주삼고)
- 성경읽기 : 로마서 8:31-39
- 기도 : 본인 또는 가족 중
- 주기도문

- 주간 암송구절
  자기 아들을 아끼지 아니하시고 우리 모든 사람을 위하여 내주신 이가 어찌 그 아들과 함께 모든 것을 우리에게 주시지 아니하겠느냐 (롬 8:32)

12. 14. (일)

✓ **주일설교 묵상**

| 히 10-13장 | 12. 15. (월)

말씀묵상 및 필사 (반복해서 본문을 읽고 묵상한 후 필사합니다.)

- 지혜롭다 하는 자들은 부끄러움을 당하며 두려워 떨다가 잡히리라 보라 그들이 여호와의 말을 버렸으니 그들에게 무슨 지혜가 있으랴 (렘 8:9)

- 우리 주 예수 그리스도의 하나님, 영광의 아버지께서 지혜와 계시의 영을 너희에게 주사 하나님을 알게 하시고 (엡 1:17)

✓ **말씀으로 드리는 고백기도**

지혜의 근원이 되시는 하나님, 사람들이 주님의 말씀을 버릴 때 그들의 지혜는 아무것도 아님을 깨닫습니다. 영광의 아버지께서 지혜와 계시의 영을 우리에게 주셔서 주님을 알게 하소서. 여호와를 경외하며 참된 지혜를 얻게 하시고, 주님의 거룩하심을 깊이 깨달아 명철의 길로 가게 하소서 (잠 9:10). 저희 삶이 주님의 뜻을 따라 살아가는 증거가 되기를 원합니다.

✓ **하나님의 성품을 묵상하는 침묵기도** (말씀을 통해 발견한 하나님의 성품을 고백하며 기도합니다.)

✓ **회개와 감사 및 간구기도** (말씀으로 깨달은 회개의 내용과 중보의 제목으로 기도합니다.)

✓ **감사일기**   일째

12. 16. (화) | 약 1-5장

말씀묵상 및 필사 (반복해서 본문을 읽고 묵상한 후 필사합니다.)

· 유순한 대답은 분노를 쉬게 하여도 과격한 말은 노를 격동하느니라 (잠 15:1)

· 내 사랑하는 형제들아 너희가 알지니 사람마다 듣기는 속히 하고 말하기는 더디 하며 성내기도 더디 하라 (약 1:19)

✓ **말씀으로 드리는 고백기도**
　　주님, 저희가 속히 듣고 더디 말하며 성내지 않도록 인도하소서. 유순한 대답이 분노를 잠재우고 과격한 말이 갈등을 일으킨다는 진리를 깨닫고, 우리의 말이 사랑과 화평을 전하는 도구가 되게 하소서. 경솔한 말이 아닌 지혜로운 말로 사람을 구원하는 자가 되게 하시고, 언제나 주님의 뜻을 반영하는 언어로 살게 하소서(잠 12:18).

✓ **하나님의 성품을 묵상하는 침묵기도** (말씀을 통해 발견한 하나님의 성품을 고백하며 기도합니다.)

✓ **회개와 감사 및 간구기도** (말씀으로 깨달은 회개의 내용과 중보의 제목으로 기도합니다.)

✓ **감사일기**　　　일째

| 벧전 1-5장 | 12. 17. (수)

말씀묵상 및 필사 (반복해서 본문을 읽고 묵상한 후 필사합니다.)
· 주의 은택으로 시온에 선을 행하시고 예루살렘 성을 쌓으소서 (시 51:18)

· 보라 아버지께서 어떠한 사랑을 우리에게 베푸사 하나님의 자녀라 일컬음을 받게 하셨는가, 우리가 그러하도다 그러므로 세상이 우리를 알지 못함은 그를 알지 못함이라 (요일 3:1)

✓ **말씀으로 드리는 고백기도**
하나님 아버지, 은혜로 선을 행하시고 섭리로 역사를 주관하시는 주님의 능력을 찬양합니다. 우리가 하나님의 자녀라 일컬음을 받게 하신 주님의 놀라운 사랑에 감사합니다. 세상이 우리를 알지 못함은 그들이 주님을 알지 못하기 때문임을 깨닫고, 주님의 자녀로서 세상에서 빛과 소금이 되게 하소서. 주님의 사랑 안에서 우리의 정체성을 굳건히 세워가게 하소서.

✓ **하나님의 성품을 묵상하는 침묵기도** (말씀을 통해 발견한 하나님의 성품을 고백하며 기도합니다.)

✓ **회개와 감사 및 간구기도** (말씀으로 깨달은 회개의 내용과 중보의 제목으로 기도합니다.)

✓ **감사일기**　　　**일째**

12. 18. (목)　｜벧후 1-3장

말씀묵상 및 필사 (반복해서 본문을 읽고 묵상한 후 필사합니다.)

- 여호와께서 모세에게 이르시되 여호와의 손이 짧으냐 네가 이제 내 말이 네게 응하는 여부를 보리라 (민 11:23)

- 약속하신 그것을 또한 능히 이루실 줄을 확신하였으니 (롬 4:21)

✓ **말씀으로 드리는 고백기도**

　주님, 주님의 손이 결코 짧지 않으시며, 주님의 약속은 반드시 이루어짐을 믿습니다. 우리가 믿고 기다릴 때, 약속하신 것을 능히 이루실 주님의 신실하심을 확신합니다. 주님이 우리를 향한 계획을 반드시 완성하실 것을 믿고, 그 소망을 놓지 않게 하소서. 우리의 삶이 주님의 약속 안에서 흔들리지 않게 하소서. 주님의 능력과 신실하심을 경험하는 하루하루가 되게 하소서.

✓ **하나님의 성품을 묵상하는 침묵기도** (말씀을 통해 발견한 하나님의 성품을 고백하며 기도합니다.)

✓ **회개와 감사 및 간구기도** (말씀으로 깨달은 회개의 내용과 중보의 제목으로 기도합니다.)

✓ **감사일기**　　일째

| 요일 1-5장 |　12. 19. (금)

말씀묵상 및 필사 (반복해서 본문을 읽고 묵상한 후 필사합니다.)
- 주의 손이 나를 만들고 세우셨사오니 내가 깨달아 주의 계명들을 배우게 하소서 (시 119:73)

- 내 계명은 곧 내가 너희를 사랑한 것 같이 너희도 서로 사랑하라 하는 이것이니라 (요 15:12)

✓ **말씀으로 드리는 고백기도**
　하나님, 주님께서 우리를 지으시고 세우셨음을 고백합니다. 주님의 계명을 따라 배우고 그 뜻을 마음 깊이 새기게 하소서. 주님이 우리를 사랑하신 것처럼 우리가 서로 사랑하게 하시며, 이 사랑이 우리 삶의 중심이 되게 하소서(요일 4:11). 주님의 사랑을 따라 사랑하며, 우리를 통해 그 사랑이 세상에 나타나게 하소서.

✓ **하나님의 성품을 묵상하는 침묵기도** (말씀을 통해 발견한 하나님의 성품을 고백하며 기도합니다.)

✓ **회개와 감사 및 간구기도** (말씀으로 깨달은 회개의 내용과 중보의 제목으로 기도합니다.)

✓ **감사일기**　　**일째**

12. 20. (토)　｜요이 1장, 요삼 1장｜

✓ 한 주간의 영성훈련을 점검합니다. (참여가 어려웠던 이유를 기록한 후 개선할 내용을 적어봅시다.)
- ☐ 1년 성경통독
- ☐ 말씀묵상 및 필사
- ☐ 침묵기도
- ☐ 감사와 회개의 기도
- ☐ 감사일기

*열심히 참여 (○), 조금 부족 (△), 참여 못함 (×)

✓ 순례자의 노트를 작성하는 동안 가장 은혜로웠던 순간을 적어보세요.

_____
_____
_____
_____
_____
_____
_____

✓ (1인)　가정예배
- 사도신경
- 찬송 : 218장 (네 맘과 정성을 다하여서)
- 성경읽기 : 고린도후서 1:12-24
- 기도 : 본인 또는 가족 중
- 주기도문

- 주간 암송구절
  하나님의 약속은 얼마든지 그리스도 안에서 예가 되니 그런즉 그로 말미암아 우리가 아멘 하여 하나님께 영광을 돌리게 되느니라 (고후 1:20)

12. 21. (일)

✓ 주일설교 묵상

_____
_____
_____
_____
_____
_____

| 유 1장 | 12. 22. (월)

말씀묵상 및 필사 (반복해서 본문을 읽고 묵상한 후 필사합니다.)

· 공의와 인자를 따라 구하는 자는 생명과 공의와 영광을 얻느니라 (잠 21:21)

· 그런즉 너희는 먼저 그의 나라와 그의 의를 구하라 그리하면 이 모든 것을 너희에게 더하시리라 (마 6:33)

___

✓ **말씀으로 드리는 고백기도**

　주님, 주님 공의와 인자를 따라 구하는 자가 생명과 공의와 영광의 상을 받는 줄 믿습니다. 먼저 하나님의 나라와 의를 구하며, 모든 필요를 주님께 맡기게 하소서. 의에 주리고 목마른 자에게 주님의 은혜가 충만히 임하게 하시고(마 5:6), 우리 삶을 하나님의 뜻을 따르는 거룩한 길로 인도하소서.

✓ **하나님의 성품을 묵상하는 침묵기도** (말씀을 통해 발견한 하나님의 성품을 고백하며 기도합니다.)

✓ **회개와 감사 및 간구기도** (말씀으로 깨달은 회개의 내용과 중보의 제목으로 기도합니다.)

✓ **감사일기**　　　**일째**

12. 23. (화) | 계 1-3장

말씀묵상 및 필사 (반복해서 본문을 읽고 묵상한 후 필사합니다.)

· 여호와여 주는 의인에게 복을 주시고 방패로 함 같이 은혜로 그를 호위하시리이다 (시 5:12)

· 모든 것 위에 믿음의 방패를 가지고 이로써 능히 악한 자의 모든 불화살을 소멸하고 (엡 6:16)

✓ **말씀으로 드리는 고백기도**
　여호와 하나님, 주님께서 의인에게 복을 주시고 주님의 손과 방패로 그를 호위하심을 믿습니다. 우리에게 믿음의 방패를 주셔서 악한 자의 불화살을 소멸하게 하시고, 주님의 은혜 안에서 보호받고 인도받게 하소서. 주님은 우리의 해요 방패이시며, 정직하게 행하는 자에게 좋은 것을 아끼지 않으심을 신뢰합니다(시 84:11). 주님 안에서 안전하게 살게 하소서.

✓ **하나님의 성품을 묵상하는 침묵기도** (말씀을 통해 발견한 하나님의 성품을 고백하며 기도합니다.)

✓ **회개와 감사 및 간구기도** (말씀으로 깨달은 회개의 내용과 중보의 제목으로 기도합니다.)

✓ **감사일기**　　일째

| 계 4-6장 | 12. 24. (수)

말씀묵상 및 필사 (반복해서 본문을 읽고 묵상한 후 필사합니다.)

· 야곱이 이에 자기 집안 사람과 자기와 함께 한 모든 자에게 이르되 너희 중에 있는 이방 신상들을 버리고 자신을 정결하게 하고 너희들의 의복을 바꾸어 입으라 (창 35:2)

· 너희 보물 있는 곳에는 너희 마음도 있으리라 (눅 12:34)

_____
_____
_____
_____
_____
_____
_____
_____
_____
_____

✓ **말씀으로 드리는 고백기도**

하나님, 우리가 가진 모든 것이 주님의 은혜임을 고백합니다. 주님께서 야곱에게 말씀하신 것처럼, 더러운 우상들을 버리게 하시며 마음과 삶을 정결하게 하소서. 우리의 보물이 주님 안에 있게 하시고, 마음이 주님의 뜻에 따라 살게 하소서(마 6:21). 이 세상의 헛된 것들에 마음을 두지 않고, 오직 주님께 마음과 삶을 온전히 드리게 하소서.

✓ **하나님의 성품을 묵상하는 침묵기도** (말씀을 통해 발견한 하나님의 성품을 고백하며 기도합니다.)

✓ **회개와 감사 및 간구기도** (말씀으로 깨달은 회개의 내용과 중보의 제목으로 기도합니다.)

✓ **감사일기**   일째

12. 25. (목)　　| 계 7-9장 |

말씀묵상 및 필사 (반복해서 본문을 읽고 묵상한 후 필사합니다.)

- 나는 여호와이니 이는 내 이름이라 나는 내 영광을 다른 자에게, 내 찬송을 우상에게 주지 아니하리라 (사 42:8)

- 주여 누가 주의 이름을 두려워하지 아니하며 영화롭게 하지 아니하오리이까 오직 주만 거룩하시니이다 주의 의로우신 일이 나타났으매 만국이 와서 주께 경배하리이다 하더라 (계 15:4)

✓ **말씀으로 드리는 고백기도**
　주님, 오직 주님만이 거룩하시며 영광을 받으실 분이심을 고백합니다(사 48:11). 우리가 주님의 이름을 두려워하고 영화롭게 하여 만국이 주님께 경배하게 하소서. 주님의 의로우신 일로 이 땅에서 주님의 이름이 높임을 받게 하시고, 우리의 삶이 주님의 영광을 드러내는 도구가 되게 하소서. 주님의 이름을 찬양하며, 주님의 뜻을 이루는 삶을 살게 하소서.

✓ **하나님의 성품을 묵상하는 침묵기도** (말씀을 통해 발견한 하나님의 성품을 고백하며 기도합니다.)

✓ **회개와 감사 및 간구기도** (말씀으로 깨달은 회개의 내용과 중보의 제목으로 기도합니다.)

✓ **감사일기**　　일째

| 계 10-12장 | 12. 26. (금)

말씀묵상 및 필사 (반복해서 본문을 읽고 묵상한 후 필사합니다.)

- 내 입에서 나가는 말도 이와 같이 헛되이 내게로 되돌아오지 아니하고 나의 기뻐하는 뜻을 이루며 내가 보낸 일에 형통함이니라 (사 55:11)

- 두아디라시에 있는 자색 옷감 장사로서 하나님을 섬기는 루디아라 하는 한 여자가 말을 듣고 있을 때 주께서 그 마음을 열어 바울의 말을 따르게 하신지라 (행 16:14)

✓ **말씀으로 드리는 고백기도**

주님, 주님의 말씀은 결코 헛되이 돌아오지 않으며, 반드시 이루어짐을 믿습니다(사 45:23). 주님의 뜻이 우리의 삶 속에서도 이루어지게 하시고, 성령님께서 우리의 마음을 열어 주님의 말씀에 순종하는 삶을 살게 하소서. 주님의 기뻐하시는 뜻이 삶을 통해 이루어지게 하소서.

✓ **하나님의 성품을 묵상하는 침묵기도** (말씀을 통해 발견한 하나님의 성품을 고백하며 기도합니다.)

✓ **회개와 감사 및 간구기도** (말씀으로 깨달은 회개의 내용과 중보의 제목으로 기도합니다.)

✓ **감사일기**   일째

12. 27. (토) | 계 13-15장

✓ **한 주간의 영성훈련을 점검합니다.** (참여가 어려웠던 이유를 기록한 후 개선할 내용을 적어봅시다.)
- [ ] 1년 성경통독
- [ ] 말씀묵상 및 필사
- [ ] 침묵기도
- [ ] 감사와 회개의 기도
- [ ] 감사일기

*열심히 참여(○), 조금 부족(△), 참여 못함(×)

✓ **순례자의 노트를 작성하는 동안 가장 은혜로웠던 순간을 적어보세요.**

_____
_____
_____
_____
_____
_____
_____
_____

✓ (1인)　**가정예배**
- 사도신경
- 찬송 : 442장 (저 장미꽃 위에 이슬)
- 성경읽기 : 요한계시록 22:6-21
- 기도 : 본인 또는 가족 중
- 주기도문

- 주간 암송구절
  이것들을 증언하신 이가 이르시되 내가 진실로 속히 오리라 하시거늘 아멘 주 예수여 오시옵소서 (계 22:20)

12. 28. (일)

✓ **주일설교 묵상**

_____
_____
_____
_____
_____
_____

| 계 16-18장 | 12. 29. (월)

말씀묵상 및 필사 (반복해서 본문을 읽고 묵상한 후 필사합니다.)

- 내가 너희에게 명령하는 말을 너희는 가감하지 말고 내가 너희에게 내리는 너희 하나님 여호와의 명령을 지키라 (신 4:2)

- 네가 네 자신과 가르침을 살펴 이 일을 계속하라 이것을 행함으로 네 자신과 네게 듣는 자를 구원하리라 (딤전 4:16)

✓ **말씀으로 드리는 고백기도**

하나님, 주님의 말씀을 내 마음대로 가감하지 않고, 주님의 뜻에 따라 좌우로 치우치지 않고 살아가게 하소서(잠 4:27). 우리의 길을 지키시며, 우리가 믿음으로 나아갈 때, 그 길이 우리의 구원과 소망이 되게 하소서. 주님께서 원하시는 길을 공동체와 함께 걸어갑니다. 그 길을 따르는 모든 이들이 주님의 은혜를 알게 하소서.

✓ **하나님의 성품을 묵상하는 침묵기도** (말씀을 통해 발견한 하나님의 성품을 고백하며 기도합니다.)

✓ **회개와 감사 및 간구기도** (말씀으로 깨달은 회개의 내용과 중보의 제목으로 기도합니다.)

✓ **감사일기**   **일째**

12. 30. (화)　|계 19-20장

말씀묵상 및 필사 (반복해서 본문을 읽고 묵상한 후 필사합니다.)

· 너는 엿새 동안 일하고 일곱째 날에는 쉴지니 밭 갈 때에나 거둘 때에도 쉴지며 (출 34:21)

· 또 이르시되 안식일이 사람을 위하여 있는 것이요 사람이 안식일을 위하여 있는 것이 아니니 (막 2:27)

✔ **말씀으로 드리는 고백기도**
　주님, 주님의 뜻대로 엿새 동안 열심히 일하고, 일곱째 날에는 안식하며, 쉼의 중요함을 깨닫게 하소서. 주님께서 주신 안식이 우리를 위해 주어진 축복임을 믿고, 진정한 쉼을 주님 안에서 찾게 하소서. 주님, 우리는 수고하고 무거운 짐을 진 자들입니다. 주님께 나아가 참된 쉼과 평안을 얻게 하시고, 마음과 영혼이 온전히 회복되게 하소서(마 11:28).

✔ **하나님의 성품을 묵상하는 침묵기도** (말씀을 통해 발견한 하나님의 성품을 고백하며 기도합니다.)

✔ **회개와 감사 및 간구기도** (말씀으로 깨달은 회개의 내용과 중보의 제목으로 기도합니다.)

✔ **감사일기**　　일째

| 계 21-22장 | 12. 31. (수)

말씀묵상 및 필사 (반복해서 본문을 읽고 묵상한 후 필사합니다.)

- 이스라엘은 여호와께 구원을 받아 영원한 구원을 얻으리니 너희가 영원히 부끄러움을 당하거나 욕을 받지 아니하리로다 (사 45:17)

- 이 일을 생각할 때에 주님의 사자가 현몽하여 이르되 다윗의 자손 요셉아 네 아내 마리아 데려오기를 무서워하지 말라 그에게 잉태된 자는 성령으로 된 것이라 아들을 낳으리니 이름을 예수라 하라 이는 그가 자기 백성을 그들의 죄에서 구원할 자이심이라 하니라 (마 1:20-21)

✓ **말씀으로 드리는 고백기도**

주님, 예수 그리스도를 믿고 영원한 구원을 얻는 은혜를 누리게 하시니 감사합니다. 예수님께서 우리 죄를 구속하시기 위해 이 땅에 오셨음을 믿으며, 주님의 구원의 능력을 삶 속에서 날마다 경험하게 하소서. 주님, 우리가 주님의 구속의 은혜를 깊이 깨닫고, 주님이 세상의 구주이심을 전하는 삶을 살게 하소서(요 4:42).

✓ **하나님의 성품을 묵상하는 침묵기도** (말씀을 통해 발견한 하나님의 성품을 고백하며 기도합니다.)

✓ **회개와 감사 및 간구기도** (말씀으로 깨달은 회개의 내용과 중보의 제목으로 기도합니다.)

✓ **감사일기**   일째

2025
순례자의 노트

초판 1쇄	2024년 12월 21일
지은이	장성환
펴낸이	장성환
교정	하재천, 이보미
문서작업	박은선 박지은 이조은 이진영 하효진
펴낸곳	후밀리타스
주소	서울 서대문구 연대동문길 49 지층
전화	02-302-2850
이메일	siotstory@naver.com

표지 디자인 및 내지 편집　　유니꼬디자인(gdunikko@naver.com)

ISBN　　979-11-976837-8-7(03230)

가격은 뒤표지에 있습니다.

ⓒ 2024. 장성환
이 책은 저작권법에 의하여 보호 받는 저작물이므로 무단 전재와 복제를 금합니다.
파본은 구입하신 서점에서 교환해 드립니다.